U0450642

教育异化现象的人学探究

Humanistic Research on the Phenomenon of Educational Alienation

刘新敏◎著

中国社会科学出版社

图书在版编目（CIP）数据

教育异化现象的人学探究 / 刘新敏著. -- 北京：中国社会科学出版社, 2024.8. -- ISBN 978-7-5227-4135-2

Ⅰ. C912.1

中国国家版本馆 CIP 数据核字第 2024YA6618 号

出 版 人	赵剑英
责任编辑	田　文
责任校对	刘　坤
责任印制	张雪娇

出　　版	中国社会科学出版社
社　　址	北京鼓楼西大街甲 158 号
邮　　编	100720
网　　址	http://www.csspw.cn
发 行 部	010 - 84083685
门 市 部	010 - 84029450
经　　销	新华书店及其他书店
印　　刷	北京君升印刷有限公司
装　　订	廊坊市广阳区广增装订厂
版　　次	2024 年 8 月第 1 版
印　　次	2024 年 8 月第 1 次印刷
开　　本	710×1000　1/16
印　　张	15.25
字　　数	226 千字
定　　价	98.00 元

凡购买中国社会科学出版社图书，如有质量问题请与本社营销中心联系调换

电话：010 - 84083683

版权所有　侵权必究

目 录

导 论 …………………………………………………………（1）

第一章 教育 ……………………………………………（13）
  第一节 教育的含义 ……………………………………（14）
  第二节 教育在社会发展中的作用 ……………………（20）
  第三节 教育异化现象日益凸显 ………………………（28）

第二章 教育异化现象 …………………………………（39）
  第一节 宏观审视——工具化教育 ……………………（39）
  第二节 中观探究——教育不公平问题 ………………（52）
  第三节 微观研析——规训化教育 ……………………（66）

第三章 教育异化现象的历史分析 ……………………（89）
  第一节 "异化"的界说及其发展 ………………………（90）
  第二节 教育异化现象的历史必然性 …………………（105）
  第三节 当前教育不公平问题的成因分析 ……………（118）

第四章 教育异化现象的理论分析 ……………………（133）
  第一节 教育的工具理性与价值理性 …………………（133）
  第二节 教育公平与教育效率 …………………………（145）
  第三节 教育中的规训与自由 …………………………（167）

第五章　消解教育异化现象的人学路径 …………………………（184）
　　第一节　消解教育异化现象是历史所趋 ……………………（184）
　　第二节　消解教育异化现象的价值旨归 ……………………（191）
　　第三节　消解教育异化现象的逻辑基点 ……………………（199）
　　第四节　消解当前教育不公平问题的关键 …………………（214）

参考文献 …………………………………………………………（230）

后　记 ……………………………………………………………（240）

导　论

教育领域异化现象的出现不仅对教育自身的发展造成了不良的影响，甚至在一定程度上限制了人的自由全面发展。因此，探究教育领域中出现的异化现象不仅关涉教育，而且关乎人学；对教育异化现象的研究也就不能仅仅止步于教育学，而要以马克思主义人学的立场和理论范式来反思、审视教育中的异化现象及其相关问题，才能复归教育的人性根基，秉持教育本真的价值诉求，进而实现促进人的自由全面发展的历史使命。

一　选题意义

20世纪80年代以来，我国学者对教育异化问题的关注已有40多年的历史，这个问题已经成为教育研究领域的显性话题，同时，"教育异化"也成为教育研究中耳熟能详的日常化词语。但事实上，对教育异化的研究尚未成熟完善，对教育异化研究的历史脉络也缺少较为系统和完善的梳理，比如，对教育异化研究的缘起尚缺少社会文化背景等宏观维度的考量等。"异化"一词是20世纪80年代"人道主义问题与异化问题"的核心关键词之一，人们不仅谈论异化问题本身，还将其扩展到其他领域。1980年，王若水在《谈谈异化问题》一文中明确指出："我想我们应当承认，实践证明还是有异化。不仅有思想上的异化，而且有政治上的异化，甚至经济上的异化"，"所以我们可以从更广泛的角度来看这个问题，看社会问题，许多社会问题可以概括为异化。"① 1981 年，王逢贤撰写《马克思的异化理论与人的全面发展》一文，他提出人的全面发展是相对人的片面发展而言的；人的片面发展也就是人的异化。马克思在讲到人的异化，指人被当作工具使用时，不仅完全献出了自己的体力和一切可能，而且也包括道德关系、审美关系和其他对外部世界的无限丰富关系的异化现象。人的异化和人的片面发展的共同的本质特点，就是非人化。1984 年，孙喜亭在《试论教育的出发点》一文中写道："现在也有人从异化理论出发，认为根据社会要求确定教育目的，确定培养人的规格，实际上是人的自身一种异己力量对人的控制，这样的教育目的，只有工具价值，而丧失了教育固有的价值。"②

把教育异化现象作为研究题目，既是源于对纷繁的教育现实问题的深入思考和分析，也源于笔者多年接受教育以及硕士毕业后几年中学从教的越来越深的力不从心感。硕士期间，在老师的带领下系统地学习了马克思的《1844 年经济学哲学手稿》，经过不断地学习、翻阅研究相关资料，对异化理论由最初的困惑到后来的认可、感兴趣、直到现在感觉生活中的很多现象已发生"异化"。教育异化现象是借用了马克思主义的异化概念来说明、解释教育领域出现的异化现象，是对异化理论的一种补充与发展。本书的研究是以马克思主义人学思想——人性、人的本质、人的自由全面发展等为理论范式，研究解读教育中"人的缺失"的现象，还原教育与人的关系，复归教育的人学根基与价值诉求。帮助我们提升对马克思主义人学思想的认识，深化和完善对人与教育的关系的理解，以及教育促进人的自由全面发展的价值诉求的领悟。同时，对教育异化现象进行人学反思和探讨也为教育学领域中的理论与实践提供新的视角与方向，为教育理论的重构与教育实践的改革提供理论借鉴意义。

解释实践是任何理论应有的功能之一，理论界关于教育异化问题的

---

① 王若水：《谈谈异化问题》，《新闻战线》1980 年第 8 期。
② 孙喜亭：《试论教育的出发点》，《北京师范大学学报》1984 年第 4 期。

研究大多数是从制度、政策、法规等方面寻找突破口，或者是从教育内容、教育方法、教育观念等视角提出一些主张。然而，这些研究大多是就教育谈教育，仅仅限于教育学内部。已有的研究尽管能给教育实践以借鉴和启示，但是，这些并不能从根本上对教育中的异化现象进行阐释与分析，因此也就不能从根本上消解和扬弃教育异化，从而真正实现教育的本真以及人的自由全面发展价值诉求的复归。人是教育的原点与归宿，唯有以人学视角对教育进行本体论追问，以现实的人为基点，以促进人的自由本性的实现和全面的发展为价值导向，切实地、具体地促使教育合乎人性、丰富人的个性、提升人的主体性，方能实现教育中"人"的复归。因此，对教育异化现象的人学研究既能给予教育学以理论参照，指出教育异化消解的方向，而且也为人这一实践主体如何看待教育，如何与教育相处，如何利用、通过教育丰富发展自己，如何实现自由全面发展提供了理论依据与实践向导。

二 研究综述及问题

目前，在"中国学术期刊全文数据库"中，共查到665篇与教育异化相关的研究成果，其中包括近32篇学位论文。通过搜集、整理相关资料发现，自1988年以来，我国教育异化研究主要经历了萌芽期（1988—2000年）、发展期（2001—2012年），以及深化期（2013—2020年）三个阶段；研究热点侧重于"教育异化""应试教育""素质教育"等主题。2021年，弗兰克·富里迪在《知识分子都到哪里去了——对抗21世纪的庸人主义》一书中提到，"在现代人的脑海中，知识是浅薄且庸俗的，是一种易吸收还可以被'传达''贩卖'以及'消费'的现成品"[①]。2017年，吴永军指出："我们正生活在一个功利主义异常猖獗的时代，在这个时代，一切都变得日趋实利化，怎么有用就怎么做，什么能获得利益（尤其是眼前利益）就做什么，由此导致

---

① ［英］弗兰克·富里迪：《知识分子都到哪儿去了——对抗21世纪的庸人主义》，戴从容译，江苏人民出版社2012年版，第6页。

了精神领域如哲学、文化、艺术领域的普遍沦陷,教育领域也日趋平庸化、弱智化并走向琐碎的追求、效率的崇拜等等,教育开始进入一种媚俗化的时代,'媚俗文化'长期以来被教育者和文化人生产者从内心里接受了。"[①] 2019 年,刘旭和余小茅等指出:"当今教育,受社会的侵蚀逐渐走向功利主义、实用主义、平庸化以及表浅化,过去博大精深的文化底蕴在现代教育中已经逐渐被束之高阁,但教育是关于真理和幸福的精神性事业,当务之急是要改变当前教育功利化等状况,找回教育本身拥有的文化底蕴和永恒魅力。"[②]

随着教育领域异化现象的不断涌现,学术界的研究也逐渐深入。当前学术界对教育异化问题的研究主要是沿着这样的思路分析的:教育异化概念的界说与辨析—教育异化的现状分析—教育异化的根源探究—教育异化的消解与扬弃。东北师范大学博士生梁清在其博士学位论文《批判与扬弃——教育异化论》中从对教育的现实的分析入手,探求了教育异化的现状与原因,并试图提出有效消解教育异化的阶段性措施。她首先分别从教育的内在诉求、教育的内外功能需求、教育的活动过程及教育实践的客观结果四个方面向我们展示了教育领域的异化现象。接下来通过剖析现实问题寻求教育异化的深层根源,并指出:教育异化归因于社会生产的发展与教育形式的演进、社会形态的转变与人之依附关系的变更、现实与理想的反差和个人选择的博弈。最后,在此基础上从教育的外部与内部分别提出了应对问题的策略:通过化解权力运作、协调教育中的复杂的利益关系等。

中共吉林省委党校先后有三位硕士生写了有关教育异化问题的毕业论文。其思路同样遵循了"概念界说—现状分析—根源剖析—消解路径"的模式。

北京师范大学教育学博士生万作芳曾发表论文《教育异化:概念及表现》。在文中,作者先对教育异化的概念进行了理论探析并将其界定

---

① 吴永军:《教育需要纯粹的精神气质》,《教育发展研究》2017 年第 20 期。
② 刘旭、余小茅:《当代教育的异化呼唤古典教育的回归》,《教学与管理》2019 年第 21 期。

为:"教育异化是指在教育领域中,教育本身失去了它在本义上作为人培养下一代使之更好地改造自然和社会的手段而反过来操纵了下一代人,使人的发展成为达到教育目的的手段,人失去了其本来面目,被教育所操纵,教育把人异化了。教育异化由两个部分构成,即:教育被(人)异化及(人被)教育异化。"① 在此基础上,将教育异化的判断标准区分为价值性标准与统计性标准。最后,从学校教育与学生两个方面阐述了教育异化的表现形式。

西南大学教育科学研究所张家军于2008年在《教育理论与实践》发表《论教育的异化与扬弃》一文。在文中作者将教育异化分为教育科层化、教育官僚化、教育数量化、教育共性化,并将教育异化归因于科技的异化。同时,从本体论、价值论和方法论三个方面解读了教育异化的本质,最后给出了扬弃教育异化的途径:消除物对人的统治,确立合理的主客体关系;重视对人生命的终极关怀;正确认识教育的价值。

厦门大学教育研究院周序于2014年在《教育学术月刊》上发表论文《论教育异化》。该文从马克思的异化理论入手,通过比较工人劳动的异化和学生在应试环境中学习活动的异化,认为可以将由分数控制的应试现象以及由此导致的学生片面发展理解为教育的"异化"。并与马克思的劳动异化相比,认为教育异化并非一无是处,而是具有片面的、深刻的意义。

广州大学教育学院刘晖、李晶曾发表论文《认识论视域中的教育异化》,并指出,从认识论角度透视教育异化具有三个方面的意义:有利于丰富对教育异化的认识,有利于对教育功能与价值进行合理定位,有助于缓解教育价值冲突并消解"教育异化"。

伍香平等在《教育异化问题探析》一文中对教育异化问题作了宏观和微观两个层面的分析与论述,并在文中指出教育异化问题所带来的严重后果:人的工具化和人的奴性化。所以,伍香平等认为从人的角度

---

① 万作芳:《教育异化:概念及表现》,《福建师范大学学报》(哲学社会科学版)2003年第3期。

看教育，教育真的异化了。同时，甘剑梅曾发表论文《论新时代的教育异化》。在文中，她认为新时代的教育异化呈现出新的本质特征：生命异化。而新时代的教育异化的根本原因则是价值异化。如何扬弃教育异化呢？她认为，应该保持功利价值关怀与生命价值关怀两者间恰如其分的张力，并在此基础上逐步消解和扬弃教育异化问题。

首都师范大学两课教研部苏冬霞于2006年在《教育探索》上发表论文《略论教育异化》。在文中，她首先阐释了教育异化的具体表现：从教育异化产生的过程看，是教育和教育目的、教育内容相异化；从教育异化的结果看，则产生了教育与人的权利、价值甚至人的生命相异化。紧随其后，她分析了教育异化产生的原因：物质根源是生产力水平过于落后；重要基础则是现阶段的生产关系；社会体制不完善则成为产生教育异化的外在原因。最后给出了逐步消除教育异化的思路与对策：大力发展生产力、树立正确的人生观和价值观，逐步消除教育异化产生的主观因素、进行社会体制改革，逐步消除教育异化产生的外部因素。2013年，王枂在《消除教育异化的方向与路径》一文中明确指出，"消除教育异化要做到以下三个必须，即必须大力发展生产力、必须完善生产关系、必须提高教育水平"[①]。2016年，刘建平发表了《教育异化的致因与消解》，他提出，合理审视教育异化现象，理性分析其产生的根源，这些有助于从根本上消解教育异化现象。

伴随社会的发展与进步，教育公平不仅成为社会关注的焦点话题和学术研究的热点问题，而且，不公平问题成为当前教育领域最为凸显的异化现象。鉴于当前国内对教育公平问题的研究主要集中于基础教育领域，下面笔者将从教育公平的含义、教育公平的现状与问题、教育公平问题的成因分析、教育公平的实现方法和策略、教育公平与教育效率的关系等几个方面对现有的相关学术研究进行系统梳理和综述，以期全面了解和整体把握基础教育公平问题的研究。

作为学术研究和社会关注的热点问题，教育公平课题研究具有以下

---

① 王枂：《消除教育异化的方向与路径》，《学习时报》2013年5月6日。

几个特点。首先，在研究领域方面，涉及高等教育、基础教育、学前教育、继续教育、成人教育甚至特殊教育等领域；同时，运用了哲学、伦理学、政治学、社会学等学科视角，使该课题研究具有了广阔的研究视野。其次，该课题研究具有强烈的现实观照性。任何理论的研究与建构都具有明显的现实导向和针对性，因此，学者均在一定程度上提出了具有鲜明的、可操作性的解决方案。再次，当前教育公平课题研究大多注重宏观层面，对于中观、微观层面的关注略显不够，比如，校际教育资源的配置问题，学校教育教学过程中的教育歧视、教育放弃，以及学生在微观层面的发展问题等。最后，在教育公平课题研究中，多数学者重点关注了教育起点的公平，而对教育过程公平和结果公平不够重视。比如，多数学者提出的可操作性措施主要针对的是推进教育起点的公平，对于如何推进教育过程公平、实现教育结果公平并未进行深入的探讨。而推进教育公平应该是在教育起点公平的基础上通过教育过程公平最终实现教育结果的公平。

以上总结了一些在该问题上比较有代表性的研究特点，可以看出，无论是从宏观层面的教育价值角度，还是从微观层面的教育内容、方法、评价等视角研究该问题，还是遵循"教育异化概念的界定—教育异化现状的分析—教育异化的原因—教育异化的消解路径"的思路，抑或是从认识论角度研究教育异化等等，这些终究都是在教育领域里就教育谈教育。通览已有研究发现，学者们对教育异化问题的研究整体而言：针对应试教育，从教育内部寻求教育异化人的原因，大多是指向教育实践，研究视角也是止步于教育学内部。

国外对教育异化问题的研究与国内研究的问题指向虽然有着很大程度上的不谋而合，但国外在这方面的研究大多比较微观、细致、具体。国外有研究认为：现代社会关于家庭的异化主要根源于机械生产的价值，而关于教育的异化则主要在于老套的课程还有研究认为，标准化考试对学生的压力非常大，只有降低考试对学生造成的压力和紧张，才能避免以分数为主要准绳来衡量学生学业成就并减少分数对学校的影响；而对于高等教育，有研究认为，由于受过高等教育有助于年轻人找到好工作……很多家庭为孩子能够接受高等教育而放弃其他一切开支。分析国外在教育异化方面的研究可以发现,这些研究倾向于从教育自身找出异化的因素,因此,在教育异化的消解策略上也是囿于教育学内部。

三 研究思路与研究方法

(一) 写作思路

反观当前教育的发展,面对教育中诸多不正常的现象,一次次地反思"教育是什么"。"所谓教育,不过是人对人的主体间的灵肉交流活动(尤其是老一代对年青一代),包括知识内容的传授、生命内涵的领悟、意志行为的规范,并通过文化传递功能,将文化遗产教给年青一代,使他们自由地生成,并启迪其自由天性。"① 然而,现实中的教育的发展却发生了宏观层面教育被过度工具化的现象,中观角度教育资源配置不合理的问题,以及微观层次上教学实践被过度规训化的倾向。针对当前教育领域存在的一系列异化现象,本书决定以马克思主义人学思想为视角和理论范式反思研究诸多异化问题,以试图寻找扬弃异化的现实路径。本书的正文部分一共分为五个章节。首先,第一章论述了教育的含义;教育在社会发展过程中所发挥的积极作用;以及教育在自身的发展过程中日益凸显的一系列的异化现象。

第二章,具体从三个层面来阐述当前教育领域存在的异化现象。首先,从宏观上讲,无论是"历时态"的教育目的的实现,或对教育的社会定位,还是当前"共时态"的各种教育形态,其共同点均指向了在工业文明时期的时代背景下,作为培养人的实践活动,教育以工具性价值引导其自身的发展,且在发展的过程中渐渐失去了对价值理性的坚守,演变为促进社会历史发展的一枚棋子。对工具理性的崇尚与追求导致教育在发展中过度工具化的倾向,进而致使教育的主体——人也成为社会机器运转和前进中的一颗螺丝钉。"教育本身失去了它在本义上作

---

① [德]雅斯贝尔斯:《什么是教育》,邹进译,生活·读书·新知三联书店1991年版,第3页。

为培养下一代使之更好地改造自然和社会的手段而反过来操纵了下一代人，使人的发展成为达到教育目的的手段，人失去了其本来面目，被教育所操纵，教育把人异化了。"① 促进人的全面发展的本真目的得不到兑现，人性之感性也被压抑，人自身的工具化倾向，人之为人的知情意的失落……这些致使教育的主体——人成为单向度的人、片面化的人、工具化的存在。

其次，从中观的教育资源的配置来看，教育资源配置是否均衡不仅直接影响教育发展是否公平，而且直接关系教育事业的良性发展。改革开放以来，伴随经济的飞速发展，国家和各级政府对教育事业的发展愈加重视，对教育事业的投入自然也在不断增长。但是，由于我国地域广阔，人口基数庞大，人口分布不均，须接受教育的适龄儿童数量众多；且自税制改革以来各地区自行负责的公共实施投入；加之各地区的经济发展速度不尽相同等因素，不同地区的教育投入在很大程度上影响甚至决定该地区教育的发展。中东部地区经济发展迅速，西部及其他偏远地区经济发展相对缓慢，这就从根本上造成了中东部地区与西部及偏远地区的教育资源分配得不够合理与均衡；城乡之间的经济发展落差也自然形成了对各管辖区基础教育的经费投入的悬殊；同一地域或地区内也会划分不同等级的教育区域，所谓"名校"甚至"实验班"的设置，也会享有较其他兄弟学校更优质的师资配置及其他教育资源。其中，城乡义务教育发展存在的资源配置不均衡，从而阻碍教育均衡发展，制衡义务教育公平的发展进程。

最后，在微观具体的教学实践活动中，教育教学中的规训化操作越来越多。对学生固定的空间分配、精确的时间划分、全景敞视主义监视以及规范化的考核等，致使学生不是作为主体自由地存在与学习，而是成为一个个被规训的个体，显然，其目的不是促进人对其自由本性的实现和占有，而是获得"高分"或者顺畅地实施学校管理。受教育者尚

---

① 万作芳：《教育异化：概念及表现》，《福建师范大学学报》（哲学社会科学版）2003年第3期。

且不能自由地存在，也就更谈不上实现身心全面发展。教育中出现一系列的异化现象，这些异化现象不仅致使教育不成其为教育，与其本真相背离；而且致使教育的主体——人也发生异化，人开始受制于教育，成为教育操纵和控制的对象，成为教育发展自身的手段和工具。因此，笔者认为，基于一定历史时期的现实客观条件，以人为基点和核心，重新审视和反思教育促进人的自由全面发展的终极目标和价值诉求，复归教育的价值理性，以价值理性规约和引导工具理性的发展，有限地消解教育中的规训化行为，激发人的主体意识的觉醒、促进人的主体能力的提高，切实地提升受教育者的主体性，最大程度地促进受教育者自由本性的生成与潜能的全面发展。

第三章，对当前存在的教育异化现象进行历史分析。教育在其自身发展的过程中出现不同层面、不同程度上的异化问题有其深远的历史根源，就像马克思论证资本主义社会中的异化劳动一样，异化劳动的存在与扬弃均是社会发展到一定阶段的历史产物，与一定历史时期的经济发展水平、政治文明的程度、文化环境以及人们思想观念的转变等均存在必然的关系。因此，对待教育异化现象也要采取历史的、辩证的科学态度，进行客观分析。

第四章，对当前存在的教育异化现象进行理论分析。从教育自身的工具理性与价值理性入手，反思教育在发展中被过度工具化的倾向；在动态把握教育公平与教育效率的关系中探究教育资源配置的优化问题；从教育促进人的自由本性生成的角度论证教育实践过程中的规训化问题，以期探索扬弃教育异化现象的价值规约与理论支撑。

第五章，消解教育异化现象的人学路径分析。教育是人的教育，教育发展的价值引领是人的生存、是人的自由全面发展。那么，消解或扬弃当前教育领域出现的异化现象，首先就要从"现实的人"，即受教育者出发，以人的自由全面发展引导规约教育的发展；同时，切实具体地做到促进并提升教育中的人的主体性。进而复归教育的价值理性，多方努力力争优化教育资源配置，规避教育中的规训化操作，以期实现以教育促进人的自由本性与全面发展的本真目的与价值诉求。

(二) 研究方法

为了更好地研究教育领域中出现的异化问题,本书采用了如下研究方法。

第一,文献研究的方法。想要能够真正地以马克思主义人学理论研究当前社会中存在异化问题,首先必须大量阅读马克思、恩格斯哲学原著及相关研究学者的系列论著,能够系统掌握马克思主义基础理论知识、马克思主义人学理论前沿成果以及教育学论著。力争在已有的仅限于教育学或教育哲学内部的有关教育异化问题的研究基础上,对教育中所出现的异化现象进行马克思主义人学立场的追问与探究,以期能够找到消解和扬弃教育异化的方向与途径,并复归教育的价值理性,使教育真正成为促进人的自由本性与全面发展的社会实践活动。

第二,理论联系实际。用所学理论知识研究探索解决社会问题的现实路径是本书的最大特色。首先对"教育异化现象"的界定。在参考、总结和梳理已有的对"教育异化"概念的界定和认识的基础上,区分了教育本身的异化与教育中人的异化,并指出,教育在其自身的发展过程中,违背了其本真的培养人并促进人的自由而全面发展、进而使人更好地适应自然和改造自然的宗旨和目的,失去了在其本义上促进社会发展与人的发展的功能和作用,转而成为操纵、控制人的异己力量,导致人受制于教育并成为被奴役和支配的对象,教育本身成为发展的目的,人及人的发展则变成实现该目的的手段或工具。在这个过程中,教育出现异化现象,进而影响了受教育者的自由全面发展。质言之,教育活动中这些已经出现的或正在出现的与人相背离、违背人的自由本性进而限制人的自由全面发展的现象,便是教育异化现象。

第三,在消解和扬弃异化现象的方向与途径方面,笔者指出,主体性是人实现其自由本性和全面发展的核心,而教育的本真目的和价值诉求就是促进人的自由本性和全面发展。因此,在具体的教学实践中,从学生的主体性出发,切实具体地在教育教学中做到激发学生的主体意识,提升学生的主体素质,增强学生的主体能力,使学生成为教育教学中的主体性存在,而非工具性存在,进而真正地实现教育促进人的自由全面发展的终极目的，在教育的发展过程中逐步消解和扬弃教育异化现象。

第四，矛盾分析的方法。教育作为人类特有的一种社会现象，伴随人类社会的发展变化而不断发展变化。在论证教育异化问题之前，本书先阐述了教育对经济、政治、文化等社会其他领域的发展所发挥的积极的影响和作用。因此，辩证地看待教育事业的发展，既要看到其积极的一方面，又要客观公正地看到当前教育领域存在的诸多异化问题，用普遍联系与永恒发展的眼光全面看待教育事业的发展。

第一章　教育

　　人的自由而全面的发展何以成为人类的美好理想与现实追求？对这一问题的思考从古希腊就已经开始了。文艺复兴时期的启蒙思想家与之后的许多资产阶级的哲学家均在不同程度上论述过这个问题。尤其是近代以来，人的发展成为人们关注的中心，作为一种有目的地培养人的活动，教育把人的全面而自由的发展作为其本真的目的，并积极创造条件促进人的全面而自由的发展，即"把一个人在体力、智力、情感、伦理各方面的因素综合起来，使他成为一个完善的人，这就是对教育基本目的的一个广义的界说"①。文艺复兴时期的西方人文主义关注的是人的潜在能力、创造能力如何唤醒与发展的问题，而教育则是解决该问题的最佳选择。"人文主义者不仅对教育寄予中心地位的重视，而且他们也在总体上主张打下全面教育的基础，目的在全面发展个性和充分发挥个人才能。"② 康德则认为，教育的目的在于使人的各种能力和谐发展、充分发展，"使每个人都得到他所能达到的充分完善。"③ 黑格尔在其著作《美学》中指出："社会和国家的目的在于使一切人类的潜能以及一切个人的能力在一切方面和一切方向都可以得到发展和表现。"④ 之后，作为空想社会主义的代表人物，圣西门则在弥留之际对其弟子说："你们

---

　　① 联合国教科文组织、国际教育发展委员会编著：《学会生存》，华东师范大学比较教育研究所译，教育科学出版社1996年版，第195页。
　　② [英]阿伦·布洛克：《西方人文主义传统》，董乐山译，生活·读书·新知三联书店1997年版，第234页。
　　③ 张人杰主编：《国外教育社会学基本文选》，华东师范大学出版社2009年版，第2页。
　　④ [德]黑格尔：《美学》第1卷，朱光潜译，商务印书馆1979年版，第59页。

要记住,为了完成一项伟大的事业,必须具备热情……我终生的全部劳动的目的,就是为一切社会成员创造最广泛的可能来发展他们的才能。"①

第一节 教育的含义

教育作为人类特有的一种社会现象,它既与人类社会同时产生,又伴随人类社会的发展而不断变化。在人类社会最初形成之时,教育的内容主要包括生产劳动经验的传播以及如何改造和使用生产工具的技能的传授。但是,这些内容几乎已经囊括了古代人生产生活的全部内容。所以,那个时候的教育是"丰富"的。不仅教育的内容"丰富",而且,教育的目的直接就是关注人以及人如何生存与发展。那么,究竟什么是教育呢?我们不妨先看一看长沙市天心区天心小学刘菲菲提供的这样一个案例:"记得有次语文课,我写完作业后有些无聊,看见老师走出教室,可能拿教具去了。我侧过头,看着同桌的男孩正在专注地写字,忽然觉得他的耳垂肉乎乎的,很好玩。于是,我伸出手使劲拽了拽他的耳朵。恰巧在这个时候,老师从后门走进了教室,正好看到了我这个顽皮的动作,我瞬间害怕起来。可是,老师没有打我,也没有罚我,只是轻轻地伸出手指,在我脑门上抚摸了一下。时光流转,这件事一晃就过去了二十多年,可是那充满紧张、忐忑、庆幸、感激的一幕却永远留在我的脑海里,老师不经意的一拂让我明白了,原来,宽容就是一种深深的爱。"

爱因斯坦曾将教育定义为:"如果一个人忘掉了他在学校里所学到的每一样东西,那么留下来的就是教育。"② 显然,经过岁月的洗礼,案例中的"我"或许早已忘记了那节课所学的具体内容,但是,老师的"轻轻一拂"却永远定格在了脑海里。当社会的发展越来越坚持以

---

① [法]圣西门:《圣西门选集》第3卷,董果良、赵鸣远译,商务印书馆1985年版,第250页。

② [美]阿尔伯特·爱因斯坦:《走近爱因斯坦》,许良英译,辽宁教育出版社2005年版,第102—103页。

人为本，越来越走向人的自由全面发展，每个生命个体所经历的教育品质的高低直接关涉和影响个人的生命品质。所以，真正的教育能够深入个体的心灵，激活个体感受外在世界及美好事物的感知能力，使其充盈并催其向善，进而使人获得人格的完善和自由个性的成长。恰如《肖申克的救赎》中黑人狱友瑞德曾这样说道："记住，希望总是好的，也许是人间至善，美好的事物永不消逝。"

德国著名教育家雅斯贝尔斯认为，教育本身意味着一棵树摇动另一棵树，一朵云推动另一朵云，一个灵魂唤醒另一个灵魂。所以，教育活动的发生与生成是在人与人之间的交往中实现的，正所谓"亲其师则信其道"。与此同时，教育能够让师生进入自由交流的情境之中，充分激发个体对美好事物的欲求，还需要另一个基本条件，那就是必要的闲暇。因为，"教育的艺术不在于传授知识和本领，而在于激励、唤醒和鼓舞。"① 当然，闲暇于教育而言之所以如此重要，是因为个体只有在自由自在的闲暇状态下才能自主萌发出对美好事物的欲求，这也正是教育之为教育的关键所在。然而，这并不意味着个体的教育实践生活要全然处于闲暇状态，个体自由自主的实现同样需要系统的规则规范。所以，"教育中最大的问题之一是，人们怎样才能把服从法则的强制和运用自由的能力结合起来，因为强制是必需的。我怎样才能用强制培养出自由呢？我应该让儿童习惯于忍受对其自由所施加的强制，并应同时指导他去良好地运用其自由。不这样的话则一切都是机械性的，离开了教育的人就不知道如何运用其自由。他必须尽早感受到来自社会的不可避免的阻力，以便能认识到为了独立而谋生和奋斗是多么艰辛。"② 那么，这也就意味着，完整的教育实践活动是通过两个层面展开的，从积极层面来讲，教育的本质是能够触及心灵深处，激发个体对美好事物的欲求，催其向善人性的成长；从消极层面来说，教育活动还包括对负面情

---

① [德]雅斯贝尔斯：《什么是教育》，邹进译，生活·读书·新知三联书店1991年版，第3页。

② [德]伊曼努尔·康德：《论教育学》，赵鹏、何兆武译，上海人民出版社2005年版，第13页。

绪、欲望的必要的规训与克制。

苏格拉底在德尔菲神庙上的名言"认识你自己"表征着教育的根本目的不是求得功名，亦不是高官厚禄；而是提升自己，完善人格，即人的能力的全面发展、社会关系的全面丰富以及人之为人自由个性的生成。恰如德国哲学家、神学家、医生、管风琴演奏家、社会活动家、人道主义者阿尔贝特·施韦泽（1875—1965）："1875年，施韦泽诞生于德、法边界阿尔萨斯省的小城凯泽尔贝格。特殊的地理环境使他精通德、法两种语言，他先后获得哲学、神学和医学三个博士学位，还有著名的管风琴演奏家和巴赫音乐研究专家。1904年，在哲学、神学和音乐方面已经拥有巨大声望的他听到刚果缺少医生的呼吁，决定到非洲行医。历经九年的学习，他在38岁的时候获得了行医证和医学博士学位。施韦泽于1913年来到非洲，在加蓬的兰巴雷内建立了丛林诊所，服务非洲直至逝世。他获得了1952年的诺贝尔和平奖，被称为'非洲之子'。此时，他已经在全世界享有崇高的声望，被誉为'20世纪人道精神划时代伟人、非洲圣人施韦泽博士'。"① 可以说，施韦泽的全面发展，"不是一种狭义的'个人''能力'上的全面发展，而是一个充满爱心的人，通过与人们的共同合作，在奉献中的全面发展"②。这样的集善和美于一身的人，在人的自由全面发展范畴里无疑具有绝对的典范意义。因此，理想的教育，是那些知识技能之外的、基于闲暇的、以生活与交往为基本形式的、以对美好事物的欲求为核心的、以健全人格的养成为宗旨的活动。

在国内教育学界，教育一般被界定为："就其广义来说，凡是有目的地增进人的知识技能，影响人的思想品德的活动，无论是有组织的或无组织的，系统的或是零碎的，都是教育。狭义的教育即学校教育，是教育者根据一定社会（或一定阶级）的要求和年轻一代身心发展的规

---

① 刘铁芳：《什么是好的教育——学校教育的哲学阐释》，高等教育出版社2014年版，第42—43页。
② ［法］阿尔贝特·施韦泽：《对生命的敬畏》，陈泽环译，上海人民出版社2006年版，前言第8页。

律，对受教育者所进行的一种有目的、有计划、有组织地传授知识技能、培养思想品德，发展智力和体力，以便把受教育者培养成为一定社会（或一定阶级）服务的人的活动。"①（注：本文所谈到的教育指的是狭义上的教育，即学校教育。）也可以说，这个对教育的界定代表着国内教育学界对"教育"的较为经典的界定，同时也代表着我们对什么是教育所达成的共识。然而，这种主要从目的或外在形态的角度解释教育的方式似乎并没有让我们认识到教育的本质是什么，或者说无法让我们了解本真的教育究竟是一种怎样的状态。

"教育是年长一代对尚未为社会生活做好准备的一代所施加的影响。教育的目的就是在儿童身上唤起和培养一定数量的身体、智识和道德状态，以便适应整个政治社会的要求，以及他将来注定所处的特定环境的要求。"② 这是20世纪法国社会学家涂尔干对教育的界定，他也是通过教育所要实现的外在目的或社会功能所作出的界定。可谓与国内的有关教育的经典定义具有异曲同工之妙，即涂尔干同样尚未触及教育的真正本质。然而，这种教育定义在20世纪受到来自美国教育家杜威和德国哲学家雅斯贝尔斯的质疑和批判："教育绝不能按人为控制的计划加以实行。教育计划的范围是很狭窄的，如果超越了这些界限，那接踵而来的或者是训练，或者是杂乱无章的知识堆集，而这些恰好与人受教育的初衷背道而驰。"③

古典时代可以说是人类文明的一个顶峰，当然，人们对教育的认识与探索同样达到一个"前无古人，后无来者"的巅峰时代。无论是古希腊时期雅典的苏格拉底的"产婆术"，即对话法教学，还是我国春秋战国时期震古烁今的《学记》中所阐发的教育智慧，两者均异曲同工地表达了教之为教（教育的本质）的根本绝不仅仅是知识的传递与灌

---

① 华中师范大学教育系等：《教育学》，人民教育出版社1984年版，第37页。
② ［法］爱弥儿·涂尔干：《教育与社会学》，沈杰译，渠东校，载《涂尔干文集第三卷·道德文集》，上海人民出版社2001年版，第309页。
③ ［德］雅斯贝尔斯：《什么是教育》，邹进译，生活·读书·新知三联书店1991年版，第24页。

输,而是基于教育者与学生之间内在心灵沟通之上的共同对智慧的追求,并从而引导学生自我发现、自我领悟。然而,这种教育思想并没有一脉相承地传承下来。西方的文艺复兴开启了人的解放历程,同时也开启了教育思想的激烈变革。卢梭被认为是人类教育史上第一个"真正发现了儿童"的人,并提出了"归于自然"的教育思想。随后,康德在其有关教育学的数次讲座中谈到如何通过规训、文化化、文明化及道德教化等四种教育行动形式培养人的自由的问题。随着社会的发展,学校教育的普及,人们对学校教育教学问题的关注也取代了文艺复兴时期对教育问题的形而上的思考模式。作为系统构建现代教育学体系的开创者和集大成者的赫尔巴特继承了康德对教育行动的划分,并将培养道德性格的力量作为教育的目的。他强调"经验"与"交往"是教育的基本出发点,并指出"教育学的基本概念就是学生的可塑性"[1]。针对赫尔巴特的这种教育观点,杜威作出了激烈的抨击。他认为学生的能动性才是一切教育活动的真正起点。在他看来:"教育的过程,在它自身以外没有目的;它就是它自己的目的。教育的过程是一个(经验)不断改组、不断改造和不断转化的过程。"[2] "学校教育的目的在于通过组织保证生长的各种力量,以保证教育得以继续进行。"[3] 所以,教育就是"提供保证生长或充分生活的条件的事业"[4]。

进入 20 世纪以后,科学主义认识论自身固有的局限性愈加凸显,而精神领域的问题越来越多地受到教育学的思考与关注。兴起于当时的德国精神科学教育学代表人物斯普朗格认为,人首先是一种精神性存在,教育便是促进人的精神性存在的生成与发展的手段与途径。德国著

---

[1] [德]赫尔巴特:《普通教育学·教育学讲授纲要》,李其龙译,人民教育出版社 1989 年版,第 207 页。

[2] [美]约翰·杜威:《民主主义与教育》,王承绪译,人民教育出版社 2004 年版,第 58 页。

[3] [美]约翰·杜威:《民主主义与教育》,王承绪译,人民教育出版社 2004 年版,第 59 页。

[4] [美]约翰·杜威:《民主主义与教育》,王承绪译,人民教育出版社 2004 年版,第 60 页。

名教育家雅斯贝尔斯则在其著作《什么是教育》中谈道:"教育的原则是通过现存世界的全部文化导向人的灵魂觉醒之本源和根基,而不是导向由原初派生出来的东西和平庸的知识。"① "真正的教育主要通过师生对话展开,在苏格拉底式对话教学中,对话便是真理的敞亮和思想本身的实现。"② 因此,雅斯贝尔斯不仅认为,教育就是引导,使其顿悟;而"创建学校的目的,是将历史上人类的精神内涵转化为当下生机勃勃的精神,并通过这一精神引导所有学生掌握知识和技术"③。正是有了这些思想和理论的支撑和引导,才有了雅斯贝尔斯在其著作中开篇对教育的界定:"所谓教育,不过是人对人的主体间灵肉交流活动(尤其是老一代对年轻一代),包括知识内容的传授、生命内涵的领悟、意志行为的规范、并通过文化传递的功能,将文化遗产教给年轻一代,使他们自由地生成,并启迪其自由天性。"④

雅斯贝尔斯认为,如何正确地界定和理解教育,首要的就应该是对教育本质的认识与把握。那么,什么是教育的本质呢?"对终极价值和绝对真理的虔诚是一切教育的本质。"⑤ 这里的终极价值和绝对真理在雅斯贝尔斯看来就是个人的真实、独立自主、责任和自由。笔者认为这正是教育的本质和终极诉求。教育的本质是精神的,教之为教也一定要触及人的灵魂、并指向人的生命本身的。正如蒙台梭利曾说的那样:"教育就是激发生命,充实生命,协助孩子们用自己的力量生存下去,并帮助他们发展这种精神。"⑥ 尽管传道授业解惑是教育教学的显性内

---

① [德] 雅斯贝尔斯:《什么是教育》,邹进译,生活·读书·新知三联书店1991年版,第3页。
② [德] 雅斯贝尔斯:《什么是教育》,邹进译,生活·读书·新知三联书店1991年版,第3页。
③ [德] 雅斯贝尔斯:《什么是教育》,邹进译,生活·读书·新知三联书店1991年版,第33页。
④ [德] 雅斯贝尔斯:《什么是教育》,邹进译,生活·读书·新知三联书店1991年版,第3页。
⑤ [德] 雅斯贝尔斯:《什么是教育》,邹进译,生活·读书·新知三联书店1991年版,第99页。
⑥ [意] 玛利亚·蒙台梭利:《童年的秘密》,单中惠译,长江文艺出版社2021年版,第91页。

容，但是，教育的本质绝不是仅仅如此，而是通过传道授业解惑启迪受教育者的天性，发展其能力。因此，在雅斯贝尔斯看来，教育首先应该是精神的成长，其次才是获取科学知识。这在他推崇和倡导对话式教育过程中就可以发现，教育是一场存在于师生之间的自由的交往活动。因为，唯有自由才有交往的平等，唯有自由才能深入地理解他人与历史，唯有自由才不致成为他人意志的工具。因此，教育是生命个体实现自我教育的过程。"教育借着个人自己的存有，使个人体认到整体的存在，他从自我出来，走进世界，不再牢牢地停留在某个地方，因此他虽然仍然生活在狭小的环境中，却因与所有人的生命发生关联，而充满活力。一个人如果与一个更明朗、更丰富的世界结合为一体，他将更能成为他自己。"①

第二节　教育在社会发展中的作用

作为促进人的自由与全面发展的重要途径，教育在其漫长的历史发展中取得了举世瞩目的成就，尤其改革开放以后，我国教育事业的发展更是呈现出翻天覆地、日新月异的变化。四十年多来，我国教育的总体水平悄然迈入世界中上行列，学前教育、义务教育以及高中阶段的教育均呈现出前所未有的繁盛景象，高等教育、职业教育和继续教育、民办教育以及中国特色社会主义教育法律体系的不断完善，均从不同侧面反映出我国教育事业的飞速发展；同时，教育事业的发展也包括教师队伍的巨大变化，无论是规模的扩大，还是整体素质的提高都是有目共睹的。教育事业的飞速发展为我国的改革开放和社会主义现代化建设培养了大量的人才，有效推动社会生产力的极大进步；而且，在社会主义民主政治建设、文化传承、精神文明建设方面亦起到至关重要的作用；同时，教育还是提高国人素质、推动人口结构合理化的关键因素。所以，教育在促进社会全面发展方面发挥着举足轻重的作用。

---

① ［德］雅斯贝尔斯：《时代的精神处境》，黄藿译，华东大学出版社2022年版，第99页。

首先,教育对经济的发展发挥着举足轻重的作用。人们常说,穷人的唯一出路要靠教育。犹太民族的成功在于教育,这是不争的事实;日本的经济之所以能够在短时间内得到迅速的发展,依靠的也是教育。根据马克思主义的观点,教育作为整个社会的一个子系统,其存在与发展的基础在于社会生产力和经济的发展。他说:"不是人们的意识决定人们的存在,相反,是人们的社会存在决定人们的意识。"① 众所周知,教育从属于社会意识的范畴,自然就会受到来自社会存在即物质资料生产方式的决定性影响。比如,一定时期的经济发展水平决定了该时期的教育规模,新中国成立初期,国民经济发展缓慢,底子比较薄弱,教育经费投入处于严重匮乏的状况,所以,该时期的教育工作重点是普及小学教育。之后伴随改革开放时期经济突飞猛进的发展,教育经费的投入大幅增加,不仅使九年义务教育迅速普及,高等教育也获得了前所未有的发展。

另外,经济的发展水平也影响着教育观念和教育制度的变化。马克思曾经提出,资产阶级的教育观念"是资产阶级的生产关系和所有制关系的产物"②。因此,一定时期的教育观念是该时期社会经济发展状况的反映与表征。新中国成立之初,教育的目标是"培养健全人格",所以,当时国家提出培养有社会主义觉悟、有文化的劳动者。之后,邓小平同志提出"解放思想、增加投入,发展教育"的论断也是与改革开放时期的国民经济发展水平相适应的。那么,习近平总书记的"教育兴则国家兴,教育强则国家强"的重要指示更是对进入新时代,面对百年未有之大变局,以及中华民族伟大复兴中国梦召唤下的经济发展现状的积极回应。由此可知,不同历史时期的社会经济发展水平对人才和劳动者需求和要求不尽相同,进而影响教育制度和教育结构的转变,这是教育的经济属性决定的。

然而,教育并不完全是一种被动的存在,教育的发展也将有力地反

---

① 《马克思恩格斯选集》第2卷,人民出版社2012年版,第2页。
② 《马克思恩格斯文集》第2卷,人民出版社2009年版,第48页。

作用于社会生产力，成为推动社会经济发展的重要杠杆。教育虽然不能直接创造物质财富，增收 GDP。但是，教育可以通过提高劳动者的知识技能水平间接地影响劳动生产的效率，同时，教育所具有的传播科学知识和培养创新人才的功能是实现社会经济可持续发展的基础。20 世纪 80 年代，邓小平同志提出"科学技术是第一生产力"，然而，科学技术能够成为生产力的关键却在于培养掌握科学技术的人才。伴随人工智能技术的迅猛发展，习近平总书记从社会发展的实践出发，逐渐意识到教育既不是现实的生产力，也不是直接的生产力，在数字经济时代的大背景下，教育是一种潜在的生产力，或者可以称为未来的生产力，这正是即将到来的社会生产力发展的重要源泉。因为，教育不仅可以促进劳动能力的再生产，提高劳动者劳动能力的性质和形态，进而促进社会生产效率的提高；而且，作为科学技术再生产的重要手段，教育一方面使科学知识得以高效传播与传承，另一方面能有效促进科学知识的创新与发展。

改革开放以来，伴随计划经济体制向社会主义市场经济体制的转变，我国国民经济实现了四十余年的持续快速增长。数据显示，2021 年国内生产总值 GDP 达 114.4 万亿元人民币，人均 GDP 超过了 1.2 万美元。但是，由于过多地注重发展的效率，"让一部分人先富起来"所带来的收入差距也在不断扩大。基尼系数从 1981 年的 0.288 上升为 2020 年的 0.468，远远超过了 0.4 的国际警戒线。因此，随着全面进入社会主义现代化强国新时代的到来，我国经济进入一个新的发展阶段，由过去追求高速度、粗放型的发展模式转向中高速、集约型的经济增长方式，以"创新、协调、绿色、开放、共享"新发展理念引领这一伟大转变，并将发展成果惠及全体人民，以实现共同富裕为目标。作为经济社会发展中基础性、先导性和全局性的战略要素，教育自然发挥着不可或缺的重要作用。

社会生产力和经济的高速发展需要大量高素质的劳动者，这就要求提高全社会成员的思想、智力和素质，那么，基础教育的普及、高等教育的快速发展恰恰满足了社会发展的这一需求。换言之，第一，教育通过高人力资本促进全要素生产效率的提高，促进产业结构的优化升级，推动城镇化进程，促进消费需求的增加等进而推动国民经济的可持续发展。第二，人们通过接受教育——良好的教育不仅能够提高收入水平，进而提高纳税能力，扩大国家的税基，增加财政收入；而且，普遍提高的受教育水平有助于人们更好地认知与把握公共利益与社会和谐稳定之间的关系。第三，优质公平的教育是推动城镇化进程、缩小城乡差别的重要因素，是提高农民的文化科学水平、生产技能和经济运作视野的关键所在，是推动农民接受二次培训进入第二产业、第三产业并逐步实现"市民化"的积极力量。第四，人们通过高等教育、职业教育、继续教育等优质公平的教育提高知识素养和职业技术水平，进而提高创造财富的能力，增加经济收入，阻断贫困代际传递，从而实现对社会经济发展的微观助力。

其次，教育与社会政治之间存在一种辩证关系，政治作为经济的集中表现，对教育具有一定的制约作用，同时，教育对社会民主政治建设发挥着能动的反作用。那么，一定历史时期的社会政治制度对教育的制约作用具体体现在教育性质的界定、教育目的的设定、教育内容的选择及教育机会的获得等。纵观教育的发展历史，在阶级社会中，任何阶级的教育都是为本阶级的经济基础、政治统治和阶级利益服务的，就像马克思、恩格斯在《共产党宣言》中指出资产阶级关于自由、教育、法等观念本身就是"资产阶级的生产关系和所有制关系的产物"[1]。教育目的是一个社会的政治、经济制度对教育所提出的主观要求的集中体现，直接反映统治阶级的利益和需要。不同的社会制度决定了不同的教育目的，马克思、恩格斯认为资本主义社会中的教育"对绝大多数人来说是把人训练成机器"[2]，从而为资产阶级牟取更多的经济利益。与资本主义社会不同，社会主义教育的目的是以培养人健全的人格、全面的能力、自由的个性为目的，即促进人的自由全面发展。

---

[1] 《马克思恩格斯文集》第2卷，人民出版社2009年版，第48页。
[2] 《马克思恩格斯文集》第2卷，人民出版社2009年版，第48页。

一定社会的教育性质和教育目的决定该历史时期教育内容的选择方向。19世纪40年代的英国，宗教是工人接受教育的主要内容，恩格斯曾经这样写道，孩子们"从很小的时候起就激起教派的仇恨和狂热的迷信，而一切理性的、精神的和道德的教育却被严重地忽视了"①。教材作为科学知识的主要载体，是一个国家和民族价值观念体系的集中反映。因此，站在新时代的历史方位，我国教育内容的选择、教材要坚持马克思主义指导地位，体现马克思主义中国化要求，体现中国和中华民族风格，体现党和国家对教育的基本要求，体现国家和民族基本价值观，体现人类文化知识积累和创新成果。②1927年，毛泽东在《湖南农民运动考察报告》中分析了旧中国教育的状况："中国有百分之九十未受文化教育的人民"，其中"最大多数是农民"；在封建制度下，"中国历来只是地主有文化，农民没有文化"。③由此可知，在阶级社会，统治阶级掌握着教育的领导权，规定着各阶级和阶层的受教育的权利和机会。中国特色社会主义进入新的历史时期，每个人不但享有受教育的权利和机会，而且享有公平且优质的教育资源。习近平总书记强调："教育公平是社会公平的重要基础，要不断促进教育发展成果更多更公平惠及全体人民，以教育公平促进社会公平正义。"④

　　马克思曾经指出："一方面，为了建立正确的教育制度，需要改变社会条件；另一方面，为了改变社会条件，又需要相应的教育制度。"⑤人通过接受教育逐步认识世界与改造世界，对外界环境产生一定的反作用。那么，"从历史和现实的角度看，任何国家、任何社会，其维护政治统治、维系社会稳定的基本途径无一不是通过教育"⑥。1921年，中国共产党成立，为了实现民族独立和人民解放的历史使命，共产党自成立之日起就非常重视教育，注重发挥教育为政治服务的社会功能。比

---

①《马克思恩格斯文集》第1卷，人民出版社2009年版，第424—425页。
② 本书编写组：《习近平总书记教育重要论述讲义》，高等教育出版社2020年版，第127页。
③《毛泽东选集》第1卷，人民出版社1991年版，第39页。
④《习近平谈治国理政》第2卷，外文出版社2017年版，第365页。
⑤《马克思恩格斯文集》第2卷，人民出版社2009年版，第48页。
⑥ 习近平：《论党的青年工作》，中央文献出版社2022年版，第170页。

如，1939年，毛泽东同志在陕甘宁边区小学教员暑期训练班毕业典礼上称赞小学教员为边区教育事业所作的贡献，是小学教员教育了边区的儿童和老百姓，并使其在抗战过程中发挥了积极的作用。

新中国成立，在轰轰烈烈的社会主义建设事业中，教育不仅为社会主义经济建设提供人力支撑，还为巩固社会主义政治制度奠定社会基础。这不仅体现在毛泽东同志的"用文化教育工作提高群众的政治和文化的水平"①，还反映在改革开放时期邓小平同志对教育的社会定位上，"教育要面向现代化，面向世界，面向未来"②。进入新时代，习近平总书记多次强调"'两个一百年'奋斗目标的实现、中华民族伟大复兴中国梦的实现，归根到底靠人才，靠教育"，这一论断进一步证明了教育是人类传承文明和知识、培养年轻一代以及创造美好生活的根本途径。谈及对美好生活的向往和追求，那就必然要求人们具备较高的文化水平，若没有一定的文化水平，是很难真正参与到政治活动中去的，更不要谈参与对国家的管理了。因此，要"努力培养担当民族复兴大任的时代新人，培养德智体美劳全面发展的社会主义建设者和接班人"③，促进社会主义民主政治的建设。

最后，教育不仅促进经济的发展、政治的建设，而且是文化传承的重要途径和工具。教育传承文化，使得新生代能够较为迅捷、经济、高效地占有人类创造的精神文化财富的精华，使一个人从毫无文化内容的"自然人"成长为一个具有摄取、鉴赏和创造能力的"文化人"。若非这种传承，任何新生代都要去重复前辈们的事情和努力，人类也就只能停留在结绳记事、钻木取火的蒙昧时代，并随时都有被大自然淘汰、侵袭而导致消亡的可能。那么，人类何以进化和发展？人们不仅在继承前人文化财富的基础上创造历史，而且就每一个个体而言，受教育的过程就

---

① 《毛泽东选集》第1卷，人民出版社1991年版，第125—126页。
② 中共中央文献研究室编：《邓小平思想年谱（1975—1997）》，中央文献出版社1998年版，第268页。
③ 中共中央文献研究室编：《邓小平思想年谱（1975—1997）》，中央文献出版社1998年版，第253页。

是获得间接经验和精神文化财富的过程。精神文明的建设主要是通过教育来实现的。因此，《中共中央关于社会主义精神文明建设指导方针的决议》也就此谈到了，我国现在处在大力发展生产力、促进经济建设为核心的历史时期，然而，现阶段教育和科学却是影响经济建设的关键和重点领域，所以，要将教育和科学放在社会主义建设的战略位置上，在促进精神文明建设的同时，实现对高质量发展的引领与价值规约。

  文化的传承自古有之。学校教育的出现标志着文化传承和创新由之前伴随社会发展的自然发生转向有组织有计划地进行。学校教育以其高度浓缩、简捷、系统、目的性强等特点，成为文化传承的主要渠道和实现文化延续发展的主要方式。教育通过提供文化价值导向使教育者和学习者按其导向选择有正确价值的东西加以传授和学习并使之发扬光大。在教育情境中，人们不仅用科学文化知识武装头脑，还通过文化传播的方式和手段进行不同文化之间的交流活动，以此增进彼此间的了解，促进人类社会的开放与包容。同时，教育通过系统的课程和教学对文化进行筛选与整合，以实现优秀传统文化的时代创新与蓬勃发展。另外，教育为推动社会文化的生产与更新提供具备创造创新能力的人才，使其在总结前人研究成果的基础之上不断探索新的未知领域，有所发现和创造，从而把社会文化的发展推向更高的阶段。

  1847年，恩格斯在《共产主义原理》一书中揭示了教育对人的全面发展的作用。他说，在未来的社会里，"教育将使年轻人能够很快熟悉整个生产系统，将使他们能够根据社会需要或者他们自己的爱好，轮流从一个生产部门转到另一个生产部门。因此，教育将使他们摆脱现在这种分工给每个人造成的片面性。这样一来，根据共产主义原则组织起来的社会，将使自己的成员能够全面发挥他们的得到全面发展的才能。于是各个不同的阶级也必然消灭"[①]。同时，马克思通过深刻分析工业化时代资本主义的生产方式和劳动分工带来的人的发展的片面性问题，认识到只有消灭资本主义私有制度和旧式分工，只有建立以公有制为基

---

  ① 《马克思恩格斯文集》第1卷，人民出版社2009年版，第689页。

础的社会主义社会和共产主义社会，才有可能为人的全面发展提供坚实的制度基础，也才有可能真正实现人的全面发展。作为推动和实现人的全面发展的重要途径，教育只有在社会主义和共产主义的制度框架下才能真正发挥其本真的价值，成其为教育。教育在其漫长的历史发展中取得了举世瞩目的光辉成就，这些足以说明教育的存在是必然、必须的、不可或缺的，可以说，没有教育为社会输送人才，社会的发展不会如此迅速且全面。就这个角度而言，教育将其工具性的职能或作用发挥到极致，为社会培养、输送一大批高素质的建设性人才。

然而，在日新月异的变化和发展中，教育的本质或者说本真的教育却被遗忘或丢失了。教育是人的教育，首先需要人参与，且目的是解放与发展人的自由本性与各种潜能。可是，伴随社会的飞速发展，教育事业在其自身的发展过程中却暴露出一系列的问题，例如：教育的工具化倾向、教育资源不均衡导致的教育不公平问题、教育的功利化倾向、教育实践中的目的与手段相互颠倒的问题……在这些大大小小的问题中，有一个共同的特点，那就是在教育领域中，人之外的某些东西成为了教育的目的，人却成为了达到或实现这些"额外"目的的手段和工具。整个现代性社会表征为一种异化："现代人对自己、对同代人和对大自然产生异化。他变成一种商品，体验到自己的生命力实际是一笔资本，这笔资本在既定的市场条件下要给他带来最大的利润。人与人之间的关系从本质上来看是互为陌生的，是自动机器之间的关系。"[①] 而在这个异化的过程中，教育在一定程度上遗忘了其本真的价值和目的——促进人的自由本性和全面发展。尽管这些问题只是教育事业漫长历史发展过程中不可回避的一种必然现象，但是，它们为社会的全面发展和人的自由全面发展带来了不容忽视的不利影响。因此，笔者认为，人类社会固然要在大力发展生产力的基础上提倡、促进教育的发展，同时，也要在最大程度上尽力规避、扬弃教育自身发展中出现的问题和不良后果。那么，首先就要辨别、确认教育在其自身的发展中出现了哪些问题，进而

---

① ［美］艾瑞克·弗洛姆：《爱的艺术》，李建鸣译，上海译文出版社2008年版，第79页。

对这些问题进行正确的认知和科学的理解,并最终找到规避与扬弃这些问题的路径和方法。

第三节 教育异化现象日益凸显

伴随时间的推移和社会的发展,专门从事教育活动的机构与场所——学校应运而生。制度化教育即学校教育的产生不仅为社会的发展与进步培养了大量的人才,而且其自身也得到了突飞猛进的发展。然而,由于经济、政治、文化等多种社会因素的影响,教育活动在发展与实施的过程中不可避免地产生了一种异化力量。这种异化力量与教育的价值理性,或者与教育的本质发生了背离,其结果就是教育非但没有使人实现能力全面的发展与自由个性的解放,反而成为人之为人、生而自由的一种束缚和枷锁。从本质上来讲,世界上的任何发展终将围绕并指向人的发展。同时,人通过依赖自然界才能克服和超越自身的历史局限性。全面发展的人的生成,不仅基于一定历史时期的社会经济条件、政治文明建设与文化环境的滋养,当然,其中教育的作用是最为直接和明显的。对此,马克思在《资本论》中就曾谈道:"它不仅是提高社会生产的一种方法,而且是造就全面发展的人的唯一方法。"①

教育作为人发展为"全人"的重要条件,其出发点、过程和归宿均是培养人,于现实境遇中提升人的境界,在一定意义上说,任何一个文明化的人都是教育的产物。在西语中,"教育"一词始于西塞罗在翻译希腊文 Paideia 时找到 humanitas 这个词。在拉丁文中,humanitas 原指"人性""人情""万物之灵";而 Paideia 则相当于现代词典中的"文化"或"教育",Paideia 一词内含着全面发展的指向。古典教育(尤其是人文教育)则是以人本身为目的,是以人性的完整、丰富、全面为依归,尽管只能是"原始的丰富"。在古希腊和我国的先秦时期,就有了培养德智统一、身心和谐的人的思想。我国古代的著名教育家孔子曾

---

① 《马克思恩格斯文集》第 5 卷,人民出版社 2009 年版,第 557 页。

经指出:"若臧武仲之知、公绰之不欲、卞庄子之勇、冉求之艺,文之以礼乐,亦可以为成人矣。"① 乐之贵在其和谐,礼之核心在其秩序与节度,而秩序与节度乃和谐的条件,乐礼互为内外,而且内和方能外顺。同时,"成于乐"与"游于艺"也正是孔子提倡的"从心所欲不逾矩"的欲求与法度相融合的理想境界。

马克思在其辩证的历史唯物主义劳动观中,抓住"现实的、活生生的人",并通过对人的类特性、自由本性以及社会关系等的论述确证了人的本质。同时,在批判资本主义私有制的过程中,找到扬弃异化、实现人的自由本性的现实道路,认为在实现人的自由本性的未来社会形态中,每个人都能够实现真正的自由与全面发展。并且,从人的自由全面发展的角度出发讨论教育,指出教育对于全面发展的人的生成具有基础性作用。生产的技术化与社会组织形式的科层化有其必然发生与存在的合理性,作为大工业生产与科技革命产物的、服务于外部世界的理性把握和技术征服,学校教育同样也具有其历史的必然性。

当科学技术等实用性教育形态成为主形态,学校自然也就成为工业时代劳动力的培养基地。在这个过程中,人的价值得不到尊重,人的潜能尚未得到全面的发展,人本主义意蕴逐渐失落。人们自以为科学知识、物质财富就是人生意义的全部;然而,接受教育的真正目的却是科学知识和物质财富背后的那些东西,那些隐性的、意义与价值的真正栖息之地。学校在课程设置上不再重视那些净化心灵和培养人格的古典人文课程,反而以专业技能课程取而代之。在大工业的经济浪潮的冲击下,学校教育逐渐走向工业化、模式化、标准化的工业生产模式,统一的课程、技术、工艺流程,整齐划一的标准结果——"教育商品"。究其本质而言,这种教育将受教育者视为工具或者具备"工具性格"的专业人才,所以,在培养的过程中忽视了人的主体地位、主体性、主体价值,人的想象力与创造性也因此备受压抑。多年的教育只是为了一纸文凭、一个证书或一个从业资格,只是为了在激烈的社会竞争中、在工

---

① 孔子:《论语·宪问》,人民出版社2004年版,第54页。

业生产的流水线上挣得一个聊以维持生存的位置。令人唏嘘不止的教育活动以经济效益作为衡量得失的标准,"意义与价值"作为人之为人的根基却被抛至九霄云外,犹如这喧闹世界中的"游魂"一般。

作为促进人的自由全面发展的"唯一方法",教育在其现实的发展过程中出现人的缺失与错位。近代以来,班级授课制的引入使得学校教育蓬勃发展,向社会输送了一批又一批数不尽的人才。然而,尽管班级授课制满足了近代工业发展的客观需求,但与此同时,受教育者个体的差异性却被忽视了。为学生者数十余载,笔者深切地感受到成绩对于一个学生意味着什么,升学率对于学校又意味着什么。然而,在教育生活本应该是人积极地获得精神价值以求自身成长的一个过程,这意味着在受教育获得自我成长的过程中,人应该进行自我理解、判断、选择和实践的创造。然而,在工业生产条件下,人已经被降格为一种工具性的存在,人成为庞大的现代体制机器上的一个微不足道的齿轮或者随时可以被取代的螺丝钉,人的精神,人之为人的内在价值、品性,甚至尊严却不复存在。教育实践的目的不再是完整的人格、丰富的人性、全面的才能,而是成绩、升学率以及随之而来的经济价值。

印度的哲人克里希那穆提评价时下的教育说:"在目前的文明世界里,我们把生活分成如此繁多的部门,以至于教育除了是学习一种特定的技术职业之外,便没有多大的意义。"[①] 教育理应基于受教育者的客观条件与需求,选择因人而异的方式方法,并着眼于个体的尊严与自由,以实现人的和谐发展为目的。然而,事实上,在大多数的教育教学中,受教育者无一例外地被抽象化,包括年龄、性别、年级、班级,甚至奖罚均被抽象为一组组数据和符号。这些数据和符号成为每个个体相互区别的外在标签,个体间的关系也就变成符号与符号、标签与标签的关系。那么,人在这样的过程中"去人化"、被"标签化",与此同时,人之为人的思想、情感、理念、态度、人格则均被排除在外,自由的本性也就随之丧失了。由此可见,如此的教育无异于规训。因为,它不关

---

① [印度]克里希那穆提:《一生的学习》,张南星译,群言出版社2004年版,第11页。

心个体的思想和情感、理念与志趣、尊严与自由；其目的不是成就自由的、独立自主的、富有创造精神的个体，而在于驯顺，在于使人成为技术纯良的现代机器人。

而且，教育过程中单一化的评价标准使得受教育者疯狂地、不顾一切地追逐成绩的数字化形式，而教育本真的鼓励、激发与启迪功能却不知所踪。不得不说，教育离"人"越来越远，这种现象因此层出不穷："教育本是要使所有受教育者的素质得到一定程度的发展，却因为要力保少数人应试成功而牺牲了大多数人的素质的发展，达不到应有的程度；教育本是要通过考试评价使受教育者的素质全面发展，却因为选拔式考试的内容片面和方法简单而衡量不了德、智、体、美、劳等综合素质，在客观上制约并破坏了全面发展（即便是某一专门方面的考试也因此而出现'高分低能'的现象）；教育本是主体创造力再生产的过程，却因为考试的模式化、格式化而驱使学生刻板地做'八股文'，反而埋没了教师和学生的创造性和个性（尽管这种创造性和个性也在或多或少地形成，但至少不是有意识地去塑造，没有在教学过程中占主导地位）；教育本是要求教与学的努力程度与师生素质的发展程度同步，但应付考试的'题海战术'则是在同一内容和层次上的重复浪费，反而占去了其他素质发展所需的'时间和汗水'，等等。"①

由此笔者认为，教育在自身的发展过程中，违背了其本真的培养人并促进人的自由而全面发展，进而使人更好地适应自然和改造自然的宗旨与目的，失去了在其本义上促进社会发展与人的发展的功能与作用，转而成为操纵、控制人的异己力量，使人受制于教育并成为被奴役和支配的对象，教育本身成为发展的目的，人及人的发展则变成实现该目的的手段或工具。在这个过程中，教育本身发生了异化，进而造成教育中人的异化。所以，笔者将教育活动中那些已经出现的或正在出现的与人相背离、违背人的自由本性进而限制人的自由全面发展的现象视之为教育异化现象。

---

① 冉铁星：《应试教育：教育本质的异化》，《中国教育学刊》1996年第6期。

具体而言,首先,从宏观的教学目的制定来讲,教育异化现象体现为教育活动背离了其本真的价值诉求。作为一种培养人的特殊的社会活动,教育以促进人的自由本性的生成与和谐全面的发展为目的,并且通过培养、生成人促进社会的进步与发展。然而,在工业生产的经济背景下,在工具理性占据主导的时代中,教育活动演变为实用主义教育,其价值诉求与终极目的均指向经济效益,失去对"人"的固守。教育迷失了自身的价值理性,与其本真的目的相疏离。异化的教育目的直接导致教育活动在具体开展时与一定社会历史条件下的受教育者个体的身心发展规律相违背。无论是以概念和范畴构成的理性形式的教育目的,还是以国家名义提出的具有阶段性发展目标性质的教育目的,都只能在符合受教育者身心发展规律的前提下制定并执行。因为,脱离规律的教育活动不是幻化为空想,就是成为人的自由与全面发展的绊脚石。

其次,从中观教育资源的配置角度而言,当前,在基础教育领域中仍然存在这样或那样的不公平问题。"教育资源配置是否科学合理直接影响着教育事业的发展状况,特别是当前,我国处于宏观教育的转型时期,教育资源优化配置的意义重大,但是,现阶段我国教育资源配置效率低,严重影响了我国教育事业的创新发展。"[①] 义务教育作为国家强制性、基础性的公益性社会事业,是整个国民教育的基石,其地位和作用可谓重中之重。其间,义务教育经历了从无到有、稳步推进到巩固提高三个阶段,尽管已经取得举世瞩目的发展成就,然而,距离"努力让每个孩子都能享有公平而有质量的教育"的发展目标还存在很大差距。教育资源配置是否均衡不仅直接影响教育发展是否公平,而且直接关系教育事业的良性发展。改革开放以来,伴随经济的飞速发展,国家和各级政府对教育事业的发展愈加重视,对教育事业的投入也在不断地增长。但是,由于我国地域广阔,人口基数庞大,人口分布不均,须接受教育的适龄儿童数量众多;且自税制改革以来各地区自行负责的公共实施投入;加之各地区的经济发展速度不尽相同等因素,这些在很大程

[①] 赵舒涵、钟嘉懿:《我国教育资源配置的困境与优化》,《人力资源管理》2017年第6期。

度上影响甚至决定不同地区的基础教育的投入不能全然对等。中东部地区经济发展迅速，西部及其他偏远地区经济发展相对缓慢，这就从根本上造成中东部地区与西部及偏远地区的教育资源分配的不够合理与均衡；城乡之间的经济发展落差也自然形成了各管辖区基础教育经费投入的悬殊；同一地域或地区内也会划分不同等级的教育区域，所谓"名校"甚至"实验班"的设置，也会享有较其他兄弟学校更优质的师资配置及其他教育资源。其中，城乡义务教育发展存在的资源配置不均衡，从而阻碍教育均衡发展，制衡义务教育公平的发展进程。

最后，从微观的教学实践来说，教学实践的目的与手段相互颠倒。尽管教育兼具促进社会进步与发展的作用，但该作用的发挥是通过对人的培养与发展实现的。然而，在现实具体的教学活动中，施教过程、考试测评等均成为能够控制和左右受教育者个体的支配力量，考试、成绩、升学率等人自身之外的目的成为衡量教育得失，评价学生成败的标准，受教育者个体的身心发展却成为实现这些外在目的的手段。在教学活动中过分地强调知识的测评、名次的先后以及能够改变命运的高考成绩等，同时使教育的真正目的即人格的完善、人性的成长、对美好事物的欲求都被边缘化，甚至被遗忘，造成手段与目的的相互颠倒，进而导致教育本身发生异化，出现"人"在教育中的缺失和错位的异化之象。

事实上，教育异化现象的发生和出现并非一蹴而就的朝夕之事，而是一个漫长的历史过程、一个复杂多维的结果。人类历史之初，教育与人类的生产生活须臾不离、合二为一，培养训练人的生产生活技能是教育的唯一目的和全部内容。从某种意义上说，此时的教育虽然"原始"，但却不失为一种本真的教育。因为，首先，它没有与其本真的价值诉求——"人"的进步与发展相背离，既不为政治所奴役，更不为经济所操纵，还称得上是一种相对"自由"的活动；其次，在当时的生产力水平和社会条件下，传授基本的生产技能和生活本领是对人的最高价值的终极关怀，所以，从这个角度来讲，原始教育的目的是保障并促进人的生存与发展，其教学过程渗透在人的生产生活之中，不曾发生教育与人相背离，使人受制于教育，或者教育的目的与手段相互颠倒的异化现象。

与此同时，随着生产力的发展与提高，社会分工的出现，尤其是脑力劳动与体力劳动的分离，社会成员逐渐无须全部投身于体力劳动，其中的一小部分人需要专门从事智力活动——整理和总结来自生产实践的知识和经验（在阶级社会中，这一小部分人就是统治者，他们独占教育并把它作为施行阶级统治和经济剥削、精神奴役的工具）并承担传道授业的工作，这就是人类社会的第一次大分工。因此，人类生产活动发生物化、异化，形成一种物的力量与人对立，不是一开始就有的，而是社会分工的产物，是社会分工的本质体现。

具体地说，人的本质的异化是分工所导致的人们在生产劳动中结成的社会关系的异化，这种异化是社会其他形式异化的基础，其他形式的异化只是社会关系异化的不同表现。人类社会的第一次分工形成脑力劳动与体力劳动的相互分离。作为培养人的社会活动，教育就此与生产劳动相脱离，并且在社会各种关系和力量的牵制下逐渐走向异化。教育与生产劳动相脱离的结果便是，少数人通过脑力劳动把人类智慧集中到自己身上，并且通过分工进一步把获得的发展变为特权，从而依靠占有大多数体力劳动者的劳动来满足自己发展的需要；而大多数体力劳动者却被迫为获取最迫切的生存需要而斗争，丧失了发展的可能。

因此，教育从生产生活中脱离出来并成为一种独立的社会活动，使专门化的教育从一开始就具有鲜明的特权属性。在这种社会条件下，一个人即使有再优异的天资，也要取决于分工的需要以及由社会分工产生的受教育的条件。同时，社会分工把生产部门的分工变为奴役人的枷锁，用它的统治取消人在具体劳动中的能动作用，并剥夺人类活动的交换，将人在劳动中的位置固定下来。人按照劳动被分为若干部分而被分割，一切人都因分工被自己的活动所奴役，并逐步走向片面化的发展模式和工具化的存在形态。

近代工业革命的发生使得精确性、合理性与实用性等成为社会的主导价值理念，并蔓延掌控近乎所有的实践领域，进而，各实践领域因其明确的实用指向以至于相互间的界限也被清晰地作出规定。人们的生活世界被分割为看似毫不相干的领域，教育与生活的源流关系也就成为一种形式。换言之，教育不再对应人们生活的全部，而仅仅被缩小为"知识"领域，其职责只剩下知识的传授与技能的训练，但是，"教育并非只是获取知识，聚集事实，将之编集汇合；教育是把生活当作一个整体而明白其中的意义"①。恰如中国古代大教育家孔子所说，教育既非学习关于现成的实用知识，也不是脱离日常生活经验的形而上的知识，而是一种艺术，指导精神生活，最终进入"从心所欲而不逾矩"的至诚之境中。而且，即便如此，在当前教学实践中，学习知识的完整意义也未能通过仅剩的知识传授表达出来，而是发生了不可预知的异化。因为，当前教学活动中的知识学习几近于一种灌输与存储行为，世界著名教育家和哲学家保罗·弗莱雷就曾对这种存储行为进行了深刻而尖锐的批判。

"讲解把学生变成了'容器'，变成了可任由教师'灌输'的'存储器'。教师越是往容器里装得完全彻底，就越是好教师；学生越是温顺地让自己被灌输，就越是好学生。于是，教育就变成了一种存储行为。学生是保管人，教师是储户。教师不是去交流，而是发表公报，让学生耐心地接受、记忆和重复存储材料。这就是'灌输式'的教育概念（'banking' concept of education），这种教育让学生只能接收、输入并存储知识。无疑，他们的确是有机会对所存储的知识进行收集或整理。但归根结底，在这种（最多是）误导的制度下，倒是人们自己因为缺乏创造力，缺乏改革精神，缺乏知识而被淘汰出局。因为离开了探究，离开了时间，一个人不可能成为真正的人。知识只有通过发明和再发明，通过人类在世界上、人类与世界一道以及人类相互之间的永不满足的、耐心的、不断的、充满希望的探究才能出现。"②

应该说，传授知识的行为本身并不曾导致教育异化现象的发生，因为知识是教育实现促进人的生成与发展的媒介。问题在于传授知识的目的是什么，是单纯为了谋生，是为了意识形态的宣扬，还是为了自由的

---

① ［印度］克里希那穆提：《一生的学习》，张南星译，群言出版社2004年版，第9页。
② ［巴西］保罗·弗莱雷：《被压迫者教育学》，顾建新等译，华东师范大学出版社2001年版，第72—73页。

人的生成。教育的目的不仅仅是使人获得多少知识、具备什么样的技能，更是要激发出学生作为人的潜力与创造力并使其得到发挥，从而充分实现人的主体性。所以，将传授知识视为全部的教育是一种"塑造"形态的教育，而"塑造"的观念与行为恰恰造成了人的"物化"。人，是一个鲜活的生命，世界向其开放使其具有无限的可能性，远不是一个可以被任意雕琢和塑造的物体。约翰·密尔曾说："人性不是一架机器，不能按照一个模型铸造出来，又开动它毫厘不差地去做替它规定好了的工作；它毋宁象一棵树，需要生长并且从各方面发展起来，它需要按照那使它成为活东西的内在力量的趋向而生长和发展起来。"①

德国哲学家伽达默尔曾说："20世纪是第一个以技术起决定作用的方式重新确定的时代，并且开始使技术知识从掌握自然力量扩转为掌握社会生活，所有这一切都是成熟的标志，或者也可以说，是我们文明危机的标志。"② 大规模地发展生产力，改造自然，不断满足又不断增多的人们的需求，在人们还为工业和技术给人类社会生活带来的效率与舒适喜不自禁时，却忽略了这样的一个事实：作为工具理性重要标志的技术所展现的世界存在，已是完全齐一化、功能化和固定化了。技术按照其本质规定着世界的样态和人的存在与发展，霸占这个时代的主导权，远远超出了手段的范畴。更可怕的是，在技术统治的工业文明中，人们渐渐适应了技术对自己的支配，并将之变为生活的常态，甘愿接受技术对人的异化，如马尔库塞曾说过："当个人同强加于他们的生活相同一，并在其中寻求他们的发展和满足时，异化概念似乎成了可怀疑的。这种同一不是幻想，而是现实。然而，这一现实构成了异化的一个更进一步的阶段。后者已成了完全客观的；异化了的主体被它的异化了的存在所吞没。只存在一个向度，它以各种形式无所不在。"③

---

① [英] 约翰·密尔：《论自由》，许宝骙译，商务印书馆1959年版，第70页。
② [德] 伽达默尔：《科学时代的理性》，薛华等译，国际文化出版公司1988年版，第63页。
③ [美] 赫伯特·马尔库塞：《单向度的人——发达工业社会意识形态研究》，张峰、吕世平译，重庆出版社1990年版，第11页。

而且，工业文明时代的专业分工越来越精细化，新旧专业也在适应社会的发展过程中交互更替，教育再也没有机会像丰富的原始教育那样能够造就出会做"一切工作"的人；不仅如此，教育的工具性作用被不断过度强调和关注，技术的内在逻辑也致使教育愈加地追求直接的、实用的结果，以确保教育在现存历史条件下的存活。然而，毋庸讳言，对工具价值的过度追求遮蔽了教育的本质与追求，"所有以迅速获取实际利益为动机的专业和课程越来越受到教育者和受教育者的青睐。那些关于人生的意义和目的以及正确生活方式的教育已难有一席之地，教育的理想性与工具性之间的必要的张力遭到破坏，后者正逐步取代前者"①。对此，有人说："现代教育陷入了功利主义，这是可悲的事情。这种风气带来了两个弊病，一个是学问成了政治和经济的工具，失掉了本来应有的主动性，因而也失去了尊严性。另一个是认为唯有实利的知识和技术才有价值，所以做这种学问的人都成了知识和技术的奴隶。由此产生的结果是人类尊严的丧失。"② 在这样的氛围下，广大教育工作者与受教育者习惯简单地以实用为标准制定教育目的与判断教育的价值，"学校开什么课、不开什么课，重视什么、排斥什么，学生学什么，不学什么，对什么感兴趣、对什么不感兴趣，都习惯于用狭隘的功利标准，即对升学和就业有无用处、用处大小来衡量。这种价值观所导致的直接后果，就是不少学校都砍掉了与升学和就业无直接关系的音、美等课程，造成了学生个性的贫乏和精神世界的空虚"③。

综上所述，社会生产力的发展、科学技术的进步促进了教育的发展，但也造成了教育异化现象的频频出现。结合马克思的历史唯物主义异化理论反思当前的教育异化现象，马克思认为，人类社会发展的历史就是不断追求人的自由与解放、不断地从必然王国走向自由王国的历史，作为一种有目的的培养人的活动，教育理应以人的自由而全面发展

---

① 项贤明：《教育过程中人的异化及其扬弃》，《社会科学战线》1997年第1期。
② ［英］A. J. 汤因比、［日］池田大作：《展望21世纪——汤因比与池田大作对话录》，荀春生等译，国际文化出版公司1985年版，第60—61页。
③ 扈中平：《人是教育的出发点》，《教育研究》1989年第8期。

为目标和价值依归,并在现实中积极创造有利条件实现该目标。因此,笔者认为,针对教育领域中发生的异化现象,站在马克思主义人学思想的立场上,以人的自由全面发展为宗旨和依据,反思并探究规避和扬弃教育异化现象的现实路径是必然趋势。

第二章　教育异化现象

教育不仅是一个知识传递的过程，更是用知识充实生命、丰富生命、激发生命力的过程，亦是师生参与、灵魂交流、火花碰撞等促进每一个个体知情意健康发展的过程，因此，教育的最终指向是"人"本身。而且，教育作为实践活动是知行统一的活动，是灵魂合乎德性的实现活动。从实践的角度来讲，作为培养人的社会活动，教育的目的与过程理应统一且向善，理应着意于人的灵魂的完善、品性的提升、潜能的发挥、人格的完整。但是，工业文明社会中，工具理性占据价值观念的主导，教育的工具性作用也被发挥到极致。这种工具化的发展导向致使教育领域呈现出目的与手段相互颠倒的异化现象。

第一节　宏观审视——工具化教育

不同的哲学观对教育持有不同的价值论。作为教育哲学的基础性核心问题，教育的价值主要是从人的发展与社会的需求来论述教育的价值。马克思主义则主要强调教育要实现促进人的发展与社会的发展的和谐统一，并最终指向和体现在对人的培养上。因此，从这个意义上说，教育的其他价值功能均基于对人的培养这一基础性价值。那么，对教育价值的分类也要基于人的价值结构的分类。有部分学者将人的价值分为元价值、工具性价值与消费性价值。其中，"所谓元价值，指的是人的各种价值中最根本的、最高的价值"。"工具性价值首先指物的价值。物本来无所谓价值，只有其能满足人的需要时才获得价值的意义，即物对人来说才有价值，正是指它是实现人的元价值的手段、中介、工具"。"消费性价值是对主体来说的实现了的价值，或者说是事实上存在的价值。这里说明了事实与价值的统一"。① 但是，笔者认为，人的消费性价值也属于人的元价值。因为，人的社会生活过程的实现是保证人生存的基础性元素，而且，先有生存才有发展，才有更好的发展，所以，人的消费性价值同样也是对人的生命本身而言的价值，是一种促进人的生命存在与发展的价值。那么，人的价值就可以划分为作为目的的元价值和作为手段的工具性价值（人的生命本身的价值与作为一种手段或者工具指向外在于它的事物的价值）。教育实践活动的价值导向理应指向人的元价值和工具性价值。

工具理性价值，简称工具价值（Instrumental Value）。作为一种哲学术语，指的是作为达到目的的手段的价值。杜威在他的教育哲学中是这样定义的："工具价值是指一事物为达到一定目的所起的作用。工具价值能够比较，有较多或较少、较好或较坏的比较，以便有所选择和取舍。各科课程，既有内在的价值，例如能直接欣赏；也有'工具价值'，例如可以做为达到其他目的的手段。"② 总起来说，我国的教育事业在漫长的发展过程中取得举世瞩目的成绩，为社会主义现代化建设提供坚实的人力支撑，这是教育的工具价值的体现。但是，在特殊的历史时期，社会主义现代化建设对人才的迫切需求致使教育在价值导向上出现些许的偏差，过度地强调和发展教育的社会功能或工具价值。换言之，教育促进社会和谐全面发展的社会功能是不能回避和忽视的。但是，对教育的社会功能或者工具性价值应该历史辩证地对待，并且以教育的终极目的与本真价值规约、引导其工具价值的弘扬和发展，从而在一定程度上规避教育异化现象的发生。

一 工具化教育的具体表征

我国的教育事业在漫长的历史发展中不仅取得举世瞩目的成绩，而

---

① 张尚仁：《论人的价值系统》，《华南师范大学学报》（社会科学版）1989年第1期。
② 张焕庭主编：《教育辞典》，江苏教育出版社1989年版，第796—797页。

且为社会主义现代化建设输送了大量的人才，提供了坚实的人力支撑，有效地发挥了促进社会和谐全面发展的功能和作用。回顾改革开放以来的社会主义现代化建设，教育对社会全面发展的社会功能体现在很多方面，包括经济的发展、政治文明建设、精神文明建设、优秀文化的传承等等。而且，该社会功能的发展正是教育的工具性价值的体现。那么，教育在其自身的发展过程中存在以工具性价值为主导的多种教育样态，比如塑造教育、竞争教育和诊治教育等。

塑造教育一词最早是由美国教育学家杜威提出来的。他在《民主主义与教育》一书中指出，塑造教育理论指的是教育依靠书本、教材等一些固定的资料，通过建构书本和教材中各种知识间的关系和联结，在向受教育者传授的过程中实现由外向内地塑造受教育者的心灵的目的和效果。以赫尔巴特为代表的教育理论家提倡塑造教育，而且用英文 formation 指称"塑造"一词。具体而言，塑造教育的含义包含三个方面："①我们所以有这一种或那一种心灵，完全是由于利用事物形成的，这些事物能引发这样或那样的反应，所引起的反应能产生这样或那样的安排。心灵的塑造完全是一个提出恰当的教材的问题。②因为先前的表象构成'统觉器官'，用以控制同化新的表象，所以，先前表象的性质十分重要。新表象的作用是强化以前形成的组合。教育者的任务，首先是选择恰当的材料以固定原来的反应；第二，根据先前的处理所积蓄的观念，安排后来的表象的顺序。控制是从后面来的，是从过去来的，就像展开的概念那样，不在最终的目标中。③一切教学方法都可以规定几个正式的步骤。提示新教材显然是中心一环，但是，既然认知在于使新教材和已经淹没在意识之下的内容的相互作用，教学的第一步就是'预备'。所谓预备，就是唤起旧表象的特殊活动，使它升到意识的表面，同化新的表象。在提示新教材以后，跟着是许多新旧表象相互作用的过程；再进一步就是运用新形成的内容，完成某种工作。无论教什么，都必须通过这样的过程；因此，不论学生年龄的大小，一切科目的教学完全采用统一的方法"。①

---

① [美]约翰·杜威：《民主主义与教育》，王承绪译，人民教育出版社2004年版，第79—80页。

对此杜威认为，塑造教育理论使教学成为一项有着特定目的和固定过程的有意识的活动，但同时，它却致使教学完全脱离了教师的知觉与灵感的领域，而且过于夸大教师在教学实践中的作用，致使学生的主动性和多种机能无法很好地体现与实现。反观我国当前的教育现状，尽管素质教育从提出到现在已有很多年，但是，具体的教学实践活动还是在不同程度上映照出塑造教育的基本特征。学生在学校的学习和生活不仅目标固定，而且过程固定。接受教育的十几年的时间里，学生只有一个目标：高分；在什么阶段学习什么课程，每一天的学校生活模式几乎毫无差别，甚至具体到每一节课堂上的授课模式差异也是微乎其微，随着高科技的发展，教学技术有所改进，但是，取得高分的目标却始终未变。所以，塑造教育的形式和目的在一定程度上忽视了学生作为人的自由本性，以及作为学习主体的自主性和创造性，反而仅仅为了"有用性"引导和塑造学生个体。

在改革开放以来的工业化进程中，塑造教育获得较大的发展空间，使自身具备了工业化的特征，即价值取向的功利化。20世纪80年代，教育成为增强国家综合实力与国际竞争力的重要手段，经济的发展、科技的进步以及社会的稳定成为教育发展走向的决定性因素。"从而使功利主义成了改革进程中最重要的教育价值诉求。"[①] 所以，如何促进经济建设、如何服务科技进步、如何提高国家的综合国力与竞争力成为教育发展的目标与价值导向。那么，这体现在教学实践中就是一心为了取得高分的成绩，大力培养社会发展所需要的人才，从而实现对社会的全面建设与发展的促进作用。但是，教育是人的教育，远不仅仅是"人才"的教育，即人才与人不能完全对等。人才侧重的是人身上所具有的"才"，也就是能力、作用、功能；而且，这里的"才"是对于社会建设而言的"才"，于社会建设无用的"才"也称不上"才"。所以，以人才而不是人为目的的教育教学并不是真正意义上的教育。因为，在这样的教育教学中，受教育者作为人的人性、个性、主体性均未被重

---

① 石中英：《教育哲学的责任与追求》，安徽教育出版社2007年版，第338页。

视，反而像被视作一个工具一样进行培养和塑造。

塑造教育的典型特征也就由此可知了。首先，就是对社会发展所需人才的大规模培养。为了实现社会发展对人才的需求，社会各界力量积极配合和支持教育事业的发展与兴旺。"科教兴国""人才强国"的口号理念不绝于耳，国家财政的高额投入，各级行政力量从政策到执行的高度配合与保障，各级教育管理部门的成立与重视等均为教育培养大量人才提供组织支持和经济保障。因为，满足社会发展所需的大量人才必须在短时间内提高劳动者的素质和技术水平，所以，这需要各界力量积极配合，以在短期内实现义务教育的普及和文盲扫除工作。

其次，是教育教学内容的标准化和过程的程序化。在工业化的时代背景下，为了既快又好地实现人才的培养与塑成，学校教育不可逆地呈现出大工业标准化的生产特征。学生学习的课本是国家统一编制的，每个学校的课程安排是标准化的，如此才能保证社会对标准化人才的需求。同时，人才还要具备维护社会稳定所需的政治素养与品行。另外，教学过程的程序化不仅有利于外界的监督，更是对高效生产符合标准的人才的一种保障。

最后，塑造教育样态中，教师被视为教育的主体，其作用被高度强调。深信教育者，尤其强调教师对教育内容与流程的标准化的实施，这是塑造理想的、标准化人才的最佳途径。因此，"在塑造教育的学校'大工厂'中，教育管理系统发展出了一套行之有效的制度以实现对劳动力——教师的控制，包括对教师工作进行监督的科层体制、对教师进行培训和知识输入以及泰勒主义之外的福利激励机制。"[①]

竞争教育则是工具化教育的另一种体现形式。20 世纪 80 年代以来，我国的经济运行模式已经逐渐实现由计划经济体制到市场经济体制的转变，市场经济运行模式的动力机制则是竞争。同时，西方的新自由主义思想也渗入到这场伟大的转型之中。新自由主义思想青睐那些有进

---

① ［美］迈克尔·W. 阿普尔：《教育与权力》，曲囡囡等译，华东师范大学出版社 2008 年版，第 86 页。

取心、事业心和竞争性的人们，它追求的是在法律法规许可的范围之内依靠自身的智慧、能力和努力创造并获取财富，同时自愿承担亏损的后果，并且引导人们"自主经营、自负盈亏、自我发展、自我约束，成为独立的法人实体和市场竞争的主体"①。可以说，新自由主义思想与市场经济体制从不同方面不谋而合地改变了旧时经济运行中的主体的被动地位，并且，在一定程度上大大促进了主体意识的觉醒且激发了个体的内在活力。之后，新自由主义思想由经济领域进一步扩展和延伸至其他公共管理部门，并促使以强调自由竞争的新一轮的管理改革的产生与运行。自然，教育场域中的竞争趋势由此日益凸显并成为一种主流，即竞争教育。

首先，就目的而言，竞争教育追求的是效益和精英。为了激发学生个体的内在生命活力，并使学生能够自我负责、自我约束，各个学校建立了一系列激励机制和考核机制，包括学生的学业排名、荣誉评定、升级升学甚至座位安排，以及各任课教师的职称评定等。这些考核机制就像一只只"看不见的手"，影响、控制着学生在学习中的你争我抢，推动着教师为提高本班学生的学习成绩而采取更为行之有效的教学方法。与僵化的旧的科层管理制度相比，新的激励机制和考核机制不仅有效地提高了教师的工作士气，还激发了学生作为主体的自觉意识，调动了学生学习的兴趣和积极性，进而在一定程度上提升了学习成绩。但是，如此一来，教育的价值导向就偏向了经济效率和成本收益，优等生的选拔、优秀班级的组建、重点学校的成立等就是该价值导向最好的结果。优等生的选拔、优秀班级的组建、重点学校的成立等实际上是一种精英教育。然而，学校不是工厂，教育不是机器，学生更不是流水线上的产品，不能以牺牲大多数人的教育成本来获取几个或几十个的精英产品，教育应该着意于每一个生命个体成长所理应获得的滋养成分。

其次，除了自由竞争以外，新自由主义思想还内含着监督与考核机

---

① 叶澜：《时代精神与新教育理想的构建——关于我国基础教育改革的跨世纪思考》，《教育研究》1994年第10期。

制，而且，这种监督和考核机制都是通过业绩来实现的。在竞争教育中，完美的学业表现是用来评判学生和教师优劣的决定性因素，更是确保学生和教师不断奋进的最佳途径。基于学业评估的自由竞争机制致使学生成为学习的机器，甚至达到一种极端。在教学实践过程中，教师与学生、学生与学生由于合作而迸发的智慧火花和创造性均被竞争的常态遮蔽了。另外，学业评估的自由竞争机制看似给了每一个学生参与竞争的公平机会，然而，一味地视"竞争"为上，且为在竞争中获取更大的收益，学生个体的家庭背景与经济社会资本成为不可忽视的重要因素，这不仅致使教育会失去本有的公平，更是无益于学生个体的身心发展。竞争教育将学生视为自我负责、自我约束的主体，自然将学习成绩归因于学生个体的努力和天赋。只是这样的思维逻辑，不但给了教师与学校推脱责任更好的借口和理由，而且，使国家在发生教育机会或结果的不公平时显得如此的无辜和清白。

另外，自由竞争机制使学校更多地关注其公共形象，以吸引更多、更好的生源。因此，生源争抢大战成为近年来每年高考结束后的重头大戏。所以，这样的监督与考核机制并没有使学生个体的潜力得到更有尊严地发挥与发展，反而迫使学生成为知识记忆的机器，整个教学过程几乎成为没有"人"的机械操作，受教育者无奈地成为各个学校获取经济利益的工具。

20世纪80年代，一些发达国家如美国、法国、日本等纷纷掀起了教育改革的浪潮，以提高国家的综合国力和国际竞争力。当我国的教育领域中诸多问题接踵而至，尤其是应试教育带来的弊端日益凸显，教育改革也就势在必行。90年代，在政府、教育领域里的专家学者以及来自社会的舆论力量等多方努力下，诊治教育的话语场域在国内逐渐形成。"针对我国1993年课程改革的有限性，教育基础教育司（原国家教委）组织北京师范大学、华东师范大学、华中师范大学、南京师范大学、东北师范大学、北京大学等6所大学和中央教育科学研究所的专家学者组成课程调查专家小组，于1996年7月至1997年底针对全国9个省（市）16000多名中小学生、2000多名校长和教师以及部分社会人士（主要是全国政协委员），就课程改革目标的落实情况、教学内容的适宜性、教与学过程中的问题、考试与评价的问题、学生学业负担与对学校的体验等方面，开展了'我国九年义务教育课程方案实施状况的调查'，并形成《九年义务教育课程实施状况调查报告》"。[①] 调查结果显示："确实存在一些有悖于素质教育要求与教育规律的问题，如教育观念滞后，人才培养目标同时代发展的需求不能完全适应；思想品德教育的针对性、实效性不强；课程内容存在'繁、难、偏、旧'的状况；课程结构单一，学科体系相对封闭，难以反映现代科技、社会发展的新内容，脱离学生经验和社会实际；学生苦于死记硬背，教师乐于题海训练的状况普遍存在；课程评价过于强调学业成绩和甄别、选拔的功能；课程管理强调统一，致使课程难以适应当地经济、社会和学生多样发展的需求。据此，提出了基础课程改革的紧迫性与必要性。"[②] 不得不说，此次对基础教育课程的调查不仅为诊治教育的推行提供现实动力，而且成为后续教育得以展开的逻辑基础。此后，教育实践中的种种弊端在专家学者、一线教师及政府的决策者的深度反思与挖掘下愈加凸显。

人们希望学校能够培养出高质量、高标准的人才以满足未来经济社会的发展和科技进步的需求，诊治教育恰恰就是一种以高质量、高标准为目标的教育样态。为了实现这一目标，聚焦于教育领域中"人"的缺失问题并致力于解决这种缺失问题便成为教育教学的实践方向。在诊治教育样态中，学生被视为充满缺陷的个体，教师及其他教学管理人员则是发现和挖掘学生的缺陷的人，进而帮助和督促学生祛除这些缺陷，因为，这些缺陷是学生发展为高质量人才的绊脚石。唯有经过精心引导和细心帮助，学生方才能够在短时间内实现高质量与高标准的目标。那么，这一目标如何在短时间内实现呢？这就要求教师及管理人员接受一

[①] 吕立杰：《国家课程设计过程研究：以我国基础教育"新课程"设计为个案》，教育科学出版社2008年版，第104—105页。

[②] 崔允漷：《新课程"新"在何处？——解读〈基础教育课程改革纲要（试行）〉》，《教育发展研究》2001年第9期。

套基于权威标准制定的"处方"。

在这套统一的权威标准面前，学生、教师及其他教学参与人员不得不放弃原有的知识和经验，然后逐渐地被这一"处方"同化，直到能够进行自我约束和自我监督。但是，其结果是学生并未获得全面又充足的发展，相反，每一个学生个体不得不受控于"处方"。在这样的教育过程中，不平等的对话和交流随处可见，教师和学生失去了建构平等关系的机会和空间，又何谈对生活的阐释和意义的真正建构呢？尽管以致力于祛除缺陷为目标的诊治教育在较短时间内一定程度上解决了应试教育中存在的诸多问题，但是，这样的教育样态难免目光短浅，以偏概全，从长远来讲，无力促使学生个体、教师乃至整个教育事业的发展。因为，被规训中的个体的潜力无法获得真正的开发，被规训中的个体的能量无法得到实质意义上的释放。

由此可见，在漫长的历史发展中，限于特定的时代背景，教育领域出现了一系列的偏离本真的教育样态，教育被过度工具化的异化现象。但是，不得不承认，对工具理性价值的过度追求致使教育无法相对独立地追求和实现其本真的目的和价值诉求，即促进人的生成与自由全面发展，反而成为影响甚至限制人的发展的异己之力。也就是说，教育自身的存在成为一种工具性存在，其作为社会一个相对独立的领域而存在的意义与价值遗失了。改革开放以来，以经济发展为中心的唯经济主义的浪潮一下子席卷了整个中国，裹挟其中的教育活动自然将实效与利益作为目标，而且，这个目标以社会市场需求为转移。进而，教育制度的建立逐渐地向市场制度靠拢或一致，人之为人的意义与价值却被移居幕后。"在现代技术文明的社会中，不能不令人感到教育成了实利的下贱侍女、成了追逐欲望的工具。"① 正如汪丁丁先生分析的那样："当整个社会被嵌入到一个以人与人之间的激烈竞争为最显著特征的市场之内的时候，教育迅速地从旨在使每一个人的内在禀赋在一套核心价值观的指

---

① ［英］A. J. 汤因比、［日］池田大作：《展望21世纪——汤因比与池田大作对话录》，荀春生等译，国际文化出版公司1985年版，第255页。

引下得到充分发展的过程蜕变为旨在赋予每一个人最适合于社会竞争的外在特征的过程。"①

工具理性追求的是利益的最大化,关注的是手段而非目的的合理性,它作为工业文明发展进程中占据主导地位的思维方式和意识形态,席卷了整个文明社会发展的各个领域,并为工业社会的统治提供合理性基础。当这种理性统治与主导了教育的发展,社会与人们自然也就更多地关注教育所能发挥的工具性职能或作用。当教育成为一种工具性存在时,教育中的"人"还能成为一种目的性存在吗?教育事业在工具理性主导的时代逐渐失去自身的相对独立性,在发挥促进社会全面发展功能的同时日渐忘却其发展的本真目的和价值诉求,即促使人的生成与发展的价值理想。而且,对本真目的的忘却与遗失在一定程度上影响受教育者人性的丰富性,受教育者自身逐渐走向单向度的工具化存在。

二 工具化教育限制人的全面发展

工业文明的进步与科学技术的发展尽管极大程度地提高了社会发展的速度与效率,促进了教育的进步与发展,并使其满足了社会发展对人才的需求;然而,在发挥与彰显工具性作用的同时,作为培养人并促进"完人"实现的教育活动却在一定程度上影响了人性的丰富性与完整性。

首先,人区别于其他动物最重要的一点是人是有理性的。理性使人具有掌握、控制与协调自然和社会的能力,使人类与社会不断地由低级阶段向高级阶段发展。同时,人也是一种感性存在,具有类似于其他动物的和更高一级的感性生命的需求。而且,与其他动物相比,人的感性生命具有个体性的品格,重视情感、意志和欲望及更强调生命是"我"的,是一种具体的、丰富的、侧重于对世界进行直接认知与把握的生命状态。感性生命的丰盈不仅是理性生命的基础与前提,更是人性和谐的

---

① 汪丁丁:《教育的问题》,《读书》2007年第11期。

基本条件。而教育，应该是像卢梭阐释的那样，"其目的，是让人成为天性所造就的人"①；是像马斯洛描述的那般，"帮助人达到他能够达到的最佳状态"。因此，教育理应促进人性的和谐，使人的感性与理性获得协调的发展，使人之为人更加完善。

然而，教育在其现实的发展过程中背离了其本真的价值追求，其原因是多方面的，究其根源乃在于教育对其工具理性价值的过度偏重。学校对教育效益的追求——升学第一位，进而使分数成为学生人生沉浮的主宰，随之，家长乃至整个社会无不双目注视着高考这一指挥棒。当这种看似"理性化"的方式成为一种教育模式时，其结果便是踏上了一条"非理性"之途。因为，一旦工具理性至上，人们就会习惯性地计算教育行为的得失与成败，计算得失与成败的标准就是升学与分数；在这个关注与计算的过程中，教育的对象"人"，甚至是未成年人的现实一度被忽略。

可是，我们恰恰忘记了，人理应首先作为一个"人"而存在，其次才能是一个学生或者其他的角色，而不是相反。人的感性生命通过接受教育无法获得应有的关注与发挥，其人的本性也日益备受压抑，久而久之，也就失去了对生活感知的欲望与激情，人的精神生活变得贫瘠不堪。对工具理性价值过度偏重和单一追求的教育是一种背离本真、异化的教育，而单一目标的教育重视人的有限发展，其结果是让人变成了"单向度的人"，使人也工具化了。爱因斯坦曾批判性地指出："仅仅重视教育有专业性、有用性，可以让人成为一种有用的机器，但是不能成为一个和谐发展的人。"② 正如席勒所言："人们永远束缚在整体的一个小断片上，也就只好把自己变成一个断片了，他们耳朵里所听到的，永远是自己推动的机器轮盘的那种单调无味的嘈杂，也就决不能发展自己生存的和谐，他们不是把人性——人的灵魂——铭刻在自己的生存上，最终却使之仅仅变成了他们所从事的职业、所耕耘

---

① [法]卢梭：《爱弥儿》（上卷），李平沤译，商务印书馆1978年版，第8页。
② 《爱因斯坦文集》第3卷，许良英、赵中立、张宣三译，商务印书馆1979年版，第310页。

的科学园地的某种标记。"①

其次,教育面对的是一个个鲜活的生命,生命的显著特征是个体差异性。个体差异性指的是人与人之间的异质性和相对独立性,同时,意味着每个人所拥有的任何属性在不同程度上具有一定的普遍性,然而,这些人性属性在特定的个人身上的构成形式及其本质内容却是独一无二的。每个人的人性特征、素质能力、自然禀赋等不同均是这种差异的结果。因此,教育不仅要立足于个体差异的先天事实,而且"其目的,是让人成为天性所造就的人"②。然事实上,学校对升学率的要求、学生对成绩的追求常常使人忘却学生作为一个独立个体的生理和心理及其他各方面的特点。学校犹如生产流水线作业的工厂车间,严格有序的管理培养体制、整齐划一的行为标准等致使现代教育成为"人才"的工艺流水线。人也只能沦为"一架传动机械中的随时可替换的齿轮"。换言之,我们只从理性的角度考虑教育教什么、如何教的问题,却没有考虑教育的目的是什么,更没有反思教育终究要培养出什么样的人。而且对于教育,"整体的意义只能存在于个体的意识之中,不可能存在于任何别的地方,而个体以各自独特的方式将整体内在化,并通过自己的活动反过来使整体表现为普遍一般的东西"③。

再次,被过度工具化的教育导致不同程度上的人的主体性的丧失。所谓人的主体性,从哲学角度来讲,主要是指人在一切对象性活动中与客体相互作用而表现和发展起来的一种功能性特征,而且,这是作为认识主体的人在处理外部世界关系时的功能表现,是区别于其他动物的标志,且最能体现人的本质力量。教育教学具有促进社会全面发展和个人自由全面发展的功能和作用,那么,就个人的全面发展而言,主要是促进个人的社会化,对个人进行有目的、有计划、有组织的知识的传授和

---

① [德]弗里德里希·席勒:《审美教育书简》,徐恒醇译,中国文联出版公司1984年版,第51页。
② [法]卢梭:《爱弥儿》(上卷),李平沤译,商务印书馆1978年版,第8页。
③ [德]曼弗雷德·弗兰克:《个体的不可消逝性》,先刚译,华夏出版社2001年版,第147页。

培养，进而促进受教育者的智慧的增进、能力的提高、素质的全面提升，使其成为社会实践活动的主体。然而，功利化的教育目的、工具化的教育功能不仅致使教育失去自身存在的独立性，受教育者成为一种工具化存在，而且，实现工具理性价值也成为受教育者生存与发展的目标。只是在这样的发展过程中，于教育而言，人之为人、人之成人的意义与价值却被迫成为一种隐性存在。在教育活动中，往往只重视受教育者的受动性、依附性和模仿性，而忽视了受教育者作为人或主体的自主性、能动性和创造性等诸多最本质的特征。

最后，教育对工具理性价值的过度追求致使工具价值也一度成为受教育者的最高追求，进而逐步走向单向度的工具性存在。恩格斯在《家庭、私有制和国家的起源》一书中指出："鄙俗的贪欲是文明时代从它存在的第一日起直至今日的起推动作用的灵魂；财富，财富，第三还是财富——不是社会的财富，而是这个微不足道的单个的个人的财富，这就是文明时代唯一的、具有决定意义的目的。"① 卑劣贪婪的物欲是资本主义社会随处可见的现实；伴随工具理性对现实生活的肆意侵蚀，这种"物化"的现实愈渐强化。雅斯贝尔斯"生活就是借助技术进步而用合理的生产提供大量的需求品"②的理念，不仅仅意味着人们生活的主要内容是借助技术进步生产出越来越多的产品，满足其对物质的欲望，同时，意味着在本源意义上，人也成为一种"物化"的存在。

教育领域中亦是如此。教育在追逐效益的过程中只关注人如何成为"人力"、如何成为一种满足社会所需的资源，却较少地关心"人"是什么、人何以成为"人"。在这样的环境下，"人所关心的不是他的生命和幸福，而是他的销路"③。人像物一样被生产、被制造，成为一种单纯的物质存在；人唯有将自己工具化和功能化才能适应工具理性霸权

---

① 《马克思恩格斯选集》第 4 卷，人民出版社 2012 年版，第 194 页。
② ［德］雅斯贝尔斯：《现时代的人》，周晓亮、宋祖良译，社会科学文献出版社 1992 年版，第 1 页。
③ ［美］埃·弗洛姆：《为自己的人》，孙依依译，生活·读书·新知三联书店 1988 年版，第 79 页。

的教育和社会。从某种意义上说，在工具理性大行其道的现实中，"个人处于职能的相互联系中，从而个人形成的自由越来越少。作为我们整个文明进程的结果，个人日益限制于为职能服务，为作用着的自动化和机器服务。人类失去了支配自身能力的自由，失去了使某种意志形成为可能从而表达出自我意志的自由，他所得到的是人类一种新的普遍的奴隶化"[1]。所以，"人"在教育中不存在了，教育领域出现了"人学空场"。这也正如韦伯所说："我们这个时代，因为它所独有的理性化和理智化，最主要的是因为世界已被除魅，它的命运便是，那些终极的、最高贵的价值，已从公共生活中销声匿迹，它们或者遁入神秘生活的超验领域，或者走进了个人之间直接的私人交往的友爱之中。"[2]

综上所述，对工具化的过度追求不仅致使教育出现一系列的异化问题，而且，在一定意义上教育成为与人相对立的一种异己存在；更何谈教育促进人的全面解放与自由发展呢？由此可见，复归教育之为教育的本真目的与价值诉求——促进人的全面发展，使其成为现实教育发展的核心理念，以引导和规约教育的现实发展，并使其在工具理性与价值理性的辩证统一中实现其本义上的价值理念才是人间正道。

第二节 中观探究——教育不公平问题

原始"丰富"的教育与人类的生产生活逐渐脱离，成为一个专门的社会领域，教育因其特权的属性演变为客观存在的控制力量，一种对绝大多数人的控制力量。与之同时出现的则是对该控制力量的竞争与争夺，从对教育权利的争夺到对教育机会、教育资源，尤其是优质教育资源的争夺，可谓日夜不休，其竞争的程度愈演愈烈。然而，从受教育者的角度和立场来讲，不管是前期教育权利、教育机会的争夺，还是当前

---

[1] [德]汉斯·伽达默尔：《赞美理论——伽达默尔选集》，夏镇平译，生活·读书·新知三联书店1988年版，第142页。

[2] [德]马克斯·韦伯：《学术与政治》，冯克利译，生活·读书·新知三联书店1998年版，第48页。

教育资源的竞争，均是一种不公平，亦是教育领域不同程度的异化问题。

一　教育公平的涵义

"公平"一词最早出现在政治学领域，古希腊思想家亚里士多德（Aristotle，前384—前322年）在对城邦政治理想状态的探讨中，将公平与政治权利的分配关联起来，他认为，社会中的每个人并非完全平等地享有各种政治权力，一个人享有政治权力的大小应该与他为社会作出的政治贡献相匹配。亚里士多德在这里谈到的"社会中的每个人"仅仅指古希腊奴隶制城邦社会中奴隶主阶级与阶层的成员，自然不包括奴隶与未成年人。因为亚里士多德说过："奴隶与尚不到独立年龄的孩子，正如自己身体的一部分，谁也不会有意地来伤害自己，从而对他们是不存在不公正的。所以既非不公正，也非政治上的公正。"[①] 由此可以看出，亚里士多德的公平观是在等级划分的基础上理解的，这不可避免地具有一定的历史局限性。这种等级公平观尽管在一定程度上扬弃了人类社会的原始公平观，对社会个体的先天与后天的差异持认可态度，然对待这些差异，尤其对"历史累积性差异"过分推崇，并以较为隐晦的方式默认和支持"特权"的存在。

之后，不同学术领域的研究学者基于各自不同的研究视角，对"公平"进行了不同的探索，形成了各自的"公平"学派。例如，政治学视野中的"权利义务"派，认为公平是指政治权利的平等、规则的平等，即法律面前人人平等；经济学视野中的"贡献收益"派则认为，公平是指参与经济活动的竞争机会均等、竞争过程的规则平等、社会财富的分配均等，分配方式大体经历了三个历史阶段，即权力公平阶段、能力公平阶段和金钱公平阶段。伦理学视野中的"美德首要派"指出公平是人格上的平等，无论个人的经济状况如何、政治地位怎样，个人的尊严和价值是同等的，与此相联系的是作为人的生存权与发展权亦是

[①] 《亚里士多德全集》第8卷，苗力田主编，中国人民大学出版社1994年版，第108页。

平等的。

教育公平是社会公平价值在教育领域的延伸和体现，指的是公民在享有平等的教育权利和均等的教育机会两个基本方面所获得的合乎情理的公正对待。所谓合乎"情理"，指的是教育的发展既合乎民心民意，又合乎教育自身的发展规律和价值取向，就像亚里士多德曾说过的那样："给相同的人以同等待遇，给不同的人以不同待遇。"其中，平等的教育权利主要指的是，在法律上要保证每个公民享有同等的受教育权利；均等的教育机会则包括教育起点的公平、教育过程的公平和教育结果公平。

具体来讲，教育起点公平主要强调入学机会均等，所有适龄儿童，不分性别、不分民族、不分贫富，均享有接受教育的权利；教育过程公平指的是在教学过程中以平等为基础，实行因材施教，为有差异的个体营造和谐公平的学习环境和氛围；教育结果公平就是使每个学生都能有效地利用教育机会，学有所用，为自身的成长和未来的发展提供和创造条件。正因为社会个体的先天差异与后天差异，教育公平只是一个无限趋近的过程，永远不可能实现。正如詹姆斯·科尔曼（James Coleman，1926—1995）在《教育机会均等观念》一文中指出，"由于存在着差别性校外影响，机会均等只可能是一种接近，永远不可能实现。"[①] 2000年11月27日，在苏州召开的中国教育学会中青年教育理论工作者专业委员会第十次年后将教育公平定义为，公民能够自由平等地分享当时、当地公共资源的状态。

教育公平是社会公平价值在教育领域的延伸和体现，因此，教育公平兼具教育属性和社会属性两个方面。首先，教育公平具有历史性。教育的发展是一个动态的历史过程，处于不断地发展变化之中，教育公平的发展亦是如此。换言之，教育公平的发展是一个不断发展变化的历史过程，在人类社会发展的历史长河中，不同时期、不同年代的人们对教育公平的具体诉求是不一样的，其具体内容既因当时当地的社会发展状

---

① ［美］詹姆斯·科尔曼：《教育机会均等观念》，华东师范大学出版社1999年版。

况的影响和制约而表征出一定的历史差异，又是人们的实践活动在不同时间中的次第展开，是社会实践主体自身命运的生成过程，不以社会个体的主观意志为转移。

原始社会的教育公平是人类早期无差别的本能式公平，极端低下的社会生产水平决定了全体氏族成员只能依据先天性别之分，基于自然分工，寓教于生产生活本身，施行无差别的分工教育。在奴隶社会与封建社会阶段，受社会生产发展却又不够发达的现实水平制约，人们追求的教育公平虽然摆脱了简单自然分工下无差别教育权利与机会的先天获取，但是，怯于教育启蒙开智的教化功能表现为两个方面。一是特权等级体制下的预先设置，意即教育权利与特权等级保持高度一致，等级愈高，教育权利愈多；等级愈低，教育权利愈少；无等级者，也就无受教育的权利与机会。而这显然符合特权等级集团维护自身利益的初衷和目的。二是后天能力下的努力争取。比如我国传统儒学所推崇的学而优则仕。公元前135年，汉武帝接受儒生董仲舒"兴太学，置明师，养天下之士"的建议，于长安设立"太学"，在中国历史上首次将学校教育与政府选官紧密联系起来，从而以制度的形式肯定个体后天努力在社会公平实现中的一席之地。与单一的世袭制相比，学而优则仕具有历史的进步性和先进的公平性，之后的科举考试更是成为维护中国古代社会稳定的秩序工具。

欧洲资产阶级革命的爆发，摧毁了欧洲封建等级特权制度，普通民众至少在法律表述层面获得了平等权利的保障。1978年8月26日，法国大革命期间颁布的《人权宣言》则更为鲜明地提出"主权在民"主旨，阐明了司法、行政、立法三权分立，法律面前人人平等，私有财产神圣不可侵犯等原则。教育权利人人平等。但是，资本主义制度发展的历史阶段性决定了这种法律上人人平等的教育权利在实践中必然受到资本的制约，从而最终在资本社会历史的发展中异化为教育权利事实上的"资本公平"，欧洲历史上按照"种族与出身"划分标准的教育双轨制是典型实例。因此，基于教育公平的历史性证实，在教育改革与发展的历史进程中，我们必须以生产力发展水平为基础和视野，在特定的社会生产实践中探索和讨论教育公平，循序渐进，分门别类，逐步推动教育公平的历史进程。

教育公平是社会公平价值在教育领域的延伸和体现。作为教育事业发展的价值目标，教育公平兼具绝对性与相对性两个层面。首先，从终极意义的层面来讲，教育公平具有绝对性，即教育公平的理想性和永恒性。众所周知，教育是人之生命价值追求实现的有效载体，承载人之生命的无限向往，其所蕴含的丰富生命内涵时常给予我们人类自身社会实践的方向和动力，既是人的一种有意识的自觉选择，也是人之生命矢志不渝的追求，伴随人类社会历史发展的始终。所以，从这个角度而言，教育公平的发展没有终点，它伴随人类进步、社会发展而处于不断的变化发展中，变化的只是教育公平的具体内容和表现形式，不变的是教育公平发展本身。趋善、尽美、求真是教育公平的终极目标，可以说，这个终极目标在一定程度上具有不可企及的乌托邦色彩。然而，正是这个极具乌托邦色彩的终极性目标为教育事业的现实发展提供了前进的引领和支撑。

绝对与相对是马克思主义用来描述现实世界普遍联系的一对哲学范畴，它表明客观世界中的任何事物都是绝对与相对的辩证统一。教育公平也是如此，它是理想公平与现实公平的辩证统一。教育公平的绝对性刚刚被谈及，教育公平的相对性则指的是任何国家或地区在任何历史时期都不会存在完全绝对的、没有差别的教育，即不会存在绝对的教育公平。即便存在，那一定是以末日审判的神谕为标准和依据。这就是说，实践中的教育公平是特定的时间、特定的空间中的教育公平，因其时空的不同、参与主体的不同而具有一定的差异性。比如，古代与现当代的今非昔比，欧美与亚非拉地域间隔，民族与种族、性别，等等。再如，近代曾被人们极度诟病的科举制度，从绝对公平的角度谈个人利益，科举制度被视为摧残人性、扭曲灵魂、维护封建制度的文化帮凶；但是，从文化普及、人才培养以及促进社会秩序稳定的历史发展的角度而言，科举制度却代表了一种进步，是一种符合时代和发展规律的客观选择。美国汉学家卜德（Derk Bodde, 1909—2003）在《中国思想西入考》一书中提到，科举是"中国赠予西方的最珍贵的知识礼物"；同时，"科举制度对维护中国的统一和保持一个令人尊敬的文明水准，起了比任何其他制度更大的作用。"因此，现今饱受争议的高考制度，尽管在很多方面存在不可避免的不公平问题，但是迄今为止，人们却无法找到能够替代现存高考制度的更加公平的选择。又如，重点学校和重点班级的设立，在一定程度上侵犯了非重点学校和班级公平享受教育资源的权利，人为制造了教育的不公平；然从教育资源的效率、国家高精尖人才的培养角度来看，它的设立和存在又是合乎理性的。

教育公平是社会公平价值在教育领域的延伸和体现，是主观与客观交互作用的过程。因此，教育公平具有一定的主观性，其实现是一个极其复杂的漫长过程。教育的主观性指的是依据特定标准对教育状况进行价值判断后所产生的某种心理体验，这显然是一种主观感受。而且，这种主观感受与客观存在的教育公平问题既具有客观内容的一致性，又因主观与客观之间的反映差异造成不完全对称性。教育公平的主观感受包括正向的教育公平感与反向的教育不公平感，具有一定生活常识的人们都知道，当客观环境不期而遇地满足了人们的内心需求和期待，心中就会产生喜悦、欢欣、激动等积极的情绪体验；反之，当客观环境无法达至人们的心理预期时，心中立刻就会弥漫着失落、难过、沮丧，甚至悲伤愤怒等消极的情绪体验。因此，当自己所在的教育环境、所拥有的教育资源与自身关于教育公平的评价标准相一致的时候，自然会产生积极的情绪体验；反之，则会悲伤和沮丧。事实上，教育公平的评价标准存在着先天的主体性差异，加上不同时代、地区、民族、种族、国别，甚至性别间的差异，教育公平的主观性就更加明显和繁复。

一般而言，反向消极的教育不公平感的产生大致有三种情况：一是由于多种实际情况的限制，事实上存在着教育不公，因而产生不公平感；二是有一些现象从不同的角度看待就会产生不同的心理预期以及情绪体验；三是社会中的横向比较所产生的不公平感，比如，在某一群体中，主体感到的是公平的，但对同类情况横向比较时，若同样的情况获得不同的待遇，自然会产生强烈的不公平感。因此，所在的区间不同，公平的标准自然不同，其对公平的主观感受自然就不同。正是因为教育主体的主观性纷繁复杂，加之影响教育公平的社会因素，诸如历史的、现实的、主观的、客观的、理论的、实践的等因素的复杂性，教育公平的实现就显得尤为漫长而艰难。

教育公平是社会公平价值在教育领域的延伸和体现，是基础性的社会公平。教育公平的不足或者受损会或直接或间接地影响社会其他领域内的公平与否。因此，教育公平是构建和谐社会的重要内容和重要途径。社会主义和谐社会是一个民主法制、公平正义、诚信友爱、充满活力、安定有序、人与自然和谐相处的社会，包括教育公平在内的公平正义是和谐社会内在的、基本的内容和核心价值理念。社会主义教育继承了我国两千多年前的"有教无类"思想，将缩小贫富差距、促进社会和谐视为教育的基本功能和基本使命。近代西方主张"天赋人权，人人平等"，认为教育平等不仅是社会平等的表现，而且是社会平等的根源。卢梭坚持人之所以不平等，是因为受教育不同，而解决不平等的办法必须是提供更多和更好的教育。

近代工业革命之前，先天性因素权重逐渐降低，取而代之的是后天的主观努力。人们受教育程度与其职业、收入、社会地位紧密相关。教育在很大程度上不仅成为社会个体发展的基础与前提，而且，更为重要的是，教育成为社会阶层有序流动的推动机制，成为实现社会公平的"最伟大的工具"。正如美国著名教育家霍拉斯·曼（Horace Mann, 1796—1859）强调的："教育是实现人类平等的伟大工具，它的作用比任何其他人类发明都要大得多。"[1] 四十余年的改革开放极大地增强了国家与民族的综合国力，历史性地解决了人民的温饱问题，全面建成了小康社会；然而，人民群众内部间阶层利益冲突日益凸显，不同利益群体间的不公平现象愈加突出。悬殊的贫富差距会引起各种社会矛盾和冲突，殃及社会秩序的有序稳定。那么，在这种不公平的社会环境中，教

---

[1] ［美］J. S. 布鲁贝克：《高等教育哲学》，王承绪等译，浙江教育出版社2001年版，第71页。

育公平的推进就可以为社会弱势群体提供利益补偿和公平竞争、向上发展的资本与机会，一定程度上实现生存环境和生活状态的改善，进而改善社会关系，促进社会公平，维护社会的稳定与和谐。

教育公平是社会公平价值在教育领域的延伸和体现，是基础性的社会公平。在现代社会，影响人身心发展的基本因素是遗传、环境、教育与个体主观能动性，其中，教育是最具决定性作用的因素。可以说，在其他因素既定的情况下，接受教育几乎成为促进个人发展的唯一选择，尤其是近现代社会。作为教育的本质表现，教育功能的科学有效发挥是关键考量，教育公平为不同的人群提供一个共同发展的基础或平台，为不同的人群在不同的人生起点基础上提供公平机会的保障。根据马克思主义的相关论述可知，人生活于其中的社会生产力和生产关系是人发展的出发点，人的发展应当与社会生产的发展保持一致。但是，旧有的、不够完全的社会分工却造成人的发展的片面性，从事社会生产的劳动者的智力不仅得不到发展，而且，体力与劳动技艺也趋于畸形化。人的全面发展不可能在一个封闭、孤立和割裂的环境中自发完成，反而只有在促进每一个或所有人发展的基础上才可能逐步实现。现代生产的发展，尤其是现代科学技术的广泛应用，客观上要求逐步打破传统的脑力劳动与体力劳动的分工与对立，趋于将脑体二者的相互结合。而这种结合就使人的全面发展具有实现的可能。这种可能既是历史发展的逻辑要求，也是历史动态发展的过程。任何个体的发展与其他所有人的发展，存在着理论与实践上的密切相关性。因此，任何个体发展与群体发展之间相互促进、互为条件。教育公平通过促进所有人的全面发展，为个体的全面发展创造条件。所以，从整个社会的发展与人类进步的意义上来说，教育公平的推进势在必行。

二 当前教育领域存在的不公平问题

2021年3月11日，李克强在十三届全国人大四次会议闭幕后的答记者问中指出，教育和健康关系到每个家庭和国家与民族的未来，其中，机会公平中，教育公平是最大的公平。教育公平作为当代一个热点话题持续受到人们的关注，特别是在我国这样人口众多、地域辽阔、各地的发展速度不同的大背景下，这个问题就愈加凸显。因为，教育公平不仅仅关涉教育领域，还与社会、经济、文化、法律以及人们的日常生活息息相关。教育公平作为社会的基础性公平，是人类社会当前发展阶段追求和推崇的基本价值。因此，推动教育公平的实现，不仅有利于教育领域实现可持续发展，而且，对人类社会的稳定和谐与长远发展起着至关重要的作用。然而，面对我国由悠久的历史文化与特定的社会性质所造就的复杂独特的教育环境，现实中推动教育公平的进程却任重而道远。

基础教育占据着整个教育系统的奠基性位置，无论是对每个生命个体的一生成长来说，还是对整个教育系统的良性发展而言，基础教育的发展是否公平、是否健康均发挥着举足轻重的重要作用。以普适性为目标的基础教育要求每一个生命个体均可以接受全面的教育学习；但是，面对自然条件迥异、人口分布不均、少数民族众多、个体发展水平参差不齐等诸多现实问题，要实现教育的普适性，教育的公平问题就是我们不得不讨论的话题。教育公平是社会公平在教育领域的延伸与体现，基础教育的公平又是社会公平的基础与前提，所以，创设基础教育发展的公平环境，促使每一个个体享有公平的受教育权、公平的教育资源，才能实现教育传递文化知识、启迪生命智慧、提高生命本质力量的核心价值和本质规定。伴随中国改革开放的发展浪潮，基础教育领域采取了类似经济领域的发展战略，在全国各地"抓重点、树窗口、增政绩"，各级重点学校、示范性学校如雨后春笋般涌现；同时，各地政府也随之相应地将大量的、优质的教育资源分配到重点学校、窗口学校，造成基础教育领域资源分配严重不公平的问题，继而引发一系列其他社会问题，甚至一定程度上导致教育领域的发展出现本末倒置的异化乱象。

2021年，一篇"倡导教育公平的人，亲手砸了教育公平"的短文评论风靡网络，成为推进教育公平改革进程中的一个黑色笑话。河北省衡水中学可谓众多学子通关高考的"神级中学"，"985""211"等重点大学本科上线率特别高，故此，民间传言，考上衡水中学就相当于一只脚跨进了重点大学的校门。可以说，衡水中学学子占尽了所在省份最优质的教育资源，该校学校领导也一再声明，衡水中学实行的是素质教育，并对自己多年的工作经验总结道：抓住了"德"就抓住了教育的根本。然而，高喊教育公平的学校领导某某却通过各种便利条件为儿子安排"高考移民"。所谓高考移民，就是为了孩子在竞争中取胜，采取特殊手段，让孩子在录取分数高的地区向录取分数低的地区转移。据悉，其子某某高一开始就读于衡水中学，先后获得2018年年度人物、十佳班长等荣誉，是一位标准的衡中学霸，享受着河北省最优质的师资和教育资源，为了确保在高考中稳操胜券，移民至西藏自治区参加高考。这种人为造成的教育不公平，即人为造成对所有西藏学子的降维打击。这只是当前我国基础教育领域资源分配不均衡的一个特殊的点，而由点及面、由面及体，教育资源分配不均衡成为新时代推动教育公平进程的重中之重。

"教育资源配置是否科学合理直接影响着教育事业的发展状况，特别是当前，我国处于宏观教育的转型时期，教育资源优化配置的意义重大，但是，现阶段我国教育资源配置效率低，严重影响了我国教育事业的创新发展。"[1] 义务教育作为国家强制性、基础性的公益性社会事业，是整个国民教育的基石，其地位和作用可谓重中之重，其间，经历了从无到有、稳步推进到巩固提高三个阶段，尽管已经取得举世瞩目的发展成就，然而距"努力让每个孩子都能享有公平而有质量的教育"的发展目标还存在相当长的一段距离。教育资源配置是否均衡不仅直接影响教育发展的公平，而且直接关系教育事业的良性发展。

改革开放以来，伴随经济的飞速发展，国家和各级政府对教育事业的发展愈加重视，对教育事业的投入自然也在不断地增长。但是，由于我国地域广阔，人口基数庞大，人口分布不均，须接受教育的适龄儿童数量众多；且自税制改革以来各地区自行负责公共实施投入；加之各地区的经济发展速度不尽相同等因素，在很大程度上影响甚至决定了不同

---

[1] 赵舒涵、钟嘉懿：《我国教育资源配置的困境与优化》，《人力资源管理》2017年第6期。

地区的基础教育的投入不尽全然对等。中东部地区经济发展迅速,西部及其他偏远地区经济发展相对缓慢,这就从根本上造成了中、东部地区与西部及偏远地区的教育资源分配不够合理与均衡;城乡之间的经济发展落差也自然形成了对各管辖区基础教育经费投入的悬殊;同一地域或地区内也会划分不同等级的教育区域,所谓"名校"甚至"实验班"的设置,也会享有较其他兄弟学校更优质的师资配置及其他教育资源。其中,城乡义务教育发展存在的资源配置不均衡,从而阻碍教育均衡发展,制衡义务教育公平的发展进程。

20 世纪 80 年代,我国学界提出了城乡一体化的概念,在 90 年代得到不断完善并开始受到政府的重视。进入 21 世纪后,城乡一体化已成为我国城乡协同发展、共同进步的一项重要举措。2012 年,党的十八大提出,"加快城乡发展一体化已成为我国今后社会发展的一项战略任务",自此将城乡一体化建设提升到战略的高度。2016 年 7 月,国务院颁布的《关于统筹推进县域内城乡义务教育一体化改革发展的若干意见》明确提出,"到 2020 年,基本实现县域义务教育均衡发展和城乡基本公共教育服务均等化",进而实现城乡义务教育在城乡一体化建设背景下的均衡发展。当前,我国城乡义务教育的发展存在一定的差距,而且这些差距由于"马太效应"而逐渐拉大,不仅严重阻碍农村教育质量的提高和人口素质的提升,而且会影响社会阶层的正常流动,造成贫富差距的代际传承和恶性循环,进而对社会公平正义带来严峻挑战。城乡义务教育的发展存在的差距具体表现在办学条件、经费投入和师资力量等方面。

首先,城乡义务教育发展的差距体现在办学条件上。自 2012 年县域义务教育均衡发展战略实施以来,我国农村义务教育学校的办学条件有了明显的改善,甚至一些办学指标在数量上已经超过了城镇学校,特别是平均分配给每个学生的数量或质量。例如 2017 年,城镇初中、小学生均教学和辅助用房面积分别为 5.38 平方米、3.48 平方米,乡村初中和小学分别为 6.83 平方米、5.37 平方米,乡村明显高于城镇。当然,这在一定程度上是由于农村开阔闲置的客观条件所决定的。所以,全面反映城乡学校办学条件的实际情况，不仅要在数量上进行比较，还要从质量上进行权衡。根据《中国教育统计年鉴2017》和《2017年全国教育事业发展统计公报》相关统计数据显示，城镇学校的办学条件，无论是初中还是小学，无论基础设施还是教学设备都要优于农村学校，在一些具体的项目指标上，差距就更是一目了然，比如"体育运动场馆面积"。

其次，这种差距还体现在教育经费的投入上。尽管自2006年开始实施的农村义务教育经费保障机制在一定程度上缓解了农村义务教育经费长期存在的供需矛盾，但由于义务教育经费投入还未完全纳入中央统一的公共财政支出范畴，以及农村学生人数众多、学校比较分散、办学成本偏高等多方面的因素，农村义务教育经费的投入与城镇相比还存在一定程度上的差距。根据教育部、国家统计局和财政部联合发布的2013—2017年全国教育经费执行情况统计公告相关数据显示，2013—2017年，无论是生均公共财政预算教育事业费支出还是生均公共财政预算公用经费支出，农村均未达到全国的平均水平，并存在逐年加大差距的趋势。由此可以推断出，农村与城市之间的发展差距会更加严重，所以，这在一定程度上严重制衡了城乡义务教育的均衡发展。

最后，师资力量是教育资源配置的核心要素，也是学校办学质量的关键所在。城乡义务教育发展存在差距的部分原因也是城乡之间的师资力量不均衡。因此，近年来，国家采取了"乡村教师支持计划（2015—2020年）""特岗教师计划"等，在很大程度上使农村学校师资总量不足、水平不高的状况得到了缓解和改善。根据《中国农村教育发展报告2019》相关数据统计显示，尽管城市与农村义务教育师资配置在数量上的差距得到了根本性的转变，然而，从专任教师的学历和职称情况来看，目前在师资水平和师资结构方面的差距还是相当明显的。全国、城镇和乡村的专任教师的学历在本科及研究生以上的比例分别是84.62%、85.84%和78.38%，城乡相差7.46个百分点；全国、城镇和乡村专任教师中中学一级及以上职称的比例分别是61.13%、62.19%和55.67%，城乡相差6.52个百分点。当前我国城乡之间师资配置不均衡除了教育政策向城镇倾斜外，在一定程度上首先是因为城市的生活条件和发展空间是边远地区和乡村无法比拟，更是无法超越的；同时，受社会地位以及"鲤鱼跳龙门"传统观念的长期影响，更多的师范毕业生会在能力许可的范围内选择城市或者地理位置更好的区域，较少有人会去偏远乡村，这也就客观地造成前者门庭若市、后者门可罗雀的鲜明对比。其次，受薪酬待遇、工作压力、工作模式等因素影响，在我国，处于人生发展关键期的幼儿园和小学的师资配置却是专业学历最低的，而高等教育范畴的大学教师专业学历最高，可以想象，地基不稳，高楼何以坚不可摧？

我国的义务教育始于1986年，至2012年"九年一贯制"已然全面推行，义务教育的全面推行意味着我国儿童获得相对均等的入学机会，然而，这仅仅是获得优质教育的开始，追求良好的教育生态、实现更公平化的教育环境还有赖于诸多因素的均衡协调。谈到这些问题，不免会想到《芬兰教育——全球第一的秘密》一书中提到的一所只有15位学生的迷你小学，尽管只有15名学生，但是"它和所有学校一样，该有的设备一项都不缺"[1]。"除非政策是要关闭学校，不然只要学校存在的一天，它绝对享有所有义务教育中该有的福利与资源。"[2] 而且，在师资配置方面，芬兰的一些政策也是值得我们借鉴的。在芬兰，尽管教师的待遇不是所有行业里最高的，但是，教师却是一项崇高而备受尊重的职业，具有相应文化程度和热爱教育事业的人才能进入此行业。看到这里，再来看看我国东、中、西三部以及三个区域之间的自然条件和经济条件，以及受自然条件和经济发展水平的限制，各区域间教育的差异化发展，不管是办学条件、教学设备还是师资力量和技术理念都存在明显的差距。在城乡区域间教育发展不均衡的同时，同一地域或地区内校际之间的资源分配也是新时代推动教育公平进程的一大问题。

有人曾就北京市部分城区256所中小学的资源分配问题作过调查，根

---

[1] 陈之华：《芬兰教育——全球第一的秘密》，中国青年出版社2011年版，第119页。
[2] 陈之华：《芬兰教育——全球第一的秘密》，中国青年出版社2011年版，第119页。

据数据统计,在区域间、城乡间以及校际群体间的资源分配问题中,最为突出和严重的是同一地域或地区内校际间的资源分配是否公平合理的问题。校际资源分配不公平主要是指同一地域或地区内同一层次的不同学校之间的资源分配不均衡的问题,最为突出的表现在该地区政府部门对各个学校的专项经费拨款、师资配置、教学设备和入学生源等显性差别,以及学校所处的外围环境和社会影响力等隐性不同。通过对北京市两所中学(一所为"优质"初中,另一所为普通初中,共有670个学生样本)的调查统计,其数据显示,在教育经费的投入与支出上,优质学校不仅在经费总额上远远高于普通学校,而且其生均水平更是达到了普通学校的两倍甚至更多。大量的教育经费势必促使优质学校的教学仪器设备等硬件设施在数量和质量上优越于普通学校;高额的教育经费还会在一定程度上提高教师和其他行政人员的福利待遇,从而吸引大量的优秀教师,提升学校的整体师资力量,进而在整体上提高优质学校的办学质量;同时,优质的硬件设施和雄厚的师资力量势必吸纳更多的优质学生生源,等等。而且,这种发展模式一经形成,就会产生"越来越好"的一种良性循环,也会对外围环境产生相对较长时间的社会影响力。

反之,普通学校就会因为教育经费等资源的相对不足而不得不面对日渐薄弱的师资力量、相对一般的教学设备、越来越差的学生生源,以及被优质学校排挤的日益残酷的竞争环境等;继而陷入一种"越来越差"的发展怪圈。这种校际教育资源分配不均衡的直接后果就是校际两极分化日趋严重,普通学校在优质学校的竞争排挤的夹缝中艰难求生,"择校"创收成为优质学校收入的主要来源;而校际之间的发展差距则直接导致学生学业成就和发展机会上的不公平。中央教育科学研究所程方平教授根据海淀区政协文教委、民革、民建、民进等民主党派多次调研结果形成的调研报告指出:"在相当长的时期内,人们总认为教育最为发达的北京海淀区应该是所有居民都能享受平等和相对优质教育的地方,很少有人会想到这里依然存在比较明显的教育不均衡现象。因为在人们(尤其在政府领导和主管部门)的头脑和意识中,所谓的海淀区是以其高科技、优教育的核心发展区——中关村为代表的。事实上，在海淀区的地图上，中关村地区只是其约七分之一的地盘。在中关村以外，包括南部城区、西部郊区和面积广大的北部农村地区，学校教育的差别明显存在，而且还在迅速地扩大，有些地方的公立学校教育甚至到了危险和严重的地步。"①

第三节　微观研析——规训化教育

教育领域中的异化现象不仅体现在宏观层面将教育过度工具化的发展导向；表征为中观层面教育权利、教育机会和教育资源的不公平问题；同时，还呈现在微观教学实践中目的与手段的相互颠倒。教育对社会进步与发展的促进作用是通过对人的培养与发展来实现的。然而，在现实具体的教学活动中，施教过程、考试测评等均成为能够控制和左右受教育者个体的支配力量，考试、成绩、升学率等人自身之外的目的成为衡量教育得失、评价学生成败的标准，受教育者个体的身心发展却成为实现这些外在目的的手段。教学活动中过度地强调知识的测评、名次的先后以及能够改变命运的高考成绩等，致使教育的真正目的，即人格的完善、人性的成长、对美好事物的欲求被边缘化，甚至被遗忘，那么，这就造成了手段与目的的相互颠倒，进而导致教育本身发生异化，出现"人"在教育中的缺失与错位的异化现象。

一　规训

20 世纪 70 年代法国哲学家米歇尔·福柯积极地参与各种改善犯人人权状况的社会运动，并运用自己的声望和影响给予支持。在这个过程中，他开始思考和探究监禁、惩罚机制的演进，逐渐发现这是一种微观层面运作的权力机制，并创作《规训与惩罚：监狱的诞生》一书。该书以 1757 年对弑君者达米安的酷刑的描述开始，通过系谱学的方法论述惩罚历史的演变过程。古代通过对犯人的肉体进行公开且残暴的肆

---

① 程方平：《北京市海淀区教育均衡化问题的调查报告》，《中国教师》2006 年第 2 期。

虐，以期达到以儆效尤的方式逐步演变为更隐蔽、更"人道主义"的惩罚形式；18世纪，处于社会边缘地带的监禁在之后短短20年内就成为社会上一种普遍的惩罚形式。"肉体痛苦不再是刑罚的一个构成因素。惩罚从一种制造无法忍受的感觉的技术转变为一种暂时剥夺权利的经济机制。"① 惩罚象征着权力，标志着一种权力对另一种权力的压制、一部分人对另一部分人的操控和支配。然而，权力并不仅仅具有压制和操控的一面，它还有不易为人知的另一面，即权力的生产性。福柯在考察惩罚历史的过程中发现了权力的这种生产性能，即规训的功能。与古代酷刑般的权力相比，规训权力是一种微观层面的权力机制，它的技术、策略及其手段均隐匿在日常生活的细枝末节之中，但是，这种权力远比酷刑或国家的宏观权力更有效。因为，它不仅操控人的身体，解读人的灵魂密码，还使灵魂成为肉体的监狱，彻底使人被束缚。

"规训"（disciplines），是福柯代表作《规训与惩罚：监狱的诞生》中的核心概念，而且，"在西文中，这个词既可以作名词使用，也可以作动词使用；它具有纪律、教育、训练、校正、训诫等多种释义，还有'学科'的释义。福柯正是利用这个词的多词性和多义性，赋予它新的含义，用以指近代产生的一种特殊的权力技术，既是权力干预、训练和监视肉体的技术，又是制造知识的手段。福柯认为，规范化是这种技术的核心特征"②。

福柯认为，规训技术制造"驯服"且"有用"的人体。古典时代的人体作为权力的目标被操纵和塑造，服从且配合。对此，他是这样论述的："'人是机器'这部大书是在两个领域同时撰写的。一个是解剖学—形而上学领域。笛卡尔（Descartes）写了有关的最初篇章，医师和哲学家续写了以后的篇章。另一个是技术—政治领域。它是由一整套规定和与军队、学校和医院相关的、控制或矫正人体运作

---

① ［法］福柯：《规训与惩罚》，刘北成、杨远婴译，生活·读书·新知三联书店2016年版，第11页。

② ［法］福柯：《规训与惩罚》，刘北成、杨远婴译，生活·读书·新知三联书店2016年版，第375页。

的、经验的和计算的方法构成的。"① 尽管这两个领域迥然有别，但是，两者不谋而合地注重人体的"驯顺性"；而且，与之前的对人体干预和操纵的权力相比，这种规训人体的技术的新颖之处不仅体现为它不是将人体视为一个整体来对待，而是采取"零敲碎打"的方式对其施加精细的强制，并且，通过人体行为的运动、姿势和速度以及人对行为的态度来掌控。

另外，这种规训技术的对象不是或不再是人体的语言或行为的能指，而将焦点放在能够左右人体的内在组织；再者，这种规训技术要实现的是一种持续的、不间断的控制与操纵，而且，尽可能地通过划分时间、规定空间或对人体的活动进行编码来实现这种持续、微妙又精准的控制，进而使人体的诸多力量之间形成一种纪律。"纪律的高雅性在于，它无需这种昂贵而粗暴的关系就能获得很大的实际效果。"② 这种实际效果需要同时体现在功利经济角度上力量的增强与顺从政治角度上力量的减弱。因为，"纪律的历史环境是，当时产生了一种支配人体的技术，其目标不是增加人体的技能，也不是强化对人体的征服，而是要建立一种关系，要通过这种机制本身来使人体在变得更有用时也变得更顺从，或者因更顺从而变得更有用。"③

为了使用和控制人，规训权力干预的对象远非人的肉体，而是灵魂。福柯通过论述惩罚制度的历史演变发现，最严厉的惩罚如果不再施加于罪犯的肉体，那就必然是精神或者灵魂。"曾经降临在肉体的死亡应该被代之以深入灵魂、思想、意志和欲求的惩罚。"④ 而且，"这种现实的非肉体的灵魂不是一种实体，而是一种因素。它体现了某种权力的效应，某

---

① ［法］福柯：《规训与惩罚》，刘北成、杨远婴译，生活·读书·新知三联书店2016年版，第154页。
② ［法］福柯：《规训与惩罚》，刘北成、杨远婴译，生活·读书·新知三联书店2016年版，第155页。
③ ［法］福柯：《规训与惩罚》，刘北成、杨远婴译，生活·读书·新知三联书店2016年版，第156页。
④ ［法］福柯：《规训与惩罚》，刘北成、杨远婴译，生活·读书·新知三联书店2016年版，第17页。

种知识的指涉，某种机制。"① 围绕这个非实体的指涉和机制，人们建构各种概念和知识，划分各种领域，并形成各种科学技术话语和人道主义主张。没有王权的威严仪式，没有国家的宏大机构，然而，规训权力对灵魂这种非实体因素的干预与控制却能使灵魂占据和控制人的肉体，而且，正是因为这种占据和控制才使人的肉体得以存在并变得有用。至此，规训权力通过灵魂彻底地占据并控制了肉体，成为"肉体的监狱"。

规训作为一种惩罚方式，它的"更少的残忍，更少的痛苦，更多的仁爱，更多的尊重，更多的'人道'"②表征着社会的发展与历史的进步；然而，作为一种新的权力形式的"微观物理学"——通过规范化的技术实现对人体的精细化操纵，从而达到使人政治上顺从且经济上有用的效果，而且，"自17世纪起它们就不断地向更广的领域扩展，似乎要涵盖整个社会"③——未必是一种真正意义上的进步。因为，这些强制机制指涉的是生活的细枝末节，那些尊崇细节传统的军事训练和学校教育在规训权力面前自然也就很容易各得其所、对号入座了。当"细致的规则、挑剔的检查、对生活和人身的吹毛求疵的监督"④在医院、工厂、军营、学校等场域中成为一种世俗化的生活内容时，规训权力也就形成了自身存在和技术上的合理性。换言之，"对细节的仔细观察和对小事的政治敏感同时出现，与之伴随的是一整套技术，一整套方法、知识、描述、方案和数据"⑤产生了现代人道主义意义上的"人"。

同时，福柯认为，规训权力在制造顺从且有用的人体的过程中还生

---

① ［法］福柯：《规训与惩罚》，刘北成、杨远婴译，生活·读书·新知三联书店2016年版，第32页。
② ［法］福柯：《规训与惩罚》，刘北成、杨远婴译，生活·读书·新知三联书店2016年版，第17页。
③ ［法］福柯：《规训与惩罚》，刘北成、杨远婴译，生活·读书·新知三联书店2016年版，第157页。
④ ［法］福柯：《规训与惩罚》，刘北成、杨远婴译，生活·读书·新知三联书店2016年版，第159页。
⑤ ［法］福柯：《规训与惩罚》，刘北成、杨远婴译，生活·读书·新知三联书店2016年版，第160页。

产知识，并通过这种知识使权力效应进一步扩大。他这样论述，在今天的社会中，惩罚方式的"仁厚"取代了古代的粗暴和血腥，但无论如何，惩罚"最终涉及的总是肉体，即肉体及其力量、它们的可利用性和可驯服性、对它们的安排和征服"①。也"只有在它被某种征服体制所控制时，它才可能形成为一种劳动力（在这种体制中，需求也是一种被精心培养、计算和使用的政治工具）；只有在肉体既具有生产能力又被驯服时，它才能变成一种有用的力量"②。然而，它的征服既不依靠武器，也不借助于恐怖，而是一种关于肉体的机制或"知识"。规训权力对人体的干预和控制的过程就是"知识"生产和使用的过程，这种知识和对肉体的干预就构成一种"支配人体的政治技术"。这种"支配人体的政治技术"，即规训权力"是一种被行使的而不是被占有的权力"③。因为，这种政治技术的施加处在一个永不松懈、持续运作的关系网络之中，远不是完成某种交易契约似的一个结果，它是一种战略、计谋，一种由被统治者的位置所展示甚至扩大的战略综合效应。不仅如此，规训权力在干预和强制被统治者的同时通过他们得以传播，这就意味着，由规训权力形成的关系并不固定在社会的某个领域或某个层次，而是深入社会各个可传播这种权力关系的地方。再者，规训权力作为一种强制机制，并不遵循"要么全部，要么全不"的法则，因为，这些权力关系"确定了无数冲撞点、不稳定中心，每一点都有可能发生冲突、斗争，甚至发生暂时的权力关系的颠倒"④。

规训权力的这种"微观物理学"机制在漫长的社会历史发展进程中并不是一种蓦然的发现，相反，它是由许许多多的起源各异、领域

---

① ［法］福柯：《规训与惩罚》，刘北成、杨远婴译，生活·读书·新知三联书店2016年版，第27页。
② ［法］福柯：《规训与惩罚》，刘北成、杨远婴译，生活·读书·新知三联书店2016年版，第27—28页。
③ ［法］福柯：《规训与惩罚》，刘北成、杨远婴译，生活·读书·新知三联书店2016年版，第28页。
④ ［法］福柯：《规训与惩罚》，刘北成、杨远婴译，生活·读书·新知三联书店2016年版，第29页。

第二章 教育异化现象

分散、相互重叠或支持的进程汇合而成的，并逐步形成为一种指涉人的言谈举止等微观层面的技术蓝图。其最初被运用于中等教育，后来进入小学，再后来进入医院、军营。这种权力机制在成为人们世俗的生活内容，成为一种行为习惯的同时，与之伴随的技术与方法、知识方案和数据顺势成为规训权力实施的具体程序步骤。这一系列的程序步骤包括空间的分配、时间的划分、活动的"序列化"和力量的编排；再加上制定图标、规定活动、实施操练和战术四种技术的使用，最终获得最大的经济效益。当然，规训权力的成功更是得益于其基本的手段：层级监视、规范化裁决以及将二者有机结合的检查，并使每一个规训机构成为边沁的"全景敞视建筑"，以实现规训权力的持续化与自动化，并创造一个完美社会的理想——"不是自然状态，而是一部机器中精心附设的齿轮，不是原初的社会契约，而是不断的强制，不是基本的权利，而是不断改进的训练方式，不是普遍意志，而是自动的驯顺。"①

福柯在其《规训与惩罚》一书中并没有对学校进行单独的分析，但是，在他看来，学校与医院、军营、工厂和修道院一样、是一个具有典型规训体制特征的规训机构，科学化与规范化一度成为衡量学校是否具备现代化水平的关键因素。规范化的教学过程中，规则随处可见，监视无处不在，规训权力以"随风潜入夜"的方式潜存在学校生活的每个细节和角落。教育过程不再是一个培养人的自由心智、提升人的内在品质的过程，而演变为一个规训化的生产制造的过程、一个使人规格化、标准化的过程。雅斯贝尔斯曾说，所谓教育，"不过是人对人的主体间灵肉交流活动（尤其是老一代对年轻一代），包括知识内容的传授、生命内涵的领悟、意志行为的规范，并通过文化传递功能，将文化遗产教给年轻一代，使他们自由地生成，并启迪其自由天性"②。自由

---

① [法]福柯：《规训与惩罚》，刘北成、杨远婴译，生活·读书·新知三联书店2016年版，第190页。

② [德]雅斯贝尔斯：《什么是教育》，邹进译，生活·读书·新知三联书店1991年版，第3页。

作为人之为人的本质要求,是人立于世界并从自然走向自觉、自为的先决条件;帮助与促进人实现其自由本性是作为"成"人的教育活动之为教育的本真追求。

二 规训化教育的宏观体现

宏观地讲,教育领域中过度的规训化运作体现为科层化的教育政策与制度、规范化的教育纪律与要求以及标准化的检测与考评。教育不仅仅指的是微观层面的每一个教学活动,对于现代化社会中的每一个国家而言,教育更是国家与政府重视与扶持的一项事业。教育事业作为促进社会发展的重要因素,国家与政府自然不容忽视与怠慢,而是通过制定和实施与实际相符的政策,形成一种教育制度并在长期的实践中逐步完善,进而促进教育事业与整个社会的发展。当工业化成为时代主旋律,备受青睐的科层制度也就成为现代社会中各种社会组织机构的最佳选择,教育领域也不例外。这些采用科层制度的组织机构像一架被人精心设计的大型机器,机器上的每一个零件为机器的高速运转发挥最大的作用,以协助机器实现某种既定的目标;同时,机器的运转需要一系列的运行规则与程序。这种规则与程序体现在教育领域自上而下所制定与执行的教育政策。教育政策是在对教育教学实际情况的调查和研究基础之上制定的,但是,每一种政策的制定都不可避免地具有一定历史时期的局限性和制定者的主观意识性,因此,教育政策在执行的过程中难免因为时间和客观形势的复杂而出现失误和偏差。当素质教育撞上高分制,基础教育课程改革碰上升学率,令制定者与执行者不知所措的"二律背反"也就成为教育中一种常态化现象。

在教育实践的影响因素中,教育政策的影响是阶段性或暂时性的,与之不同,教育制度则是一个相对稳定且作用持久的规约因素。因为,规则与程序一旦确立为制度,在短时间内就很难有根本性的变化与革新。制度象征着一种权力,其最大的特征是规范化、程序化,生活在其中的人,不管是教育行政管理人员,还是直接参与教学活动的教师与学生都必须按规则和章程行能行之事。这种稳定持久的制度犹如监狱四周的高墙和电网，人们身处其中，被干预、被控制、被操纵、被规训。教育政策与制度对于整个教育事业乃至社会的发展所起到的积极作用毋庸置疑，但是，两者表现出来的规训效果和弊端也是值得反思与理应规避的。

纪律是"建造一种机制，应能通过其各基本构成因素的协调组合而达到最大效果。纪律不再仅仅是一种分散肉体，从肉体中榨取时间和积累时间的艺术，而是把单个力量组织起来，以期获得一种高效率的机制。"① 教育领域中的纪律更多地体现在学校的教学活动中，它是一种自上而下制定与执行的标准，是对学生获得知识的时间和效率的一种保障。一个懵懂无知的娃娃自从进入幼儿园就开始接受这一系列的清规戒律：不许迟到早退、饭间不许说话、老师讲话时小手背在身后、嘴巴闭紧、不许打架、不许串教室、不许……甚至这些清规戒律的执行只需要一个眼神或符号的提醒。最初，这些规范化的规则与要求只是为了取得课堂教学在单位时间内的有效性，然而，当升学率取代学生的身心发展成为教学目的时，通过纪律榨取学生更多的学习时间与更高的学习效率就成为一种不自觉的共识。因为，严格的纪律是教师教学、学生学习秩序化与规范化而又高效率的最佳保障。

除此之外，日复一日的教学活动中还潜存着另一些指涉人的心灵的规训条例，比如师生关系的不平等。"一日为师，终身为父""天佑下民，作之君，作之师""天地者，生之本也；先祖者，类之本也；君师者，治之本也。无天地恶生？无先祖恶出？无君师恶治？"……教师的权威来自我国传统文化的长久积淀，更来自类似"严师出高徒"的根深蒂固的陈旧观念，所以，才会有很多初为父母者无法理解的怪异现象：同样的事情、相同的道理，父母的好言与恶语均抵不过老师的金口玉言。尊师敬长固然可取，但，同时这也是师生关系无法平等化的根源之一，如若长期处于这种关系之中，势必影响学生个性、人格以及社会关系的健康发展。因此，辩证地看待这些清规戒律就会发现，纪律的规

---

① ［法］福柯：《规训与惩罚》，刘北成、杨远婴译，生活·读书·新知三联书店2016年版，第184页。

范化实施虽然保障了教学活动的效率，却扼杀了学生作为一个生命个体在其成长过程中应有的激情与活力，而这份成长的激情与活力是学生作为一个"人"获得自由和全面发展的前提。所以，规范化的教学纪律与要求应该以学生的身心健康发展为前提和目的，不能本末倒置，教育的终极目的——人的自由与发展不能成为他者的嫁衣。

检查之于学校是一个再正常不过的必经程序。教育领域中的检查形式可以分为两种：一是教育领域中的行政部门对学校、教师的检查与考核；二是教学活动中教师对学生不计其数的测验与考试。依据国家的法律与政策指令，教育行政部门对学校以及教师的工作进行多层面、多角度的检查与监督，有时还会涉及学生层面对其进行直接的检验与考评，升学率就是成功检查与监督学校和教师的典型利器。这种检查一般采用的是标准化的衡量指标体系，指标体系相对单一，正是指标体系的标准化与单一化致使该衡量体系追求片面的结果。所以，教学活动中，为了迎接上级检查以实现利益最大化，将学生主体的需求与发展置之度外的现象在各学校中屡见不鲜。当升学率成为教育行政部门衡量与考核学校、教师工作的杠杆和标准时，每一次尤其是重大的考试成绩便成为教师评价与划分学生的唯一依据。

近年来，尽管素质教育与基础教育课程改革进行得如火如荼，但是，应试教育的热度可以说是有增无减。从一年一度的高考到升学统考，再到每学年、每学期不计其数的月考、周考，这些考试在不同程度上成为大大小小调度学校、教师和学生的指挥棒。殊不知，教育所能给予学生的远不是几本课本中那些知识，更不是仅凭几次考试就能定乾坤的成绩，它是每一个人心智培育、人格塑成、品性提升从而"成人"所必经的路程，更是每一个人实现自由和全面发展，开始社会化的第一步。但现实中，知识和成绩成了学校与教师的唯一追求，那么，标准化、规范化的检查与考核便成为操纵与控制学生的一种规训技术和权力。本应体现教育价值理性的"人"却成为被操纵与规训的对象和一种手段，一种实现功利化经济利益的手段。在这样的规训化的发展下，教育逐渐迷失其本真的方向和"以人为本"的目的。不只如此，教育在促进人的自由全面发展的路上非但没有发挥正向的积极作用，反而成为人的全面发展的一种限制因素和异己力量。

教育领域中的规训化不仅体现在上述宏观层面的科层化的政策和制度、规范化的纪律与要求以及标准化的检测与考评；在教学活动的细枝末节以及学校场域其他活动中更是体现得淋漓尽致。规训权力以实现学校利益最大化为宗旨，对学校中的各类工作人员，尤其是学生，言语、行为、态度、效率等各方面均有涉及。比如，为了提高升学率、取得高分成绩，对学生身体的空间分配、行为的时间划分、活动的周期编排；与此同时，更是采用全景敞视监督、规范化考核等手段以确保最终考试成绩的如期实现。

三　规训化教育的微观表征

"'规训'既不会等同于一种体制也不会等同于一种机构。它是一种权力类型，一种行使权力的轨道。它包括一系列手段、技术、程序、应用层次、目标。"① 福柯将其划分为规训肉体的程序或步骤、规训手段，以及全景敞视主义监视机制。学校场域作为学生生活的主要场域，是集中体现教育规训化微观运作的场域。接下来，笔者将分别从空间划分、时间分配、全景敞视监督与规范化考核四个角度重点探讨学校场域中受教育者被过度规训化的异化现象。

规训权力作为"一种精心计算的强制力慢慢通过人体的各个部位，控制着人体，使之变得柔韧敏捷。这种强制不知不觉地变成习惯性动作"②，从而征服人体的各种力量。为了达到这一目的，规训权力尽可能地通过分配空间、划分时间、统筹活动顺序以实现对人体精心细致的控制和干预，并强加给人体一种驯顺—功利关系，这种技术和方法就是学生初入校园就被告知的"纪律"。

（一）固定空间的分配

纪律的实施与维持首先就是要固定每个学生的所属场域或者空间。

---

① ［法］福柯：《规训与惩罚》，刘北成、杨远婴译，生活·读书·新知三联书店2016年版，第241—242页。

② ［法］福柯：《规训与惩罚》，刘北成、杨远婴译，生活·读书·新知三联书店2016年版，第153页。

因为，场域或空间的封闭性是纪律得以贯彻和执行的基础和保障，这为"寄宿制变成了即使不是最普遍的也是最完美的教育制度"① 提供了最佳解释。除此之外，很多学校实行封闭式管理，学生不得在规定时间之外的时段内随意进出学校，致使学校就像一个个生产流水线的禁闭工厂，"其目的在于，随着生产力的日益集中，用上述方式获取最大利益和消除各种不利因素（如偷盗、怠工、骚乱和'密谋'），保护生产资料和工具，驾驭劳动力：'为了维持秩序和便于监督，所有的工人都必须集中在同一个地方'"②。

其次，在封闭的空间内，比如教室，每一个人都有自己相对固定的位置，"那些不修边幅的邋遢家长的孩子与那些精细整洁的家长的孩子分开；将任性轻浮的学生安置在两个品行端正的学生之间，使放荡的学生独处一隅，或夹在两个本分的学生之间"③。而且对位置的安排也遵循一定的目的，"其目的是确定在场者和缺席者，了解在何处和如何安置人员，建立有用的联系，打断其他的联系，以便每时每刻监督每个人的表现，给予评估和裁决，统计其性质和功过"④。并且，学生在学校、教室、体育场等场域中的位置不得随意调换，这种制止开小差、消除不安因素的位置安排和空间分配致使每一个规训场所遵循着一种可以被随时了解、观察或控制的程序，从而成为一个可以解剖和分析的场域空间。

再次，在每一个可解剖分析的场所，如教室内，每个学生的固定位置构成整个规训空间的一个因素，那么，成列或成排的位置排列或空间分配使整个规训空间成为一个由一系列因素所构成的规训网格。在可以行走的走廊中，每一个学生的行为举止乃至整个教室，即整个规训空间

---

① [法] 福柯：《规训与惩罚》，刘北成、杨远婴译，生活·读书·新知三联书店 2016 年版，第 161 页。
② [法] 福柯：《规训与惩罚》，刘北成、杨远婴译，生活·读书·新知三联书店 2016 年版，第 162 页。
③ [法] 福柯：《规训与惩罚》，刘北成、杨远婴译，生活·读书·新知三联书店 2016 年版，第 167 页。
④ [法] 福柯：《规训与惩罚》，刘北成、杨远婴译，生活·读书·新知三联书店 2016 年版，第 162 页。

的情况被一览无余、尽收眼底。这就意味着每个学生作为提升升学率、实现利益最大化的一个因子而受到观察与监视，以及将学生与学校对立起来进行计算与评估，从而在一定程度上降低学校实现利益最大化出现损失的概率。

最后，"在规训中，各种因素是可互换的，因为各个因素都是由它在一种系列中所占据的位置，由它与其它因素的间隔所规定的。"① 当人在教育制度中的地位分配形式转变为由"等级"来规定时，这种分布和流动的形式也就随之转变为学生在课堂、走廊、校园里的座次和位置的转换，每个学生完成每项任务和考试后名次的改变，学生每周、每月、每年取得名次的流动以及年龄组序列的更换等。因此，每个学生依据年龄、成绩和表现不断地在这些空间等级中移动。"有些空间是表示知识或能力的等级的'理念'空间，有些是表示价值或成绩的物质的大学或教室空间。"② 学校就是这种由一系列规训空间构成的等级组织，通过对每个学生进行空间定位以实现对学生的监督与管理，不得不说，这就"使教育空间既像一个学习机器，又是一个监督、筛选和奖励机器"③。

（二）精确时间的划分

学校场域中更能体现规训化的便是精确至分的"时间表"的制定。因为，这能够确保每一分钟的高效利用。笔者曾任教于河北省某所重点高中学校，对学校的时间管理可谓熟知能详：

5：30	起床（洗漱、整理内务）
5：45	集合晨跑
6：00—6：30	晨读
6：30	高三学生早饭时间
6：34	高二学生早饭时间

---

① ［法］福柯：《规训与惩罚》，刘北成、杨远婴译，生活·读书·新知三联书店2016年版，第165页。
② ［法］福柯：《规训与惩罚》，刘北成、杨远婴译，生活·读书·新知三联书店2016年版，第166页。
③ ［法］福柯：《规训与惩罚》，刘北成、杨远婴译，生活·读书·新知三联书店2016年版，第167页。

6：38	高一学生早饭时间
7：00—7：35	预备
7：45—8：25	第一节课（7：43预备）
8：35—9：15	第一节课（8：33预备）
9：25—10：05	第一节课（9：23预备）
10：05—10：30	课间体育活动
10：30—11：10	第一节课（10：28预备）
11：20—12：00	第一节课（11：18预备）
12：00	高三学生午饭时间
12：04	高二学生午饭时间
12：08	高一学生午饭时间
12：40	进入宿舍楼
12：45—13：45	午休
13：58	进入教室
14：05—14：45	第一节课（14：03预备）
14：55—15：35	第一节课（14：53预备）
15：35—15：40	眼保健操
15：55—16：35	第一节课（15：53预备）
16：45—17：25	第一节课（16：43预备）
17：35—18：15	第一节课（17：33预备）
18：15	高三学生晚饭时间
18：19	高二学生晚饭时间
18：23	高一学生晚饭时间
18：50—19：10	课外活动
19：15—20：00	晚自习一
20：10—20：55	晚自习二
21：05—21：50	晚自习三
22：00	教室熄灯
22：10	晚休

如此精确至分钟的时间安排，其结果不仅确保了学生每日有限时间的利用效率，而且，促进了对学生学习或活动"动作"的时间性规定，也就是说，对学生时间的精细规定成为一种固定的行为程序，进而从学生身体内部制约、控制着其具体的行为动作。"时间渗透进肉体之中，各种精心的力量控制也随之渗透进去。"① 当学生的行为举动被时间精确地划定后，这就意味着规训权力对学生行为"姿势"的强制与操控，因为，有效率的姿势是规避时间损失的有利条件。即"在正确地使用身体从而可能正确地使用时间时，身体的任何部位都不会闲置或无用：全身都应调动起来，支持所要求的动作。"② 比如，在上述时间表中，面临从起床到晨跑只有15分钟的时间，学生应该采用怎样的行为姿势以保证在规定时间内高质量地完成洗漱、整理内务及准时到达指定晨跑地点（一般而言，操场距宿舍有一段相当长的距离）呢？假如课间十分钟的缝隙被某些诸如拖堂、发作业、下达通知等类似的杂务占据，学生又应该以怎样的速度与效率完成上厕所以及课程转换等一系列事情呢？在这种速度与效率的要求下，学生又该以怎样恰到好处的姿势完成这一系列动作呢？"时间单位分得越细，人们就越容易通过监视和部署其内在因素来划分时间，越能加快一项运作，至少可以根据一种最佳速度来调节运作。"③ 当这种于军队而言重中之重的纪律——对每个行动的时间控制被运用于学校场域中时，就产生了现代学校的"军事化管理"。

通过空间的固定安排、时间的精确划分，学校场域中的受教育者被建构为一种固定的秩序，即时刻被干预与操控的一种机制——纪律。在这个过程中，纪律将人体分散为占据一定空间间隔内的时间片段，从而榨取和积累可利用时间；并将这些时间片段作为力量的各构成要素有机协调地组合起来，以期高效率获得最大效果。对于整个学校场域而言，

---

① ［法］福柯：《规训与惩罚》，刘北成、杨远婴译，生活·读书·新知三联书店2016年版，第172页。
② ［法］福柯：《规训与惩罚》，刘北成、杨远婴译，生活·读书·新知三联书店2016年版，第172页。
③ ［法］福柯：《规训与惩罚》，刘北成、杨远婴译，生活·读书·新知三联书店2016年版，第174页。

每一个学生个体像一个可以被随意安置、移动、更换和与其他任意个体相结合的一个变量因素，且能够起到影响整个学校利益的巨大作用。

由此看来，影响和作用整个学校场域的不是某个学生个体，而是该学生个体所占据的位置、涵盖的间隔以及内在于心的纪律。当纪律要实现一种复杂且持久的时间控制时，学生个体的年龄就成为一个不可忽视的因素，17世纪的初等教育实现了各种年龄序列的细致编排。而且，这种编排实现了学生时间利用的最大化："老学生负责监督，有时是检查功课，有时是教新学生。最后，所有学生的全部时间不是用于教，就是用于学。学校变成了一个学习机器，不同水准的学生的所有时间都被恰当地结合起来，在整个教学过程中不断地得到利用。"① 每一个学生均是规训机制中的一份力量，力量之间的精细结合需要一个精确无误的命令系统，令行禁止，无须多言，很多时候，这些命令仅仅是一个预先设定的符号或者一个信号，出示符号或信号发出意味着一系列相应的动作反应。所以，符号和信号的作用就是瞬间吸引受训者的注意并使其专注于规训者的讲话或通知。想必每一个进入学校的学生，甚至幼儿园的孩童都有过如此的经历：幼儿园教室的电视里播放特定的某首儿歌，小朋友就不约而同地坐在特定的位置上等着吃饭、讲故事或放学等。

总之，学校场域中，教学活动通过一系列的精细化操作创造了一个个被驯顺的个体，从而实现受教育者因为服从纪律而能够取得高分成绩，或者为了高分成绩而无条件服从纪律。规训"造就"个人，"它要通过'训练'把大量混杂、无用、盲目流动的肉体和力量变成多样性的个别因素——小的独立细胞、有机的自治体、原生的连续统一体、结合性片断"②。学校场域中的对学生进行固定空间的分配、精确至分钟的时间安排等类似规训化的干预和操控成功使学生为了"高分"服从、被驯顺、被管理。

---

① ［法］福柯：《规训与惩罚》，刘北成、杨远婴译，生活·读书·新知三联书店2016年版，第186页。
② ［法］福柯：《规训与惩罚》，刘北成、杨远婴译，生活·读书·新知三联书店2016年版，第193页。

（三）全景敞视主义监视

"纪律的实施必须有一种借助监视而实行强制的机制。在这种机制中，监视的技术能够诱发出权力效应，反之，强制手段能使对象历历在目。"[①] 该监视机制能够实现其近乎理想的模式形态是在军营中，之后逐步嵌入社会的其他领域中，诸如医院、监狱和学校的建设中。然而，在有着规训化操作倾向的场域中，金字塔形的层级监视首先满足了纪律实施的两个要求："一是能够完整地形成一个不间断的网络，从而能够增加层次，并把各层次散布在需要监视的整个平面上。二是结构合理，不会将一种惰性力量压在需要规训的活动上，不会成为这种活动的制动器或障碍。"[②] 另外，当监视机制成为整个利益活动的一个决定性因素时，它就不再是规训权力的一种附加或补充，而成为权力机制一个内在的、能够提高其效能的有机组成部分。犹如"监督"于资本劳动一般，"一旦从属于资本的劳动成为协作劳动，这种管理、监督和调节的职能就成为资本的职能。这种管理的职能作为资本的特殊职能取得了特殊的性质"[③]。

这种监视机制进入学校场域、嵌入教学关系有一定的历史背景，学校的飞速发展、学生人数的极速增多、对全体学生的同步管理方法的欠缺等因素使得一套切实有效的管理和监督体制成为必需，从而保障教学活动的顺利进行，保证知识的有序传递。因此，学校场域除了有一套完备的行政管理系统，每个年级、每个班级也会相应地制定一套层级管理和监督系统。比如，各年级主任——统筹、负责整个年级组的各项工作安排；班主任——全面负责自己班级的各项活动（学习、卫生、纪律、文体等）；任课教师——负责本科目的教学活动。为了协助班主任对班级的管理和监督工作，班主任大多会在本班级中的优秀学生中挑选一批"班委"：班长、学习委员、劳动委员、文艺委员、体育委员、课代表

---

① [法] 福柯：《规训与惩罚》，刘北成、杨远婴译，生活·读书·新知三联书店2016年版，第194页。

② [法] 福柯：《规训与惩罚》，刘北成、杨远婴译，生活·读书·新知三联书店2016年版，第197页。

③ 马克思：《资本论》第1卷，人民出版社2018年版，第384页。

等，各班委所负责的具体工作在此就不再一一赘述。这样的层级管理和监督是为了在班主任和任课教师不在场时，学生的学习和其他各项工作依然能够进行得井然有序，班规班纪实施得有条不紊。当这种层级管理和监督变成一种内在于教学活动的体系，并与事关学校存亡的"升学率"产生内在的联系时，学校场域中的规训化操作便无处不在地时刻提醒、监督着教师、学生和那些负有监督任务的人员，以保证纪律有条不紊地执行。

全景敞视监视主义机制来源于英国思想家边沁（Bentham）的全景敞视建筑（panopticon），其构造原理是这样的："四周是一个环形建筑，中心是一座瞭望塔。瞭望塔有一圈大窗户，对着环形建筑。环形建筑被分成许多小囚室，每个囚室都贯穿建筑物的横切面。各囚室都有两个窗户，一个对着里面，与塔的窗户相对，另一个对着外面，能使光亮从囚室的一端照到另一端。然后，所需要做的就是在中心瞭望塔安排一名监督者，在每个囚室关进一个疯人或一个病人、一个罪犯、一个工人、一个学生。"[1] 与监狱相比，敞视建筑尽管保留了封闭的功能，但是，却将被囚禁者暴露在充分的光线和监视者的视线里，因为，保证了被囚禁者的可见性，也就保证了监视的持续可行性。处在环形建筑里的被囚禁者被监视和观看，但是，他却因为环形建筑的横向不可见性而不能观看，因此，他绝不会是一个能够随意进行交流的"主体"。

可以说，横向的不可见性在建筑学的意义上有效地保证了秩序与纪律的建立与实施。相反，处在中心瞭望塔的监视者却能观看建筑内的一切，但监视者的言行不会被他人或被其他监视者看到。这就是"权力应该是可见的但又是无法确知的。所谓'可见的'，即被囚禁者应不断地目睹着窥视他的中心瞭望塔的高大轮廓。所谓'无法确知的'，即被囚禁者应该在任何时候都不知道自己是否被窥视"[2]。由此产生全景敞

---

[1] [法] 福柯：《规训与惩罚》，刘北成、杨远婴译，生活·读书·新知三联书店 2016 年版，第 224 页。

[2] [法] 福柯：《规训与惩罚》，刘北成、杨远婴译，生活·读书·新知三联书店 2016 年版，第 226 页。

视建筑的主要后果:"在被囚禁者身上造成一种有意识的和持续的可见状态,从而确保权力自动地发挥作用。这样安排为的是,监视具有持续的效果,即使监视在实际上是断断续续的;这种权力的完善应趋向于使其实际运用不再必要。"①

全景敞视主义机制作为一种监视机制,它使规训权力的驯服效果达到一种受训者自动的、持久的、由内而外的驯顺与服从。学校场域中的监视系统不仅包括上述章节中提到的层级监视:整个学校所设置的等级管理人员,上至学校的行政管理系统,下至每个班级的班委会成员,无一不在行使着管理和监督的职能;而且,除此之外,近年来,电子摄像头、针孔式探头等监控设备受到很多学校的青睐和追捧,360°全景监视器可以探测到教室、校园的每个角落,监视者只需要坐在屏幕前,挪动一下鼠标,校园里、课堂上所有教师和学生的行为表现均会一览无余、尽收眼底。"无人监考"就是这种监控设备的最佳实例。笔者曾经任教的中学也有过这样的尝试。然而,无人监考并非真的没有人监考,只是监考者从台前转移到幕后,留在现场的是360°无死角监视器。这种监控设备像边沁全景敞视建筑中心的瞭望塔里的监视者,它能观看和监视却不被人看到。也就是说,监视器的存在意味着监视的不间断地存在,但是,操纵监视器的监视者并不时时刻刻地存在,因为,监视者的是否存在是不为被监视对象——比如"无人监考"中的学生——得知的。作为被监视对象,学生不知道监视器处于何种状态,开启或者关闭;即便处于开启状态,学生也不会知道此时此刻是否有人正在通过监视器察看他们。但是,监视器本身的存在就会使得学生意识到自己已然身处监视与察看之中,随之便呈现出相应的监视状态下的行为特征表现,且是一种自动的、不加任何暴力的自我约束与规范化。

(四)规范化考核

一切规训化的系统都内在地包含着处罚,但是,由于该处罚隶属于

---

① [法]福柯:《规训与惩罚》,刘北成、杨远婴译,生活·读书·新知三联书店2016年版,第226页。

规训场域的内部纪律,因此,它针对的是法律所关涉不到的领域,针对那些重大惩罚制度不怎么关心和涉及的行为。比如,学校里的一些校规校纪:不许迟到和早退、不许无故旷课、上课不许走思、不许交头接耳、不许顶撞老师、不许辱骂、打架或斗殴……这些不符合规则和纪律的、微不足道的行为不端恰恰构成了规训惩罚所特有的理由:不规范。当然,学生的"不规范"远不止以上这些,在规定的时间内未能完成作业、学期结束时学业考核不达标等也属于不规范的范畴。因此,惩罚实则是一种"规范处罚",它不同于仅仅指涉允许与禁止的二元对立,不同于对罪名作出一劳永逸判定的司法刑罚,而仅仅是一种具有规范功能、从而对惩戒对象进行比较、区分、排列、同化、排斥等操作,以实现受教育者的驯顺与服从,以及对受教育者的相应安排和使用。

  这种惩罚制度具有不同于其他惩罚的显著特点:一是矫正功能。这种惩罚偏爱操练型,即反复多次的训练。譬如,让那些没有按时完成功课的学生进行多次反复地补写某一项作业,让未能规范化动作和行为的学生进行反复练习某一项动作或姿势等。在各种惩罚中,不止老师,家长一样地认为,做作业当属惩罚措施中最正当且最有用。因为,它是一种"使孩子从错误本身得到改过自新、不断提高的手段"①。因此,从严格意义上来讲,此种惩罚是一种矫正性的操练惩罚。二是分殊作用。惩罚与奖励相应而生,因此,在这个奖惩二元体制的基础之上,对行为表现的界定与区分就建基于善恶两种对立的价值区分,所有的行为表现都被纳入善恶两极之间的领域,然后,根据预先制定的计算方法,对这个领域进行算度和量化。结果是,所有的行为表现均可以量化,进而按照个体的能力、水准和"性质"将其等级化。这种微观的量化管理成功地实现了规训机构根据受训者的能力、水平或价值对其进行甄别、评估与区分,并最终"实事求是"地、精确地规范化考核每个人。规范力量因其能够度量差距、决定水准、确定特点、对比区分实现强制的一

---

① [法]福柯:《规训与惩罚》,刘北成、杨远婴译,生活·读书·新知三联书店2016年版,第203页。

律性，将众多参差不齐的个体放在一个同质状态中权衡与较量，从而精确地定位每一个个体的价值与位置。

"检查把层级监视的技术与规范化裁决的技术结合起来。它是一种追求规范化的目光，一种能够导致定性、分类和惩罚的监视。它确立了个人的能见度，由此人们可以区分和判断个人。这就是为什么在规训的各种机制中检查被高度仪式化的原因。"[1] 如果说学校场域中的各种监视是一种隐性的、随机的监视，散落在学校与班级生活的细微之处；那么，检查就是一种显性的、固定且仪式化的监视，就像教学活动不可或缺的一个组成部分，令学生望而生畏。

每周一小评，两周一大评可谓每个学生在学校里的必修课程；然而，学校生活中学生还要面对另一种更为普遍的检查——考试。笔者曾经任教的学校仅仅是一所普通的重点中学，远远达不到省重点中学的级别，更谈不上与国家级王牌中学相提并论，但是，就是在这样的普通中学里，考试可谓太过平常的一件事情了。每学期除了周测验、月考、期中考试、期末考试大型考试外，还有不计其数的各任课教师随机安排的课堂测试。"学校变成了一种不断考试的机构。考试自始至终伴随着教学活动。它越来越不是学生之间的较量，而是每个人与全体的比较。"[2] 这些大大小小的考试像知识交换器一样，使知识从教师流向学生，同时，教师从中获取学生对知识的反馈。"考试型"学校成为发展教育学的地方，标志着教育科学化的开始。通过检查——考试客体化的仪式，受教育者被迫处于一种客体化的机制之中，被分类安排，以最大限度地收获班级、年级、学校竞争中的最佳成绩。

与以上诸如对学生进行空间分配、时间划分、活动编排、全景敞视监视、规范化考核的传统规训化方式相比，伴随科技的不断进步，设备的不断更新、新课程改革理念的到来，教育领域中的规训化操作在方式

---

[1] [法]福柯：《规训与惩罚》，刘北成、杨远婴译，生活·读书·新知三联书店2016年版，第208页。

[2] [法]福柯：《规训与惩罚》，刘北成、杨远婴译，生活·读书·新知三联书店2016年版，第210页。

上呈现出一些新的变化，具体体现为规训化的逐渐内隐化与扩大化两种趋势。内隐化主要体现在上文论述到的监控设备的采用，从而使监视主体逐渐隐匿化、规范化，裁决方式由惩戒变为赏识以及检查载体的变换。规范化意味着标准化，在传统的教育观念里，学生的行为表现如果不符合要求或规范，即未能达标，是要接受一定惩罚的，而且，这种声称为了学生的发展和成长的惩罚方式深受教师和家长的推崇，但这些却掩盖不了其真正的目的：使学生行为规范化或成绩标准化。随着"以人为本"的课程改革拉开序幕，为使学生"达标"的惩罚方式逐渐销声匿迹，取而代之的是一种赏识教育模式，即教育者通过积极发现与挖掘受教育者身上的优点或长处，并及时地给予鼓励与表扬，以使学生自觉、自愿、自主地规范自己的行为表现并努力达到学校的标准化要求。惩戒也好，赏识也罢，不管方式如何变脸，其目的和实质均是要尽可能地使学生的行为规范化和标准化。

检查载体的变换指的是昔日承载检查的核心载体——考试，在新课改背景下逐渐被以"成长记录袋"为代表的综合性的质性评价方式所取代。《基础教育课程改革纲要》明确提出："改变课程评价过分强调甄别与选拔的功能，发挥评价促进学生发展、教师提高和改进教学实践的功能。"[①] 从理论的角度来讲，以"成长记录袋"为代表的综合性评价方式较之考试成绩单更为动态、更为先进。然而，这种动态的、综合的、进步的评价方式落实在实践中却演变为加厚版的成绩单，除了考试成绩外，各种操行评定也大都以分数的形式呈现出来。所以说，形式上尽管有所改变或突破，但难掩单一、量化地评定学生进而规训学生的真实目的。

规训化操作的扩大化则体现在规训时间的延伸、场所的拓展和规训主体的增加。过去，规训化的时间划分仅仅限于学生的在校时间，下课放学后，学生便如同鸟儿、鱼儿般自由自在。但是，当"从小学至高

---

① 《教育部关于印发〈基础教育课程改革纲要（试行）〉的通知》，《教育部政报》2001年Z2。

第二章 教育异化现象

中设置综合实践活动并作为必修课程,其内容主要包括信息技术教育、研究性学习、社区服务与社会实践以及劳动与技术教育。强调学生通过实践,增强探究和创新意识,学习科学研究的方法,发展综合运用知识的能力。增进学校与社会的密切联系,培养学生的社会责任感。在课程的实施过程中,加强信息技术教育,培养学生利用信息技术的意识和能力。了解必要的通用技术和职业分工,形成初步技术能力"[①]的要求被提出时,事实却是另一番模样:学生大量的课外时间都被这些实践占用了,而且很多看似培养学生综合能力、提高综合素质的实践,实则只是学校为了达标而预先制定好要求和标准的实践。所以,课外时间的被占用意味着规训权力的延伸。

另外,规训时间的延伸依赖于现代通信技术的飞速发展,现在每个班级都会有联络群,通过这种联系家长可以快速知晓学生的成绩,甚至出入学校时间,以对学生实施监督和管理。有了规训时间的延伸,自然就会出现规训场所的拓展,相应地也就出现了在延伸时间、拓展场所下规训主体的增加。比如,从严格意义上来讲,当前的基础教育教学中,学生的学习和成绩更多是靠家长而不是靠老师的监管来完成与实现的。

总之,通过以上章节的论述,无论是宏观角度上的科层化的教育政策与制度、规范化的教育纪律与要求以及标准化的检测与考评,还是微观层面上的一系列操作方式,在一定程度上,两者均致使学校场域中教育的规训化倾向昭然若揭。规训的目的不是单纯地只为了增强肉体的能力或者单纯地强化对肉体的征服,而是要构建一种关系,一种能够使能力增强与支配加剧的聚敛关系。所以,规训是一种"权力力学"、一种"政治解剖学",从其根本意义上来讲,更是一种去"人"化的造人机制。从教学实践中过度的规训化操作便可得知,学校场域中通过制定"军事化"的纪律对受教育者个体实施干预与操控,以达到"高分"的目的以及围绕这个目的的教学管理。可以说,这种使受教育者为了

---

① 《教育部关于印发〈基础教育课程改革纲要(试行)〉的通知》,《教育部政报》2001年Z2。

"高分"而被驯服的学习生活模式,已经严重违背教育为人的本真目的,并在一定程度上大大地限制了受教育者作为人的自由本性的解放与生成。教育教学中的规训化操作既不是为了受教育者自由本性的生成,也不是为了学生全面潜能的发展。因此,无论是从学生接受教育的过程,还是结果来看,诸如类似的规训化操作均是一种"去人化"的教育实践,理应得到有效的规避与扬弃。

第三章　教育异化现象的历史分析

作为社会异化的一个具体表征，教育领域的异化问题是一定社会发展阶段的必然现象，是教育发展无法脱离或者超越特定历史阶段的"宿命"使然。"在这个重物轻人的社会里，教育便难逃异化的命运。人们把教育看作牟利的工具，在国家眼里，教育是国际竞争的工具、经济发展的工具；在个人眼里，教育是出人头地、光宗耀祖的工具。因此，教育目的、教育内容、教育方法等都染上了强烈的功利色彩，教育的一些非功利性价值被忽视了。"① 围绕人、培养人的教育一点点走向人学空场的结局，因此，有人说，"人"在教育中逐渐失落了，"这种失落在一定程度上源于近现代的一种影响力巨大的思维模式——用科学来解决人类生活中遇到的一切问题，包括人文问题，对社会问题的研究也被称为社会科学。科学所带来的工业革命对人类近两百年来的生活产生了巨大的影响，这种影响为科学解决人类面对的一切问题获得了话语权，然而其后果却是'从这污秽的排水沟里流出了人类工业的最大巨流，浇肥了整个世界；从这肮脏的下水道里流出了黄灿灿的纯金。在这里，人性得到了最完全的也是最残暴的发展；在这里，文明表现了它的奇迹，文明的人几乎变成了野人'。"② 所以，首要的就是科学地认识教育异化现象，并对其进行历史的解读。

---

① 伍香平、岳伟、王慧：《教育异化问题探析》，《现代中小学教育》2002 年第 7 期。
② 储朝晖：《论教育研究的人学路径》，《教育理论与实践》2004 年第 1 期。

第一节 "异化"的界说及其发展

一 "异化"概念的界说

作为一个哲学概念,"异化"(alienation)被赋予一定的、神秘的思辨色彩,这不仅源于异化形成于德国古典哲学,而且,在之后的发展中被不同的哲学思想赋予不同的内涵。从最早17世纪、18世纪的法学意义上的异化到后来卢梭的政治异化,无一不在阐释着这样一个概念:异化即异己化,指的是主体在发展过程中由于自己的活动而产生出自己的对立面,然后,这个对立面又作为一种外在的、异己的力量转过来反对主体自身。如此的异化思想也是贯穿黑格尔哲学体系始终的基本观点之一。然而,黑格尔哲学思想的辩证之光却被其唯心的本质所扼制。当费尔巴哈力求恢复唯物主义的权威时,其异化思想的基本观点却仅仅可以表达为"神是人的本质的异化"。所以,费尔巴哈的异化思想有着浓重的人本主义色彩。

1841年3月底,马克思以博士学位论文《德谟克利特的自然哲学和伊壁鸠鲁的自然哲学的差别》获得耶拿大学的哲学博士学位。正是在这篇论文中,马克思第一次使用了"异化"的概念,并在文中系统地阐释了自我意识的异化思想。但是,此时的马克思还没有完全跳出黑格尔思辨的窠臼,所以,这时的异化思想充满了浓厚的思辨色彩。之后,马克思在其著作《1844年经济学哲学手稿》中较为频繁和集中地谈论了"异化"思想。在这部著作中他不仅提出核心概念"异化劳动",还对异化劳动的四个规定作了比较详细的论证:人同劳动产品相异化;人同劳动本身相异化;人同人的类本质相异化;人同人相异化。尽管在整个马克思主义异化理论体系中,"手稿"中的异化思想尚处在萌芽时期,然而,"异化劳动"一词在学术研究中的战略地位却不容小觑。

19世纪40年代初,在《莱茵报》工作期间,马克思遇到关于林木盗窃法的辩论和对摩塞尔河地区农民状况研究的难事。这些事件促使他开始关注物质利益以及市民社会与国家关系的问题,并促使他转向经济学的研究。由此,马克思的异化思想逐渐地从思辨走向历史唯物主义。这个过程经历了《神圣家族》中对异化的历史的批判;《德意志意识形态》中对意识形态与人相异化、社会分工与人相异化、生产关系与人相异化的批判;同时,还包括《哲学的贫困》中对黑格尔思维方法的批判;最后,在《1857—1858年经济学手稿》中,通过对共同体异化的批判揭示出,人被异化的根本原因是资本主义社会中资本的异化。这就是马克思在其鸿篇巨制《资本论》中所讨论的资本的异化。然而,问题不仅仅在于解释世界,而在于改造世界。"异化劳动"这一核心概念是由黑格尔哲学中的"异化"范畴与经济学中的"劳动"范畴结合发展而来的。因此,它的提出与确立使马克思在研究如何克服和扬弃"异化"的问题上沿着经济学和哲学两条思路展开,即扬弃资本的私人占有,扬弃资本主义生产关系,实现共产主义,与扬弃人的异化实现人的自由全面发展两条思路。

学界对何时产生"异化"(alienation)概念的问题,可以说众说纷纭、莫衷一是。17世纪、18世纪的英法哲学家和启蒙学者应该算是最早使用"异化"概念的人了。英国的唯物论者,霍布斯的异化主要是指人让渡出的"自然权利"形成新的国家权力,国家权力与人的自然权利间相对立、相异化。由此可见,霍布斯主要是在政治意义上来理解"异化"。同时,法国的思想家卢梭主要在政治领域里使用"异化"一词。之后,德国哲学家黑格尔系统地阐述了他的异化思想,并且将异化视为辩证发展的历史过程。从异化及其扬弃的角度来看,绝对精神在其发展的过程中进行不为人知的分裂,即自己与自己的"对方";然后在这个"对方"中与其"对方"相接触,这时,发现自己的"对方"就是自己本身,这就是外化;继而,在发展过程中再次扬弃这种外化,在扬弃外化的过程中重新把握自身的本质,实现"对方"向自身的复归,即客体与主体的统一。因此,在黑格尔的思想范畴里,异化不是一个消极的概念,更不是一个需要被否定的范畴;而是作为主体的绝对精神辩证发展的历史过程:绝对精神在自身的发展过程中外化为现实世界,然后，在现实世界中扬弃异化和外化，向精神即主体复归。由此可见，异化是主体实现自身，发展自身所必经的、不可缺少的环节。这恰是马克思认为黑格尔哲学思想的伟大之处——辩证法。

黑格尔之后的费尔巴哈在异化理论问题上给予了马克思不可多得的思想启发。他曾明确指出，"神是人的本质的异化"①，他用人的本质作为异化的主体代替黑格尔异化理论中的绝对精神，使得异化理论获得本体论的意义与人本主义色彩。不得不承认，费尔巴哈以人的本质的自我分裂来解释社会的异化过程，与黑格尔的以绝对精神的自我否定为神秘力量来推动异化相比，的确前进了一大步，恢复了唯物主义的权威。可是，人的本质为什么会自我分裂，怎样进行分裂？费尔巴哈却无法给出回答，只能求助于"爱"，求助于宗教。这是因为费尔巴哈不懂得从实践的角度理解人与人的关系和人与自然的关系。他认为，人与自然的关系无异于动物与自然的关系，所以，在他的概念里，人对自然的态度只能是美和理论的，那么，人与人的关系也就只能剩下抽象的精神之爱。

与费尔巴哈不同，马克思的异化概念建立在一个完全不同的观念之上，即人类社会如何看待劳动的观念。在古典经济学和黑格尔哲学中，劳动是一个基本概念。古典经济学认为，劳动是一种纯粹为了满足人类需要的一种手段或者活动，这种活动是人们被迫从事的，会让人感到麻烦与不快。然而对于黑格尔来讲，劳动还是一种"精神的"活动、一种"对象化"的过程，通过劳动，人类自身的技能和力量获得客观的体现，因此，他认为，劳动是能够让人获得自我发展和自我实现，从而区别于其他动物的一种活动。马克思批判地继承了黑格尔这一观点，并对其进行了彻底的发展。但是，值得注意的一点是，马克思对"对象化"和"异化"作了至关重要的区分。他认为，劳动并不必然导致自我实现和发展，在异化的条件下就是如此。"劳动所产生的对象，即劳动的产品，作为一种异己的存在物，作为不依赖于生产者的力量，同劳

---

① ［德］路德维希·费尔巴哈：《费尔巴哈哲学著作选集》（下卷），荣震华译，商务印书馆1984年版，第57页。

动相对立。"①

在《1844年经济学哲学手稿》中,马克思将异化与劳动相结合提出异化劳动,并对其进行了四个方面的规定。首先,是劳动者同自己的劳动产品相异化。"工人对自己的劳动的产品的关系就是对一个异己的对象的关系。因为根据这个前提,很明显,工人在劳动中耗费的力量越多,他亲手创造出来反对自身的、异己的对象世界的力量就越强大,他自身、他的内部世界就越贫乏,归他所有的东西就越少。"②

其次,劳动者同劳动活动相异化。"劳动对工人来说是外在的东西,也就是说,不属于他的本质;因此,他在自己的劳动中不是肯定自己,而是否定自己,不是感到幸福,而是感到不幸,不是自由地发挥自己的体力和智力,而是使自己的肉体受折磨、精神遭摧残。因此,工人只有在劳动之外才感到自在,而在劳动中则感到不自在,他在不劳动时觉得舒畅,而在劳动时就觉得不舒畅。因此,他的劳动不是自愿的劳动,而是被迫的强制劳动。因此,这种劳动不是满足一种需要,而只是满足劳动以外的那些需要的一种手段。劳动的异己性完全表现在:只要肉体的强制或其他强制一停止,人们就会像逃避瘟疫那样逃避劳动。"③在这里,劳动,就像古典经济学理解的那样,是一种痛苦的、不快乐的活动,是被迫从事而非自由自在的。但是,马克思所理解的劳动并非如此,这种令人痛苦不堪的"劳动"只与异化劳动有关,是特定历史条件下劳动的某种特征。在异化的条件下,劳动仅仅成为满足我们纯粹物质需求的手段,进而造成"动物的东西成为人的东西,而人的东西成为动物的东西"④的结果。

再次,"异化劳动,由于(1)使自然界同人相异化,(2)使人本身,使他自己的活动机能,使他的生命活动同人相异化,因此,异化劳动也就使类同人相异化;对人来说,异化劳动把类生活变成维持个人生

---

① 《马克思恩格斯选集》第1卷,人民出版社2012年版,第51页。
② 《马克思恩格斯选集》第1卷,人民出版社2012年版,第51页。
③ 《马克思恩格斯选集》第1卷,人民出版社2012年版,第53—54页。
④ 《马克思恩格斯选集》第1卷,人民出版社2012年版,第54页。

活的手段"①。这就是异化劳动的第三个规定：异化劳动使劳动者同他的类本质相异化。劳动作为人的生命活动，是人的类生活，在类生活中，一个种的整体特性、种的类特性就在于自由的有意识的生命活动。然而，"异化劳动把这种关系颠倒过来，以致人正因为是有意识的存在物，才把自己的生命活动，自己的本质变成仅仅维持自己生存的手段"②。人作为种的整体性和类特性变成维持人生存的手段，而非本质，此乃人与类本质发生异化。

最后，黑格尔认为，人类从本质上来说是社会性的。因此，作为人类活动的劳动总是并且必然发生于社会关系之中。马克思创造性地发展了这一观点，他认为劳动不仅生产物质产品，同时还生产社会关系。然而，"通过异化劳动，人不仅生产出他对作为异己的、敌对的力量的生产对象和生产行为的关系，而且还生产出他人对他的生产和他的产品的关系，以及他对这些他人的关系"③。换言之，人与自身类本质的异化体现为人与人之间的异化。因为，"人对自身的关系只有通过他对他人的关系，才成为对他来说是对象性的、现实的关系"④。

综上所述，马克思在探讨现实的人的处境以及如何实现人的未来解放问题的基础上提出异化理论，换言之，离开主体就无所谓异化。从这个角度来讲，"异化"概念本身就潜藏着一种价值预设：主体的存在是合理的，主体既然是合理的，主体产生的对立面即客体反过来反对主体也就成为不合理的了，而接下来扬弃不合理的异化，实现主体的复归便又是合理的事情了。如前所述，异化生成于主体的对象化活动，但并不是所有的对象化活动都会产生异化，也不是所有的对象化活动都必然地产生异化。因为，主体的对象化活动表征的是人与自然界之间的实践关系，也就是说，它体现的是一种人与物之间的关系。在这种关系中，自然界或者自然物没有生命，只是一种受动的存在，不具有能够反对或者

---

① 《马克思恩格斯选集》第 1 卷，人民出版社 2012 年版，第 56 页。
② 《马克思恩格斯选集》第 1 卷，人民出版社 2012 年版，第 56 页。
③ 《马克思恩格斯选集》第 1 卷，人民出版社 2012 年版，第 59—60 页。
④ 《马克思恩格斯选集》第 1 卷，人民出版社 2012 年版，第 59 页。

第三章 教育异化现象的历史分析

阻碍主体实践活动的能动性，即不具备成为与人相对立的异己性。而且，对象化活动是一定社会关系中的对象化活动，对象化活动不仅会产生人与物的自然关系，还会产生人与人之间的社会关系，人与物之间的自然关系和人与人之间的社会关系两种关系共同构成人所处一定历史时期的生产关系。那么，人与自然界间的关系不能导致异化的产生，其只能产生于人与人之间的社会关系之中。

二 异化理论的历史唯物主义发展

马克思对异化的分析和论证经历了一个漫长的发展过程。早在他的博士学位论文《德谟克利特的自然哲学和伊壁鸠鲁的自然哲学的差别》中就首次使用了"异化"一词。之后，马克思正式阐释"异化"这一概念是在《1844年经济学哲学手稿》中，这是马克思第一次尝试对资本主义经济制度和资产阶级政治经济学进行批判性考察。在书中，他以复归人性、全面占有人的本质为尺度，系统地分析和批判了资本主义生产中的人的劳动异化的状态，剖析了劳动异化形成的原因及其后果，并阐释了异化扬弃的途径和目标。但是，不得不承认，马克思此时的异化思想还不能算得上彻底的历史唯物主义范畴。直到19世纪40年代，马克思开始关注市民社会以及市民社会与国家的关系，并将研究方向转向经济学，他的异化思想也随之迎来由人本主义向历史唯物主义的历史性转变。《关于费尔巴哈的提纲》是马克思批判旧哲学、确立新哲学的结晶之作，并强调了实践在社会实践活动中的基础性作用。这为马克思论述异化思想奠定了历史唯物主义的基本维度，同时，有助于之后在《德意志意识形态》中完成以实践为基础对异化思想的历史唯物主义思想的系统阐述。

1845年9月到1846年5月，马克思与恩格斯合著了继《神圣家族》之后的又一部著作《德意志意识形态》。《德意志意识形态》的写作不仅是为了清算他们之前的哲学信仰，更是为了揭露当时德国各种意识形态的实质，进而系统地制定和阐发唯物史观的相关原理和内容。首先，他们考察并论述了意识形态的社会历史根源，并认为，人的意识不仅是人与人之间的社会关系的意识，是人们社会交往的产物；而且意识在任何时候都是客观存在——被意识到了的客观存在的——一种反映。然后，在科学确定了意识形态的社会根源的基础之上，他们还详尽地论述了历史唯物主义的基本规律。历史唯物主义基本规律的阐述过程同时也是马克思和恩格斯论证和批判意识形态、生产力、生产关系作为人的异在与人相异化的过程。

意识形态与人的历史性活动理应是统一的。然而，在历史唯物主义思想理论被确立之前，旧的哲学思想中的意识形态与现实的人是相互背离、相互异化的。在《德意志意识形态》中，马克思的新哲学对旧哲学中的意识形态作了深刻的批判性论述。他认为，那些旧哲学中的历史唯心主义者们首先将"思想"与"思想"所产生的条件分割开来，使思想成为无条件的、能够支配和决定其他一切的绝对的力量，进而将思想作为主体，对其进行自我规定、自我实现、自我运动的论证。如此一来，现实中的历史就成为"思想"自我运动的外在体现。社会历史中的唯物主义因素被清除了，与社会现实割裂的意识形态也就与现实的人割裂、异化了。所以，对于现实中的个人来说，这种意识形态当然是一种异己的存在，这种异己性在阶级社会里体现得尤为明显。因为，在阶级社会中，当被统治阶级的利益与统治阶级的利益不能协调一致的时候，或者发生冲突和斗争的时候，意识形态大多是为统治阶级作了嫁衣，维护统治阶级的利益，这就更加凸显出意识形态相对于被统治阶级的异己性。

然而，在阶级社会中，意识形态的异己性并非与生俱来，就像阶级本身并不是一开始就有一样。我们知道，意识形态在社会结构中从属于上层建筑，当上层建筑出现问题，其根源则在于经济基础，即历史发展过程中的三次社会大分工。社会分工的发展促使社会不平等的加剧，促进了私有制的产生和发展；同时，也使得人自身的活动成为反对人、压迫人的异己力量。当人们的社会实践活动被社会分工固化，人们自身活动的产物聚合成为与人们相对立的一种异己力量，不受人们控制，反而统治和控制着人们的意志和行为，成为一种异己存在，这就是异化。

生产力与生产关系的矛盾运动促进社会历史的发展。其中，生产力表征着人与自然界之间的关系，标志着人改造自然界的一种物质力量。自然界作为"物"是一种受动的自然存在，不具有反对人的能动性；然而，通过之前的论述就可获知，能够与人相敌对、相异化的只能是一种能动的存在，而绝非一种受动的自然"物"。另外，一定时期的生产力是一定生产关系内的生产力，且这种社会生产力是现实中的个人所无法决定的。所以，生产力与人相异化只是问题的外在表现形式，而生产关系与人相异化才是问题的根本所在。因为，生产关系表征的是生产实践活动中所形成的人与人之间的关系，生产关系在本质上是属人的，且并不与生俱来必然地与人发生异化。只是每一种生产关系的产生都离不开所孕育它的物质活动和生产力，而且，一定时期的生产关系一经产生就会在相当长一段时间内保持不变，适应并促进生产力的发展。所以，与生产力相比，生产关系相对稳定和持久。但是，生产力的活跃与不断发展会致使相对稳定和持久的生产关系变得越来越落后，并迫使生产关系不得已、逐渐成为生产力发展的障碍或一种限制力量。而且，还会使生产关系在相当长的时期内无法满足个人的发展需要，并使之成为与人相对、限制人的发展的异己力量。

无论是意识形态表征出来的异己性，还是社会分工造成的社会不平等，其根源皆是社会历史发展过程中人的社会实践活动中所形成的人与人之间的生产关系。在生产力与生产关系的矛盾运动中，当生产关系不能适应生产力的发展，甚至限制生产力的发展的时候，生产关系就成为社会历史发展的一种异己存在，成为与现实中的个人相对立的一种异己存在。所以，如何消除和扬弃社会历史发展过程中的这种异己存在，或者说如何消除和扬弃人的发展过程中的这种异化状态，自然还是要通过生产力与生产关系的矛盾运动来解决。变革已然成为桎梏和障碍的旧的生产关系，扬弃旧的、与人相对立的异己关系，以满足新的生产力的发展需求，适应并促进新的生产力的发展；从而扬弃不能满足人的新的实践活动的异己的生产关系，扬弃人的异化状态，使人的本性得以复归，并进一步促进人对人的本性的全面占有和自由发展。

《1857—1858年经济学手稿》是马克思巨著《资本论》最初的草稿，1939—1941年第一次在莫斯科用德文原文出版，出版时编者添加了《政治经济学批判大纲（草稿）》的标题，因此，《1857—1858年经济学手稿》又被称为《政治经济学批判大纲》或者简称《大纲》。在手稿中，马克思详细地研究了交换价值的生产，通过研究发现，交换价值的生产使自然发生的、与人融为一体的古代共同体走向灭亡，人随之实现自身的独立化与个体化。与此同时，交换价值的生产还"生产"出另一种与人相对立的抽象共同体。这个抽象共同体既为人的生存与发展提供客观条件，也对个人的自由全面发展构成障碍和阻力。那么，在抽象共同体中如何克服共同体的异化，走向共产主义从而实现人的全面发展构成了这部分异化理论的主要内容。

　　古代的共同体是自然生成的，人是与之直接融为一体的。这种形式的共同体是人的生存与发展的客观条件，是社会生产的组织形式和主体力量。共同体中的个人没有独立和自由可言，仅仅隶属于特定的群体或者特定的人。这就是马克思著名三形态说的第一种形态："人的依赖关系"。这种共同体中的个人仅仅是自然意义上的个人，谈不上是社会意义上的个人。随着生产力的发展，劳动产品的生产不再仅仅为了满足人自身的需要，而是为了交换、满足他人的需要。当交换成为劳动生产的直接目的的时候，交换价值的生产就使得自然形成的古代共同体不得不解体。因为，交换的发生不仅要求突破原本狭隘的生活区域，扩大社会交往的范围从而走向普遍性交换；而且，以独立的交换主体的存在为前提，这就使得隶属于某种共同体的个人越来越独立化、越来越个体化。

　　然而，这种独立化与个体化只是相对于之前的人的直接的人身依赖关系而言，由直接的人身依赖关系发展成偶然的依赖关系，这种偶然的依赖关系以更间接、更隐秘的方式寄托于用于交换的物品中。同时，刚刚摆脱人身依附关系的人们逐渐发现，当交换发展为普遍的时候，交换的过程和结果并不是个人所能完全决定的，在一定程度上还要取决于他人和由这种交换发展而形成的、不以个人意志为转移的社会关系。这样，交换价值的生产也就生产了另一种共同体，继而，这种共同体成为人之外的某种强制力量，规定着人与谁交换，怎么交换以及交换的比例等等。不仅如此，用于交换的商品的生产不服从个人的安排，而是决定于社会的需要。否则，个人的产品就不能顺利地实现社会交换。可见，交换价值生产的出发点是社会需要，而"个人只有作为交换价值的生产者才能存在"①。从这个意义上而言，个人作为自然意义的存在完全被遗忘，人的需要在社会需要面前显得不值一提。如此一来，由交换价值生产、形成的抽象共同体使得个人成为社会需要生产的工具和手段，不再作为社会生产和发展的目的，这就意味着商品的交换"生产"了人与社会的全面异化。

"因为货币加入交换，我不得不用我的产品交换一般交换价值或一般交换能力，所以我的产品依赖于整个商业，并且摆脱了产品的地方的、自然的和个体的界限。正因为如此，它可以不再是产品。"② 货币参与资本主义的生产，意味着一切产品摆脱了个性、特殊性和自然属性上的千差万别。产品的存在对任何人来说都不再重要，重要的是产品能够进行交换。因此，货币作为一般财富不仅消除了产品的个性，也消除了财富占有者的个性。在整个社会发展的浪潮中，财富变成社会发展最为直接的目的，人自身的需要反倒沦落成社会追逐财富、追逐货币的手段与工具。这样，人在货币面前彻底地丧失自身，货币持有了统治人和社会的支配权。但是，货币只是一种社会关系的外在体现，这种社会关系在古代共同体消失之后成为另一种社会共同体，还是一种抽象的共同体。换言之，从事社会生产的人必然受这种普遍权力的支配，这种普遍权力的支配在现实中通过货币表现出来。

资本主义社会中，交换价值的生产的另一个显著特征是机械化大生产。大规模地使用机械装置，一定程度上的自动化使得人与机器的角色和关系发生颠覆性的变化。"机器则代替工人而具有技能和力量，它本身就是能工巧匠，它通过在自身中发生作用的力学规律而具有自己的灵

---

① 《马克思恩格斯全集》第46卷（上册），人民出版社1979年版，第200页。
② 《马克思恩格斯文集》第8卷，人民出版社2009年版，第48页。

魂，它为了自身不断运转而消费煤炭、机油等等（辅助材料），就像工人消费食物一样。只限于一种单纯的抽象活动的工人活动，从一切方面来说都是由机器的运转来决定和调节的，而不是相反。"① 人的工作只是负责看管、调节机器的运转，机器反倒变成劳动生产的主体力量。人不仅不能决定机器，反而从属于整个的机器体系，被机器所决定和支配。因此，就其单个人而言，人与机器相异化。

在马克思看来，无论是共同体与人的异化，还是货币对人的普遍支配权，以及人与机器相异化，均是异化的直观表现，其背后真正的根源是工资与资本的对立、活劳动与资本的对立。马克思指出："人们没有看到，在交换价值和货币的简单规定中已经潜在地包含着工资和资本的对立等等。可见，【资产阶级辩护论者的】这全部聪明才智不过是要停留在最简单的经济关系上，这些经济关系单独来看，是纯粹的抽象，但在现实中却是以各种最深刻的对立为媒介的，并且只反映一个方面，在这个方面上述对立的表现看不见了。"② 而且，"在资本构成生产的基础，从而资本家是生产的指挥者的地方，劳动本身只有在被资本吸收时才是生产的。正如商品的一般交换价值固定在货币上一样，劳动的生产性也会变成资本的生产力"③。这样，资本主义的生产就成为资本的生产，而非工人劳动的生产。工人劳动的客观条件作为资本与工人相分离，且工人自身的活劳动为资本提前占有，工人方能实现与客观条件的结合，从而实现对象化的劳动生产。然而，究其本质而言，资本就是劳动者——工人的劳动产物，本应属于劳动者自己。但是，社会生产中的现实资本却是控制人、支配人、与人相对立的异己力量；不仅如此，资本作为与人相对立的异己力量是属于与工人相对立的资本的，与工人阶级相对立的资产阶级的。也就是说，工人的活劳动与资本之间的这种对立实则是工人与资本家的对立，工人阶级与资产阶级之间的对立，简而言之，是人与人之间的对立。工人劳动创造的劳动产品、剩余产品越是不

---

① 《马克思恩格斯文集》第8卷，人民出版社2009年版，第185页。
② 《马克思恩格斯全集》第46卷（上册），人民出版社1979年版，第201页。
③ 《马克思恩格斯全集》第46卷（上册），人民出版社1979年版，第268页。

属于劳动者自己,越是属于劳动者之外的他人——资本家,资本与活劳动之间的这种对立就越是被加强,资本也就越是表现为活劳动的异己力量和支配力量。

《资本论》是马克思倾尽毕生心血的研究成果。在这部鸿篇巨作中,马克思首先对资本推动和解放生产力的历史性作用给了积极的肯定,同时,深刻地批判了追逐利润的资本对生产力进一步的发展和人的自由全面发展所带来的障碍和限制。马克思对资本作为劳动生产的客观条件与人相对立,反过来统治和支配人的异化现象进行了详尽的剖析与批判,即批判资本逻辑下的人的异化。资本逻辑下的劳动生产具有这样一个显著的特征:追逐利润的本性致使资本主义的生产具有无限扩张的欲望和可能。当然,正因为如此才使"资产阶级在它的不到一百年的阶级统治中所创造的生产力,比过去一切世代创造的全部生产力还要多,还要大"[1]。所以,资本主义生产的无限扩张为人的自由和全面发展创造了丰裕的物质条件。但事实上,这种物质的丰富仅仅为人的解放与发展提供了可能性,并没有如期地、现实地成为人的解放与发展的物质条件,恰恰相反,它给人们带来的是极端的贫困和全面的异化。

异化状态也好,非异化状态也罢,人首先是一种自然存在,作为一个与自然物质相对立的,与自然之间发生物质变换活动的、能动的主体存在。"劳动首先是人和自然之间的过程,是人以自身的活动来中介、调整和控制人和自然之间的物质变换的过程"[2]。最初的时候,人按照自己的主观意志改造自然世界,劳动的直接目的是满足和适应人自身的需要,也就是产品的使用价值。然而,随着交换的普遍性发展,人与自然世界之间的物质变换过程的直接目的就由劳动产品的使用价值转变为商品的交换价值,然后,商品的价值。货币的参与、资本的出现使我们更清楚地看到资本主义社会的商品生产的真相。资本追逐利润的本性使得劳动生产愈加渴求劳动产品的量。劳动产品生产者的关注点从劳动产

---

[1] 《马克思恩格斯文集》第2卷,人民出版社2009年版,第36页。
[2] 《马克思恩格斯文集》第5卷,人民出版社2009年版,第207—208页。

品的使用价值转换为商品的价值，之前作为目的的使用价值此时便只能扮演价值的载体的角色。而且，还需要清楚一点，资本主义的商品生产不仅仅是一个价值生产的过程，更是一个价值增值的过程，这是由资本本身决定的。熟知资本主义生产过程的人便可知道，工人唯有让渡自身的劳动力方可获得仅够维持生活的工资，资本家之所以购买工人的劳动力是因为工人的活劳动才是价值增值的源泉。"转变为劳动力的那部分资本，在生产过程中改变自己的价值。它再生产自身的等价物和一个超过这个等价物而形成的余额，剩余价值。"①

然而，马克思曾指出："劳动尺度本身在这里是由外面提供的，是由必须达到的目的和为达到这个目的而必须由劳动来克服的那些障碍所提供的。但是克服这种障碍本身，就是自由的实现，而且进一步说，外在目的失掉了单纯外在自然必然性的外观，被看做个人自己提出的目的，因而被看做自我实现，主体的对象化，也就是实在的自由——而这种自由见之于活动恰恰就是劳动——，这些也是亚当·斯密料想不到的。"② 劳动作为人与自然之间的物质变换活动，其本质上是自由的，是人的自我实现的一种自由。人只有在劳动中不断克服自然世界的限制，不断实现自身的自由，从而实现人自身的不断进步与发展。因此，无论是于人的自身发展还是于社会历史的发展，劳动都应该是人自身的内在需求，且劳动的内在动力便是自由。但是，事实上，资本主义商品生产的劳动是一件十分令人厌恶的事情，人们逃避劳动就像逃避瘟疫一样。这是因为，在整个劳动生产中，除了自身的劳动力和微薄的、少得可怜的工资以外，劳动者一无所有。资本是起支配作用的主角，它决定着劳动力与劳动条件的相结合，决定着价值与剩余价值的生产，决定着资产阶级统治、支配劳动者的特权。类似这种价值生产和增值的过程越是无限循环，带给工人劳动者的越是无穷无尽的贫困与折磨，即便看似丰富的物质条件，于劳动者或人自身的解放与发展而言，亦毫无益处。

---

① 《马克思恩格斯文集》第5卷，人民出版社2009年版，第243页。
② 《马克思恩格斯文集》第8卷，人民出版社2009年版，第174页。

因为，社会财富的无限增加才是资本的最终目的，除此之外别无其他。所以，欲扬弃异化、实现人的解放与发展，就必须从根本上变资本的私人占有为社会占有，扬弃资本本身的异化。

问题的形成与问题的解决往往是同一个过程。资本主义的生产带来资本的异化，同时，为扬弃资本的异化创造前提条件。"由资本形成的一般的社会权力和资本家个人对这些社会生产条件拥有的私人权力之间的矛盾，越来越尖锐地发展起来，并且包含着这种关系的解体，因为它同时包含着把生产条件改造成为一般的、公共的、社会的生产条件。这种改造是由生产力在资本主义生产条件下的发展和实现这种发展的方式决定的。"① 如何将资本的私人占有发展转变为社会占有，如何使劳动资料为社会占有从而为劳动者所有，剩余价值和工资应该以一个什么样的比例如何进行分配，如何让劳动生产以人的发展需要为旨归，以及如何在人获得合理性发展的基础上实现资本的积累，并以资本的积累、生产规模的再扩大实现人更进一步的发展等是资本主义亟须解决的问题。改变资本的占有方式，变革资本主义的生产关系，在大力发展物质生产力的基础上真正实现人的自由与全面发展，这才是消除、扬弃异化所要选择的方向和道路。

最后，历史唯物主义异化理论还包括对异化的思维方法的批判，这一点主要体现在马克思的著作《哲学的贫困》中。在书中，马克思不仅突出地批判了黑格尔主义的绝对方法，而且，针对法国小资产阶级社会主义者蒲鲁东将黑格尔的绝对方法应用到政治经济学上并背弃黑格尔的辩证法的做法进行了深刻的批判。这一批判的过程正是历史唯物主义辩证方法的论战性阐释过程。历史唯物主义辩证方法认为，我们应该从现实的人的社会物质生产出发看待、研究历史。因此，不是历史从属于范畴，而是范畴从属于历史。在历史唯物主义理论体系中，范畴只是社会客观实在的理论表现，是用以说明社会历史的手段和工具，并非一种能动的、自为的主体性存在。所以，唯有真正扬弃历史唯心主义的绝对

---

① 《马克思恩格斯文集》第 7 卷，人民出版社 2009 年版，第 294 页。

的思维方法，使思维方法真正成为为我所用的、正确认识事物和说明历史的方法和工具，使思维方法真正成为从属于人的存在而不是相反，才能使人摆脱理论研究中的异化。因此，对思维方法的批判构成了马克思主义历史唯物主义异化理论不可分割的一部分。

马克思为人类解放的意志和决心始于其博士学位论文的写作，之后，从历史唯物主义异化理论发展的不同阶段便能看出，马克思旨在实现一个与当下社会制度不同的、能够扬弃人的异化并实现人的自由和全面发展的社会制度。所以，当现实与理论发展到一定要对社会制度进行批判和改革的时候，《共产党宣言》的"消灭私有制"应运而生。但是，与私有观念的决裂一定是在与私有制、私有财产决裂的基础上才有可能，在物质上消灭私有财产的异化以及异化的各种产物之后，可能需要相当长的一段时间才能在观念中将"私有"消除，而且，逐渐的消除。换言之，私有观念的消除和扬弃必须以私有财产的消除和扬弃为基础；而且，这种消除和扬弃不是即刻发生的，而是在相当长的时间里逐渐地消除和扬弃。

异化是对人而言的异化，不谈人无所谓异化。消除扬弃异化以使异己之力成为真正能够促进人的解放与发展的物质条件，而非限制和障碍。马克思主义的历史唯物主义和辩证唯物主义理论终以共产主义为旨归，站在人学的高度，追求人的解放与自由发展。马克思的实践哲学不仅揭示了社会历史发展的客观规律，更论证了人从与社会"天人合一"的一体状态发展到与共同体的分离、异化，再到扬弃异化，实现人的解放与发展的共产主义是社会历史发展的必然之路。所以，在马克思看来，异化的产生与消除不是抽象的逻辑演绎，而是一个必然、必经的历史运动，一个现实的社会历史发展过程。

综观马克思异化理论可以得知，马克思论著中的异化理论是在对前人异化理论的批判中生成和发展起来的。这里的异化理论不仅以人的解放和自由发展为内在的价值依归，还将异化的消除过程诉诸现实客观的社会历史发展过程，具有鲜明的历史唯物主义内涵。马克思的异化理论始于思辨哲学，在理论的萌芽时期就得出"异化劳动"的核心概念；

确立于历史唯物主义,《关于费尔巴哈的提纲》和《德意志意识形态》是马克思历史唯物主义确立的标志,也是在这个时期,生产力与生产关系的矛盾运动的客观历史规律成为马克思分析和论证异化理论的概念体系和理论工具,并得出生产关系是导致人异化的历史根源。直到转入对政治经济学的研究,对资本主义生产过程的研究后,马克思发现,相对于古代共同体,资本主义生产关系在为人的解放与发展创造巨大的物质财富的同时造成个人的全面异化。导致这一切的便是掩盖在物质外壳下的人与人之间的劳动占有关系。马克思主义异化理论以历史唯物主义为基础,以客观的社会历史发展规律为背景,以人的发展为根本价值取向。因此,扬弃资本,扬弃资本的私人占有,实现资本的社会占有,变革资本主义社会生产关系,使巨大丰富的物质条件真正成为人的解放与发展的现实条件,真正意义上实现人的全面发展。

第二节　教育异化现象的历史必然性

一　教育异化现象的产生是教育发展必经的阶段

从古希腊培养"理性人"的教育主题到普罗泰格拉"人是万物的尺度"理念的确立,可以说,教育自古至今一直以培养"人"为己任,并努力寻求一种具有形而上的普遍观念。然而,时至近代,当这种形而上的普遍观念被实证主义的科学技术所代替,那么,"与这种对理性的信仰的崩溃相关联,对赋予世界以意义的'绝对'理性的信仰,对历史意义的信仰,对人的意义的信仰,对自由的信仰,即对为个别的和一般的人生存在赋予理性意义的人的能力的信仰,都统统失去了。"[①] 所以,"教育,作为一种培养人的社会实践活动,就其理想性而言,它应当指向自由的,是帮助人扬弃异化的;但就其现实性而言,它又是一定时代的社会的产物,它自身不可能有超越其历史条件的力量。"[②] 回顾

---

① ［德］胡塞尔:《欧洲科学危机和超验现象学》,张庆熊译,上海译文出版社1988年版,第13—14页。
② 项贤明:《教育过程中人的异化及其扬弃》,《社会科学战线》1997年第1期。

我国的教育发展历程,以促进人的自由全面发展为本真价值目的的教育被不同时代的外在任务所遮蔽,逐渐成为实现社会其他目标的工具性存在,从救亡图存到驱除倭寇,从武装斗争到政治运动,从科技进步到经济振兴,直至以人才为核心的各国综合国力的国际竞争。

教育在其自身的发展过程中不是被定义为为经济建设输送人才,就是为国家政治建设提供服务保障,一直处在社会发展的边缘地带,为不同历史时期的核心任务服务。这种以"服务"为目的的发展导向促使教育领域中过度工具化的发展倾向和微观教学层面中的规训化教育样态。从教育发展史来看,人类教育大体上经历了为军事服务、为政治服务和为经济服务等几个阶段。教育为军事服务的典型代表性国家是斯巴达。斯巴达教育的唯一目的,就是通过严酷的军事体育训练把氏族贵族的子弟训练成为体格强壮的武士,对奴隶实施残酷镇压,忠心维护氏族贵族的阶级利益。另外,著名经济学家亚当·斯密(Adam Smith)在《国民财富的性质与原因的研究》(*Inquiry into the Nature and Causes of the Wealth of Nations*)一书中曾提出为穷人提供一定形式的教育,其目的是在民众中间弘扬一种"尚武精神","当每个公民都拥有一个士兵的精神时,一支较小的常备军就足够了"[①]。

在我国的社会发展历史中,教育的发展则与政治之间始终保持着比较紧密的联系,有学者曾经论述:"'学在官府'完成了原始教育向专门的学校教育的过渡。"[②] 当然,这里的"学"不仅仅指的是教育或者学校,但是,这样的论断足以说明官府在教育发展中的地位和作用。"修身、齐家、治国、平天下"的成长理念同样反映出教育之为教育不是在于成人,即人格的完善和自由个性的生成,而是在于"治国、平天下"的政治归宿。教育方针是一个国家或政党发展教育事业,开展教育工作的根本指导思想。它集中反映该国家和政党对教育规律认识的

---

① Adam Smith, *The Wealth of Nations*, New York: Modern Library, n. d. 1776, pp. 735 – 739.

② 李国钧、王炳照:《中国教育制度通史》第 1 卷,山东教育出版社 2000 年版,第 7 页,导言第 2 页。

程度和一定历史时期的教育战略目标。教育方针的制定最能反映一个国家对于教育发展的定位和方向，新中国成立之后，不同时期的教育方针不仅反映出一定的生产关系决定着教育的发展方向，同时，反映出教育为巩固社会主义政权而服务的战略定位。

改革开放时期，社会发展的重心转移到以经济建设为中心。那么，教育应势成为发展经济、振兴国家的先导和基础，并从之前发展的滞后位置提升到优先发展的战略地位；从被视为纯粹消费的事业到成为新的经济增长点、个人投资的热点，教育瞬间被推到社会发展的中心地带。然而，在市场经济主导的社会体制内，经济效益成为最终的主宰，将教育活动直接等同于经济活动的思想成为教育发展的常态，"产销对路"一度成为教育教学的指导思想，"教育为经济服务"的观念大道其行。以服务为导向的作用体制下，教育的社会功能越来越被凸显，甚至被过度放大为唯一的发展目标。如此一来，教育的发展失去自身的独立性，成为社会实现经济指标和政治目的的工具性存在，教育本真的价值理性被忽视和旁落。因此，讨论教育领域出现的异化现象缘于教育之为教育的根本，即促进人的生存与发展。换言之，教育活动的核心是人、人的发展、人的全面发展、人的自由发展。如前所述，马克思的异化理论的提出与发展是以人的自由全面发展为其价值依归的，对于马克思来说，所谓异化，实质上是人的本质的异化。那么，对待异化问题，对待教育异化现象的发生与扬弃均要采用马克思主义人学的态度和方法。

根据马克思在《1844年经济学哲学手稿》中对异化理论的相关论述可得知，异化是人类社会进入资本主义社会后日益凸显的，表征人被自己所生产出来的产品全面统治和奴役的一个历史阶段。那么，在资本主义社会之前的社会形态中，存不存在异化呢？也许存在，只是不像资本主义社会那般凸显。用黑格尔的术语来说就是，异化从资本主义社会之前的自在阶段过渡到了资本主义社会的自为阶段，换言之，资本主义社会将人的类本质的全面异化、物对人的全面统治和奴役全面凸显出来了。

"正是在改造对象世界的过程中，人才真正地证明自己是类存在物。这种生产是人的能动的类生活。通过这种生产，自然界才表现为他的作品和他的现实。因此,劳动的对象是人的类生活的对象化:人不仅像在意识中那样在精神上使自己二重化,而且能动地、现实地使自己二重化,从而在他所创造的世界中直观自身。"① 马克思承接了黑格尔对劳动的理解,劳动不仅同时关涉人类与自然界的直接性的分离和异化,而且,成为人类人化世界和改变自身的手段,通过这一手段,人类开始适应这个世界,逐步克服自身的异化。但是,马克思认为黑格尔哲学思想的伟大远不止此,他说:"黑格尔的《现象学》及其最后成果——辩证法,作为推动原则和创造原则的否定性——的伟大之处首先在于,黑格尔把人的自我产生看做一个过程,把对象化看做非对象化,看做外化和这种外化的扬弃;可见,他抓住了劳动的本质,把对象性的人、现实的因而是真正的人理解为人自己的劳动的结果。"② 马克思对人类发展过程的描述继承了黑格尔主义模式:从直接性和简单的统一性的最初状况开始,经过分离和异化的阶段,最终获得更高形式的统一,即包含差异性的、间接的和具体的统一。比如,在个体的成长过程中,每一个生命个体从单纯无知的婴儿开始,经过不同阶段的分离和异化,最后达到成熟和自我认同。黑格尔认为,这样的发展路径不仅存在于个体的成长之中,还体现在社会历史之中,即社会历史从简单统一的共同体开始,经过不同形式的分离和异化,向现代的社会的自由形式发展。在现代的社会的自由形式中,统一的社会秩序囊括所有的个体性和差异性。

"尽管马克思对于上述发展的具体阶段的论述完全不同于黑格尔,但却追随了类似的模式并且具有同样的形式上的特征。"③ 比如,马克思对劳动的理解,对异化劳动的界定。然而,这里特别值得注意的一点是,异化并不是纯粹的否定性的,亦非简单的批判性概念。"相反,分离和异化的阶段是人类发展过程中的必不可少的部分。这表明,在解放过程的初期,人类是逐渐地从自然的直接性的状况中解放出来,并且发

---

① 《马克思恩格斯选集》第 1 卷,人民出版社 2012 年版,第 57 页。
② 马克思:《1844 年经济学哲学手稿》,人民出版社 2014 年版,第 98 页。
③ [英] G. A. 柯亨:《卡尔·马克思的历史理论——一种辩护》,段忠桥译,高等教育出版社 2008 年版,第 19 页。

展出自我意识和自由的。异化劳动和异化的社会关系在这一个过程中起着重要的作用。"① 当然，这并不意味着异化是一个令人满意的状态，是社会发展的最后阶段。异化内含着否定和批判，同时，潜藏着一种价值设定，即以追求统一性为方向。因此，异化中的分离与否定驱使人类为了寻求统一性——这里自然是更高的统一性，异化前的统一性已经不能满足人们的需要——而克服它们。而且，更高的统一性并不是直接地被给予的，而是通过人类劳动被创造出来的。所以，对于异化的批判，不能简单地依照道德观点的普遍和非历史的标准来进行，应该将其放在人类发展的历史长河中进行分析和评估。

讨论异化是为了探求现实中的人如何实现自由又全面的发展。根据马克思对异化理论的论述以及社会发展的异化程度，可以将人的发展划分为前异化、异化、后异化三个阶段。所谓前异化阶段，指的是人类尚未异化的阶段。比如，在人类社会的原始时期，人类利用自然界生产和再生产自身的生活，这只是为了自己生存的需要。换言之，人类生产的目的是物品的使用价值，且在生产生活劳动的过程中，人类表明自己是类存在物。从结果来看，人类不受自己所生产产品的统治和奴役，即该时期人类的活动在一定意义上是自由的，或者说，人与其作为类存在物的活动是相同一的。故此，人与人的类本质不存在分离和异化。第二个阶段，异化。所谓异化，乃是伴随生产力的不断发展，人类生产的产品不断增多，在满足自身需要的同时出现大量富余，物物交换应时而生。之后，在生产力不断发展，生产资料不断更新的基础之上，人类生产生活的重心由原来的使用价值逐渐转变为产品的价值，社会的发展、人们的日常生活均离不开商品的交换，交换停滞，社会发展止步，人们生活难以维系。所以，不是人们统治、支配产品，而是人们生产出来的产品反过来统治和奴役人们；人与生产活动、类本质、他人随之发生异化。这里需要注意的是，在这个阶段，不是只有劳动者受到产品的奴役和统

---

① David Leopold, "The Young Karl Marx: German Philosophy, Modern Politics, and Human Flourishing", *Gambrige Unversity Press*, 2007, p.86.

治，非劳动者也会受到产品的统治和支配。因此，该阶段的异化并不是某一部分人的异化，而是人类的全面异化，即，异化在资本主义社会中达到顶峰。由此得知，异化是生产力发展到一定阶段的必然产物。那么，后异化阶段指的就是人类社会消除、扬弃异化，重新占有作为类存在物的本质的阶段，即人实现全面解放和自由发展的阶段。

通过以上对马克思异化理论的论述即可得知，异化是社会生产力发展到一定阶段的必然产物。那么，教育领域的异化问题作为社会全面异化的一个具体表征，自然也不是与生俱来的。人类社会之初，教育不仅内容"丰富"，而且其唯一的目的和功能是教人掌握生存技能和生活本领。换言之，这时的教育以培养、提升人的生存技能和本领为目的和旨归，即便很落后、不发达，然而，从一定意义上来讲，这算得上本真的教育。之后，伴随生产力的不断发展，人类自身的实践能力显著增强，社会中劳动产品的数量逐渐增多，直至出现剩余劳动产品。剩余劳动产品的出现预示着阶级社会的产生，意味着原始的平等被破坏和颠覆，继而出现一部分人对另一部分人的压迫和控制。那么，在这个演进的过程中，教育因其传授知识和经验的独特作用被阶级社会中的特权阶层所垄断，并作为控制受压迫阶级的工具和手段，正如杜威曾说："学问曾是一个阶级的事。"① 自此，教育从人们的生产生活中脱离出来，成为一个独立的领域，这就是教育领域出现异化问题的开始。

作为人类最为古老的社会实践活动，教育最初是与人类的生产生活合为一体的，那个时候的教育与人类是须臾不分离的，生活即教育，教育即生活，在生活的本原意义上，教育与生活有着天然而直接的源流关系。之后，进入阶级社会，教育被特权阶层把控，与生活的源流关系被消磨得逐渐模糊，教育距离人类的生产生活越来越远。时至近代，工业革命拉开帷幕，精确性、合理性与实用主义占据并主导了几乎所有的实践领域，以至各领域之间界限清晰，"明文"规定着各自的价值理性。

---

① [美]约翰·杜威：《学校与社会·明日之学校》，赵祥麟、任钟印、吴志宏译，人民教育出版社1994年版，第38页。

教育作为一个专门的领域被划分出去，不再对应人类生产生活的全部，而仅仅被局限于传递社会知识的"地盘儿"。教育不再和人类生产生活密切相关，不再观照个体的生命成长，不再关注人的童年时光在一生中的重要作用；而只是关涉是否传授更多的"有用"的知识，仅仅关心是否能为社会发展输送更多的人才，把儿童的社会化程度作为其成长的唯一标准……恰如著名哲学家杜威曾说的那般：这种教育"是非常专门化的、片面的和狭隘的。这种教育大体上只能投合人性的理智方面，投合我们研究、积累知识和掌握学术的愿望，而不是投合我们的制造、做、创造、生产的冲动和倾向，无论在功利的或艺术的形式上都是这样。"① 教育与人类生产生活的这种疏离，一方面是社会生产发展，进而专门化程度逐渐提高的必然结果；然而，另一方面，不得不承认，正是这种专门化的发展方向使得教育演变成为一个与人们的现实生活几乎毫无关联的领域，因此，教育领域出现诸多异化现象也就不足为奇。

二 社会形态的更替与教育异化现象的演变

根据马克思历史唯物主义的基本观点，社会物质生产力是人类社会发展的决定性因素，决定着一定历史时期的生产关系和生产方式，决定着人类对自然、对社会、对人自身的认识能力与改造能力的提升与发展。因此，一定历史时期的生产力、生产关系构成一定的社会形态，在一定程度上决定或影响着人的发展，同时，表征为人类对自然界、对社会以及人与人之间的相互依赖性及其发展程度，这就是马克思著名的三大社会形态理论。"人的依赖关系（起初完全是自然发生的），是最初的社会形式，在这种形式下，人的生产能力只是在狭小的范围内和孤立的地点上发展着。以物的依赖性为基础的人的独立性，是第二大形式，在这种形式下，才形成普遍的社会物质变换、全面的关系、多方面的需要以及全面的能力的体系。建立在个人全面发展和他们共同的、社会的

---

① ［美］约翰·杜威：《学校与社会进步》，载华东师范大学教育系、杭州大学教育系编译《现代西方资产阶级教育思想流派论著选》，人民教育出版社1980年版，第27页。

生产能力成为从属于他们的社会财富这一基础上的自由个性，是第三个阶段。第二个阶段为第三个阶段创造条件。"① 尽管共同体的异化造成人的片面发展，甚或是使人沦落成机器运转的附属或工具。然而，从马克思的著名三形态说我们可以发现，共同体与人由一体发展到分离、对立、异化是历史发展的必然，是历史发展必经的过程。同时，我们亦可发现，马克思不仅充分肯定以物的依赖性为基础的货币共同体相对于以人的依赖性为基础的古代共同体的历史进步性，还充分肯定以物的依赖性为基础的人的独立性将为第三阶段的个人全面发展和他们共同的、社会的生产能力成为从属于他们的社会财富这一基础上的自由个性创造条件的历史性作用。作为交换价值生产的资本主义生产为社会的发展创造巨大的生产力，生产力的巨大发展为人的自身解放与发展提供了必不可少的可能性。欲将这种可能性变为现实就必须扬弃货币共同体形成的人的异化，使共同体中的社会生产的前提、过程和结果均为社会所共有，而不构成人自身的限制。

人类社会发展的第一大形态是以人身依附关系为基本特征的社会形态，"人的生产能力只是在狭小的范围内和孤立的地点上发展着"②，因此可以称之为"人的依赖性社会"。对于这一阶段中的"人的依赖关系"，马克思是这样描述的："人都是互相依赖的：农奴和领主，陪臣和诸侯，俗人和牧师。物质生产的社会关系以及建立在这种生产的基础上的生活领域，都是以人身依附为特征的。"③ 这里的人的依赖关系意指人对人的直接依赖性，被依赖的人对依赖他的人有着直接的支配权。同时，马克思还说："无论我们怎样判断中世纪人们在相互关系中所扮演的角色，人们在劳动中的社会关系始终表现为他们本身之间的个人的关系，而没有披上物之间即劳动产品之间的社会关系的外衣。"④ 究其根本原因，还是生产力不够发达，个人征服自然界的能力有限，为了生

---

① 《马克思恩格斯文集》第 8 卷，人民出版社 2009 年版，第 52 页。
② 《马克思恩格斯文集》第 8 卷，人民出版社 2009 年版，第 52 页。
③ 马克思：《资本论》第 1 卷，人民出版社 2018 年版，第 94—95 页。
④ 马克思：《资本论》第 1 卷，人民出版社 2018 年版，第 95 页。

存不得不相互依赖，结成一个较大的共同体形式来面对自然界，原始社会的氏族、部落以及各种形式的古代公社均体现了这种人身依附关系。在人类社会发展的第一个阶段，直接以自然产物为主要生存来源的自然经济占据统治地位。"无论是劳动者的全部活动还是他的全部产品，都不依赖于交换，也就是说，维持生活的农业（或斯图亚特的类似说法）还在很大程度上占优势。"①

在这样的共同体形式中，作为个体的人不具有独立性，其活动自然也不受个人主宰，而是由共同体支配，因此，这一时期的人的发展以人与人之间的人身依附关系为依托。就像马克思曾指出的那样："我们越往前追溯历史，个人，从而也是进行生产的个人，就越表现为不独立，从属于一个较大的整体：最初还是十分自然地在家庭和扩大成为氏族的家庭中；后来是在由氏族间的冲突和融合而产生的各种形式的公社中。"② 这就意味着，在"人的依赖性社会"中，人没有人身自由，没有独立性，更谈不上自由个性，人的发展程度和特征只有通过共同体才能获得自身的规定性。在以人的依赖性为基础的社会形态里，教育与人的生产生活即这种人身依附关系是紧密相连的。阶级产生以前，人与人之间的相互依赖是同等的，人们在群体中的地位也是平等的，教育呈现的是其本真的"模样"，教人生产技能和生活本领，这是教育的前异化阶段。进入阶级社会，如前文所述，教育演变成为阶级统治的工具和手段，被统治阶级掌控，与其本真的目的逐渐疏离。

人类社会发展的第二个阶段是"以物的依赖性为基础的人的独立性"，以及"普遍的社会物质变换、全面的关系、多方面的需要以及全面的能力的体系"③为基本特征的"物的依赖性社会"。对于这种社会形态，马克思指出："活动和产品的普遍交换已成为每一单个人的生存条件，这种普遍交换，他们的相互联系，表现为对他们本身来说是异己的、独立的东西，表现为一种物。在交换价值上，人的社会关系转化为

---

① 《马克思恩格斯全集》第46卷（上册），人民出版社1979年版，第116页。
② 《马克思恩格斯选集》第2卷，人民出版社2012年版，第684页。
③ 《马克思恩格斯文集》第8卷，人民出版社2009年版，第52页。

物的社会关系；人的能力转化为物的能力。"① 那么，这里的"物"指的是具体的东西吗？当然不是！这里的"物"指的是一种"物化"，物化的社会关系。也就是说，这种形态中的人与人之间的交往要通过物物交换，或者"个人的产品或活动必须先转化为交换价值的形式，转化为货币，才能通过这种物的形式取得和表明自己的社会权力"②。由此可以得知，在"物的依赖性社会"中，人们依赖货币这种交换价值形式形成和建构社会关系。

相对于直接的人身依附的"人的依赖性社会"，"物的依赖性社会"给了个人前所未有的自由和独立。对此，马克思也曾说："在前一场合表现为人的限制即个人受他人限制的那种规定性，在后一场合则在发达的形态上表现为物的限制即个人受不以他为转移并独立存在的关系的限制。（因为单个人不能摆脱自己的人的规定性，但可以克服和控制外部关系，所以在第二个场合他看起来享有更大的自由。）"③ 尽管如此，个体仍然没有获得彻底和完全的独立和自由。因为，"个人从属于象命运一样存在于他们之外的社会生产；但社会生产并不从属于把这种生产当作共同财富来对待的个人"④。显然，这时占据主导地位的经济形式是直接以交换为目的的商品经济，尤为关键的是，劳动力成为一种可以交换的商品；充当交换媒介的则是便于保存、交换和运输的货币。社会生产力的巨大发展，分工的进一步细化，社会产品的日益丰富，交换成为这个社会形态最为基本和普遍的特征，基于普遍交换所形成的人的"全面的关系、多方面的需要以及全面的能力的体系"均是物化的，以物的独立性为表现形式。

"全面的关系"指的是人的发展通过全面的、以个人身份进行的交往关系的建立，在总体上出现广泛的可能性，人的能力在总体上获得广泛的拓展，形成"全面的能力的体系"，当然，这种能力体系是与社会

---

① 《马克思恩格斯全集》第46卷（上册），人民出版社1979年版，第103—104页。
② 《马克思恩格斯全集》第46卷（上册），人民出版社1979年版，第105页。
③ 《马克思恩格斯全集》第46卷（上册），人民出版社1979年版，第110页。
④ 《马克思恩格斯全集》第46卷（上册），人民出版社1979年版，第105页。

生产力的发展程度相一致的。"多方面的需求"指的则是人的需要随着生产能力的发展而不断产生和不断满足。这些都是在描述人在社会中发展得怎样，但，却是站在人作为类这样一个整体的角度。也就是说，从总体上来说，人类社会发展的第二个阶段较之前的"人的依赖性社会"取得了这样、那样的进步和发展；然而，对于具体的个人而言，情况就大不一样了。从自然经济到商品经济，从直接的人身依附关系到获得相对的独立性，这是历史的进步。同时还要看到，"如果这个人的生活条件使他只能牺牲其他一切特性而单方面地发展某一特性，如果生活条件只提供给他发展这一种特性的材料和时间，那末这个人就不能超出单方面的、畸形的发展"①。所以，在"物的依赖性社会"形态中，个人仍然无法实现全面的解放和自由的发展，不能实现能力的全面提升、社会关系的全面占有，以及人之为人自由本性的生成。相反，个人在社会中的发展以及发展得怎样要以占有"物"的多少为标识尺度。

人们通过教育又能实现怎样的一种占有呢？伴随社会的不断发展，人们的社会地位怎样，以及如何实现社会地位的改变与阶层的跨越，通过接受教育，获得一定的学历文凭可算是其中公认的一条途径。这种认同甚至演变为一种对学历过度的迷信与崇拜，究其根本原因，是教育具有对个人社会身份的赋予功能。首先，从社会发展的角度来讲，在社会发展需要大量人才的历史时期，学历具有一种天然的识别筛选功能，可以将所需人才快速地从众多人才中筛选出来，从而提高人才选用的效率，相对节约成本。其次，从个体成长的角度而言，学历在一定程度上决定着个体参与社会生活、起始收入水平、获得一定的社会地位等。因此，很多人将获得学历视为通向更好就业机会、更高工资收入和更高社会地位的有效途径，甚至还有些人将谋求学历视为获得社会财富的手段。如此一来，人通过教育获得技能和本领，实现发展的目的就演变成为获得工作收入和社会地位的手段。换言之，目的与手段颠倒了，教育领域出现异化问题。"表面上看，大众的文化水平提高了，许多人的社

---

① 《马克思恩格斯全集》第3卷，人民出版社1960年版，第295—296页。

会地位改善了，教育事业繁荣了，但教育内在的追求呢？教育真的是朝着它的目的、它的理想方向前进了吗？无论是从别国学历社会曾有过的经历，还是从我国的'文凭热'中已潜藏着的某些病灶及其症候来看，有一些现象十分值得注意。"①

人类社会发展的第三个阶段是"建立在个人全面发展和他们共同的、社会生产能力成为从属于他们的社会财富这一基础上的自由个性"②，即共产主义社会。马克思认为，在人类社会发展的第三个阶段中，"表现为生产和财富的宏大基石的，既不是人本身完成的直接劳动，也不是人从事劳动的时间，而是对人本身的一般生产力的占有，是人对自然界的了解和通过人作为社会体的存在来对自然界的统治，总之，是社会个人的发展。现今财富的基础是盗窃他人的劳动时间，这同新发展起来的由大工业本身创造的基础相比，显得太可怜了。一旦直接形式的劳动不再是财富的巨大源泉，劳动时间就不再是，而且必然不再是财富的尺度，因而交换价值也不再是使用价值的尺度。群众的剩余劳动不再是一般财富发展的条件，同样，少数人的非劳动不再是人类头脑的一般能力发展的条件。于是，以交换价值为基础的生产便会崩溃，直接的物质生产过程本身也就摆脱了贫困和对立的形式。个性得到自由发展，因此，并不是为了获得剩余劳动而缩减必要劳动时间，而是直接把社会必要劳动缩减到最低限度，那时，与此相适应，由于给所有的人腾出了时间和创造了手段，个人会在艺术、科学等等方面得到发展"③。

人类社会发展的第三阶段以第二个阶段为前提和条件，绝对不会跨越第二个阶段而到来。这是因为"物的依赖性社会"作为人类社会发展的高级阶段，是历史发展的必然结果，是现代社会的基本特征，具有值得肯定的历史合理性和进步性。然而，"物的依赖性社会"因其全面的物化和异化而注定要被更高级的社会形态所代替。因此，这就意味着自由个性的社会是以人的全面发展为基础的。所谓自由个性，指的是人不仅

---

① 陈振中：《新的牢狱与教育的异化》，《社会》2001年第8期。
② 《马克思恩格斯文集》第8卷，人民出版社2009年版，第52页。
③ 《马克思恩格斯选集》第2卷，人民出版社2012年版，第783—784页。

第三章 教育异化现象的历史分析

摆脱了人的依赖关系，而且摆脱了物的依赖性，真正地、自由地存在和发展自身，按照自己的个性特点自由地安排自己的生活和活动。要达到这样的社会形态和发展阶段，其前提必定是奠基在生产力发展基础之上的人的全面发展。对此，马克思指出："全面发展的个人——他们的社会关系作为他们自己的共同的关系，也是服从于他们自己的共同的控制的——不是自然的产物，而是历史的产物。要使这种个性成为可能，能力的发展就要达到一定的程度和全面性，这正是以建立在交换价值基础上的生产为前提的，这种生产才在产生出个人同自己和同别人相异化的普遍性的同时，也产生出个人关系和个人能力的普遍性和全面性。"①

人类社会发展的第三阶段以"物的依赖性社会"为基础和前提。在人的依赖性社会形态中，个人表现出某种程度的丰富性和普遍性，教育作为社会实践活动与人类的生产生活共生共长，这种丰富性是原始的、未得到充分发展的。与其对比，第三阶段的自由个性是在消除和扬弃异化的基础上，生产力得到全面发展的前提下的普遍性和丰富性。而且，自由个性不仅仅指的是人们获得政治上的自由，享有自由的权利，同时，还指人们能够控制自己的社会关系和自己的能力。人作为类存在物全面占有自己的类本质，实现存在意义上的彻底自由。所以，物的依赖性社会尽管具有极为重要的积极意义和历史价值，然从更为长远的人类发展前景来看，它注定成为一个过渡性的发展阶段。这一过渡不仅表现为生产力的巨大发展和社会关系的深刻变革，为扬弃异化提供物质保障；同时，意味着人的全面解放和自由发展的逐步实现，进入人类社会的"自由王国"。"自由王国只是在必要性和外在目的规定要做的劳动终止的地方才开始；因而按照事物的本性来说，它存在于真正物质生产领域的彼岸。……在这个必然王国的彼岸，作为目的本身的人类能力的发挥，真正的自由王国，就开始了。但是，这个自由王国只有建立在必然王国的基础上，才能繁荣起来。"②

---

① 《马克思恩格斯文集》第8卷，人民出版社2009年版，第56页。
② 《马克思恩格斯文集》第7卷，人民出版社2009年版，第928—929页。

展望未来发展前景，反思当前教育领域的诸多问题，现代生产方式将教育等同于知识，过度强化知识的极权地位，使其成为决定个体生活命运的主体性存在。"为了知识，人们忘却了自己，忘却了生活，甚至牺牲了自己和自己的生活。试看今天的学校，知识学习在各种体制和制度的支撑下，不是已经成为支配学生生活的全部目的了吗？人们为它而生、为它而死，甘心情愿受它的肢解、为它所宰割。于是就产生了这样的结果：知识得到之时，也是人自身、人的生活被异化之时。这是教育的悲哀！"① 与此同时，现代社会以发达的工业和先进的科学技术最为显著，而"发达工业社会的显著特点是，它有效地窒息了那些要求解放的需求——也是从可容忍的、报偿性的和舒适的东西中解放出来——同时他维护和开拓富裕社会的破坏力和压制性功能"②。这就是说，作为工具理性重要标志的技术将人作为实现其目的的人力物质，"当人们宣布现代技术的积极成就时，就必定会失去一种易于理解的、具有直接意义的生活方式。由技术所引起的异化，就是为肉体上的舒适和增强利用物质世界的能力必须付出的代价。为了能够实际利用机械过程所增加的效率，人们必须屈从于它们的内在逻辑"③。所以，在现存的历史条件下，教育的发展无法超出时代发展的局限，宏观层面的工具化教育、中观层面的教育不公平问题，或微观层面的规训化教育均具有一定的历史必然性，诸如此类教育异化现象的消除和扬弃必须将其置于人类社会发展的历史形态中分析与考察。

第三节　当前教育不公平问题的成因分析

有学者曾言："当代教育理想的建构，要以人性的完满性为引导，

---

① 鲁洁：《一个值得反思的教育信条：塑造知识人》，《教育研究》2004年第6期。
② [美]赫伯特·马克库塞：《单向度的人——发达工业社会意识形态研究》，张峰、吕世平译，重庆出版社1988年版，第8页。
③ [德]弗里德里希·拉普：《技术哲学导论》，刘武等译，辽宁科学技术出版社1986年版，第126页。

以体现人的完整性的具有功能统一性的现实生活世界为根基",同时,在这个基础之上"既反对现代教育发展中所出现的过于工具化、功利化的倾向,而忽略教育的理想、教育的终极追求;也反对无视教育赖以生存和发展的现实根基的脱离实际的浪漫主义的教育理想"①。所以,从历史的角度来看教育异化现象,其发生、加剧、扬弃和消解,均需特定的历史条件,以特定的生产力发展程度和特定的社会形态为前提和基础。当然,任何一种教育异化现象的出现都是多种因素交互作用的结果,教育外部的经济、政治、文化等因素,同时,教育内部理论研究在一定程度上失之偏颇,尤其当前最为凸显的教育不公平问题。现阶段的教育不公平已经由之前对教育权利、教育机会的竞争发展为对教育资源特别是对优质教育资源的争夺。

一 我国教育公平发展的历史追溯

我国的教育事业在中国共产党的领导下经历了锚定方向、改造建设、改革开放、续写新篇的伟大征程。十月革命一声炮响,不仅为中国革命送来了马克思主义,带来民族的希望;而且,为中国教育事业的发展提供了新的理论思想。"五四运动的领导者李大钊、陈独秀以及他们主办的《新青年》杂志,大力宣传马克思主义,同时介绍宣传苏俄的教育思想和教育制度。1921年《新青年》第8卷2号、4号和5号的'俄罗斯研究'专栏里,刊登了《苏维埃的平民教育》、《苏维埃的教育》、《俄罗斯的教育状况》、《革命的俄罗斯底学校和学生》、《俄国底社会教育》等文章,介绍十月革命后俄罗斯的教育改革。"②之后,杨贤江等教育理论家用马克思主义研究中国青年教育问题,用历史唯物主义剖析教育现象,其于1930年出版的《新教育大纲》是中国第一部用马克思主义原理阐述教育理论的书籍,为马克思主义教育学理论在中国

---

① 尹艳秋:《必要的乌托邦:教育理想的历史考察与建构》,福建教育出版社2014年版,第10、17页。
② 顾明远:《从新民主主义教育到社会主义教育——纪念中国共产党成立90周年》,《教育研究》2011年第7期。

的发展奠定了基础，促成了"民族的、科学的、大众的"中国教育目标和方向的根本确立。新中国的成立开始了中华民族的新纪元，教育事业作为社会发展的子系统，不仅接受了社会主义的新改造，而且，在党的领导下建立了一个新的教育体系，扫除了世界上人口最多的文盲群体，开创了社会主义教育事业的新篇章。

改革开放时期，教育改革作为改革开放的先行者和助力者，主动适应社会主义市场经济，服务"四个现代化"建设，为社会主义事业培养输送各级各类合格人才，确定了面向21世纪社会发展的战略指导方针。1997年《关于当前积极推进中小学实施素质教育的若干意见》的出台，标志着推行素质教育已经刻不容缓。素质教育的开展与推行体现了教育本真价值的回归。党的十八大以来，让人民满意的教育目标、优先发展教育的战略部署，"培养什么人、怎样培养人、为谁培养人"时代问题在新的历史征程中推动教育事业迈向现代化，以让人人都能享受到公平而又有质量的教育。

教育公平是社会公平的基础。在一个一穷二白、人口众多、发展不平衡的国家里建立起世界上最大规模教育体系是推动教育公平进程最生动的说明："比如，2019年学前教育毛入园率达到83.4%，比上年提高1.7个百分点；小学学龄儿童净入学率99.94%，小学大班额比上年减少6.36万个、超大班额比上年减少6444个；初中阶段毛入学率达102.6%，比上年提高1.7个百分点；高中阶段毛入学率89.5%，比上年提高0.7个百分点；高等教育毛入学率51.6%，比上年提高3.5个百分点。"[①] 教育公平是一个动态的、历史的范畴，它综合特定社会经济发展的给定条件与时代需求后作出制度安排，这使得教育公平在存在国别差异的同时，又在同一国度内呈现出明显的阶段性特征。我国的教育事业结合不同历史背景和社会发展任务，分阶段、有侧重地提出不同时期的教育公平内容并不断践行，推动教育公平实现了四次跨越式发

---

① 教育部：《2019年全国教育事业发展统计公报——全国各级各类教育事业取得新进展》，《中国教育报》2020年5月21日。

展：受教育权从特权向人权的转变、从法律意义上的平等向现实意义上的平等发展、从教育权利平等到教育机会均等、从数量公平走向质量公平。而且，在具体推进教育公平的工作安排中，各种具体的教育公平内容并非单一式发展，而是全面综合的、相互交叉重叠的，只是在不同的历史时期呈现出不同的侧重点。

首先，以法律为保障，推动受教育权从特权向人权的转变。20世纪早期，在我国，受教育是某些特定阶级、阶层的特权，并不属于普通老百姓。那么，以法律为保障，将受教育的这种特权从特定阶级、阶层的手中转化为普通人的权利就成为当时推动教育公平进程的重中之重。1922年7月，中国共产党第二次全国代表大会上颁布了教育纲领："废除一切束缚女子的法律，女子在政治上、经济上、社会上、教育上一律享受平等的权利。"1931年中华苏维埃共和国宣告成立，第一次全国工农兵代表大会上庄严宣告："工农劳苦群众，不论男子和女子，在社会、经济、政治和教育上完全享有同等的权利和义务。"抗日战争时期的文化教育政策旗帜也是非常鲜明，"不分阶级、不分民族、不分党派、不分信仰、不分性别、都有受教育机会平等的权利和义务。"

新中国成立之后"向工农开门"的教育政策，以及取消干部子弟学校，转向普通居民子弟开放；1977年高考的恢复，政治审查的及时调整；1986年《义务教育法》的颁布，之后《扫除文盲工作条例》《残疾人保障法》《未成年人保护法》《妇女权益保障法》等相关法律法规相继出台。自此，我国形成以宪法为总纲、教育法为基本、相关法律为依据、教育行政法规条例为补充的保障公民受教育权的法律制度体系，使受教育权从某些阶级阶层的特权转化为人权。受教育权作为人权，废除了性别、种族、身份、地位、职业、财产、民族等附加条件的限制，体现了社会对所有成员的一视同仁，对个体作为公民和人本身的肯定和尊重。所以，保障受教育者的教育权利，是教育公平的基本要求和第一要义。

其次，以普及为载体，推动教育权利从"有法可依"向"有学可上"的实现。完善的法律制度体系并不能确保公民的受教育权执行落地，因此，只有以普及为载体的、完备的教育体系才能使公民切实地接受义务教育，享有受教育权。为了创设普惠型教育体系，我国一方面扩大了受教育群体的范围，"普及教育运动之最大使命，便是把这个钥匙从少数人的手里拿出来交给大众"①。过程漫长且曲折，从最初的"劳动农工的子弟得受免费的义务教育""一切工农劳苦群众及其子弟，有享有国家免费教育之权"到"文化大革命"之后面向全体、面向人人的公益性、普惠性教育体制逐步建立，直至20世纪末，九年义务教育基本普及目标的完成，我国的"教育总体发展水平进入世界中上行列"，这意味着受教育权一步一步切实地落到普通群众的手里。另一方面，提升受教育的程度。教育的普及程度从最初的初等教育扩展到九年义务教育并逐渐延伸到高中，从1980年国务院作出《关于普及小学教育若干问题的决定》到《义务教育法》中以法律的形式确定九年义务教育，再到"两基"目标的实现，将普及程度延伸至高中。此外，丰富受教育的类型。进一步推动教育的公益性和普惠性在学前教育、职业教育以及高等教育等各级各类教育扩展。2010年以来，国家集中力量扩大学前教育资源，着力解决"入园难"的问题；2005年以来大力发展职业教育；1998年高校扩招，2002年高等教育毛入学率达到15%，高等教育迈向大众化。

再次，以补偿为切入点，推进教育公平从"有学可上"到"一个也不能少"。伴随义务教育的普及化发展，社会各界对教育公平的关注以及诉求已经不再是简单的入学机会问题，而是发展为通过社会的补偿机制来满足弱势群体的受教育权的问题。国内外不少学者对教育公平进程中所应遵循的原则作过经典的论述，如最为人们熟知的美国学者罗尔斯提出的"适合于最少受惠者的最大利益"原则等。在我国，随着从1986年起实行九年义务教育制度，教育公平的基本主题由教育权利平等转变为通过普及和扩大教育，追求教育机会均等、从不公平（教育权利）转到不均衡（教育机会）。尤其是改革开放以后，"效率优先，兼顾公平"的社会发展思路投射到教育领域最终导致地区之间、城乡

---

① 陶行知：《教育的本质》，陈彬编，湖南人民出版社2019年版，第109页。

之间越来越大的教育差距，成为这个时期教育公平进程中的突出问题，因此，以补偿为切入点，对弱势群体进行补偿教育成为推进教育公平的重点工作。

在这项工作计划中，第一，国家出台一系列政策文件促进义务教育的均衡发展。例如，2005 年，教育部印发《关于进一步推进义务教育均衡发展的若干意见》，第一次将均衡作为义务教育发展的指导思想和发展方向。2006 年，新修订的义务教育法提出，"国务院和县级以上地方人民政府应当合理配置教育资源，促进义务教育均衡发展"，第一次把促进义务教育均衡发展上升为各级政府的法定义务。2007 年，党的十七大报告提出，"促进社会公平正义，努力使全体人民学有所教"，"促进义务教育均衡发展"。这是党的政治报告中第一次提出"义务教育均衡发展"思想。[1] 2012 年国务院《关于深入推进义务教育均衡发展的意见》印发，更是为义务教育实现更高水平、更高质量的均衡注入了强大动力。2016 年 5 月 20 日，中央全面深化改革领导小组第 24 次会议通过《关于统筹推进县域内城乡义务教育一体化改革发展的若干意见》，着力解决"乡村弱"和"城镇挤"的问题。[2] "2017 年，《县域义务教育优质均衡发展督导评估办法》应运而生，从资源配置、政府保障程度、教育质量、社会认可度等方面，提出 31 项具体指标。这不仅意味着我国义务教育发展有了新坐标，而且对"群众满意度这一指标的凸显，更是彰显了鲜明的民生特性"[3]。

第二，国家高度重视经济条件困难、入学难的家庭，并出台相应政策对其进行资助，逐步建立起完善的资助政策体系。比如，"1999 年召开的全国教育工作会议强调要增加'对贫困家庭的教育资助'，2002 年党的十六大报告提出要'完善国家资助贫困学生的政策和制度'，2012

---

[1] 《义务教育均衡发展的历史新征程——从基本均衡到优质均衡的推进之路》，《中国教育报》2019 年 12 月 19 日。

[2] 《义务教育均衡发展的历史新征程——从基本均衡到优质均衡的推进之路》，《中国教育报》2019 年 12 月 19 日。

[3] 《义务教育均衡发展的历史新征程——从基本均衡到优质均衡的推进之路》，《中国教育报》2019 年 12 月 19 日。

年党的十八大要求'提高家庭经济困难学生资助水平'。"① 为了从制度上确保"不让一个学生因家庭经济困难而失学",我国已经构建起从学前教育到研究生教育所有学段全覆盖、公办民办学校全覆盖、家庭经济困难学生全覆盖的世界上最为完善的资助体系。第三,资源配置向弱势群体倾斜的政策。这不仅体现在国家将农村教育作为教育工作的重中之重,而且明确提出将新增的教育经费主要用于农村教育事业的发展。2015年印发的《国务院进一步完善城乡义务教育经费保障机制的通知》强调,"继续加大义务教育投入,优化整合资金,盘活存量,用好增量,重点向农村义务教育倾斜,向革命老区、民族地区、边疆地区、贫困地区倾斜,统筹解决城市义务教育相关问题,促进城乡义务教育均衡发展。"② 其中,"贫困地区的义务教育工程的投入就超过了100亿元,成为新中国成立以来中央级专项资金投入最多、规模最大的义务教育扶贫工程"③。

最后,新时代,推进教育公平从"一个也不能少"到"每一个都成功",实现每一个个体都能享有公平又有质量的教育。教育公平的进程涵盖两个方向,一是延伸教育公平的广度,即提高教育公平的普及程度,扩大教育公平的受惠人群;二是拓展教育公平的深度,即从单一的起点公平、机会公平到公平又有质量的优质化教育发展。因为,"没有优异的公平是空洞的成就,没有质量的数量是未兑现的承诺。"④ 对公平又有质量的教育的追求由来已久,比如,1985年《中共中央关于教育体制改革的决定》提出,"教育体制改革的根本目的是提高民族素质,多出人才、出好人才"⑤,而在教育资源稀缺、教育尚未普及的时代,公平意味着人人都应享有受教育机会,至于人人都应享受到较高质量的教育,则只能按照在普及的基础上逐步提高的原则。近十年以来的

---

① 袁振国:《教育公平的中国之路——庆祝中华人民共和国成立70周年专论》,《中国教育报》2019年9月20日第1版。
② 国务院:《关于进一步完善城乡义务教育经费保障机制的通知》2015年11月28日。
③ 朱永新:《追寻公平而有质量的教育》,《中国教育报》2018年3月8日第7版。
④ 史静寰等:《当代美国教育》,社会科学文献出版社2012年版,第1页。
⑤ 《中共中央关于教育体制改革的决定》,1985年5月27日。

《政府工作报告》中涉及教育的关键词也能深刻地反映这一点，2010—2014年的教育关键词分别为"优先发展教育事业""坚持优先发展教育""继续推进教育优先发展"；从2015年开始则转向了"质量"："发展更高质量更加公平的教育""办好公平优质教育""发展公平而有质量的教育""发展更加公平更有质量的教育""推动教育公平发展和质量提升"。伴随时代的发展，教育供给日益充足，"数量"的问题得到了基本解决，人们对"质量"的诉求逐渐凸显，因此，国家适时提出"努力让每一个孩子都能享有公平而有质量的教育"，这既是对新时代教育公平宏伟蓝图的具体描述，也是国家对人民的庄严承诺。

二 当前教育不公平问题的形成原因

争夺教育资源，尤其优质教育资源成为当前教育不公平现状的主要问题，这一问题伴随社会发展不断加剧。一方面，只有社会劳动生产率提高到一定程度，才会有更多的人享有更长年限、更多形式的教育；另一方面，随着社会生产力的高速发展，生产工具的日新月异，社会对劳动者的业务素质和生产能力提出更高的要求，这就要求越来越多的人花费更长的学习时间来获取能够适应社会发展的素质和能力。

导致教育资源配置不均衡，进而造成教育不公平的原因是多层面的，既有社会长期发展的历史积淀，又有迎合社会发展教育政策的偏向与倾斜；既有长期教育经费投入的严重不足，又有对社会弱势群体缺乏足够的教育补偿；等等。社会历史的长期发展形成了地区、区域间经济发展、教育发展截然不同的初始条件。众所周知，我国地域广阔，自然条件不一，既有富饶的"鱼米之乡""天府之国"，又有"大荒沉沉飞雪白"的"不毛之地"。由于气候、交通、地理位置等自然条件的差异及资源分布的不均衡，我国各地区经济、教育发展存在很大差异。经济发展的差异必然会直接影响和制约教育的发展，尤其改革开放以来，东西部经济社会的发展严重不同步，这种差距同时投射在教育领域，体现为区域间严重失衡的教育资源配置。改革开放初期，支持和鼓励东部沿海一部分基础较好、具有地缘优势的地区优先发展，使得境内外资金主要流向东部沿海地区和城市，区域经济发展的失衡必然导致教育发展的失衡，教育发展的不平衡又进一步导致经济发展的悬殊日益拉大，然后，这种悬殊的经济发展水平直接导致各地区间差异化的教育投入。与此同时，从传统的教育观念来看，千百年来"学而优则仕"一直是"读书人"的强大学习动力，科举考试、官本位的教育价值观成为民间向学的价值依归，普通民众希望通过教育考取功名，从而实现阶层的跨越。尽管"万般皆下品，唯有读书高"的舆论导向发挥着一定的积极作用，然而，教育的工具性目的进一步彰显，轻视教育其他功能的弊端尽在意料之中。

教育政策的偏向与倾斜是导致教育资源配置不均衡，进而造成教育不公平的重要因素。在教育资源尤其是优质教育资源短缺的历史背景下，社会发展"效率优先"的价值原则无形之中成为教育发展的价值取向。我国在改革开放之前相当长一段时期内，经济发展水平有限，教育资源的供给不足严重影响了不同地区之间的资源分配。后来，为了尽快扭转特殊时期所造成人才青黄不接的历史事实，恢复高考制度，但限于教育资源不足的现状，一批重点学校和重点班级应势而生。不得不说，重点学校和重点班级在特殊的历史时期起到了一定的积极作用，在一定程度上迎合了传统文化与特殊历史时期对精英人才的大量需求。然而，伴随社会历史的快速发展，人力资源市场机制配置相应地发生变化，就业竞争日趋激烈，激烈竞争带来的压力等诸多连带影响由教育链条传递到基础教育，以致高考和中考等选拔性的考试开始发挥其本身本不该有的"指挥"作用，且愈演愈烈。尽管不合规律与理性，然而，却能为社会和家长所认同和接受，反映到教育系统中则表现为基础教育领域内越来越失衡的资源配置。重点学校利用充足的教育经费改善办学条件，更新教学设备；吸引和选聘高级教师、骨干教师和优秀毕业生来巩固师资力量；在招收录取新生时享有择优录取权；课程设置相对丰富。尽管国家已经明文规定取消重点学校和重点班级的设置，但是，该政策所产生的后续社会影响仍然存在，并且不会在短时间内消失。

重点学校和重点班级的设置要追溯到新中国成立之初，面临百废待兴的社会建设，各行各业人才极度缺乏，"为了在极度的资源约束下尽快培养人才，基础教育领域出现了'重点校'制度"①。该制度下的重点学校的入学机会主要遵从"能力"原则，即优质教育机会分配遵循一种"能力决定机制"。这种能力不仅包括学生通过上培训班、奥数班等所发挥出来的超强学习能力，而且，包括家庭通过各种社会关系或者缴纳择校费、赞助费等形式千方百计使子女获得"重点校"的入学机会。因此，这种制度无形之中不仅给学生造成不必要的竞争和过重的学习负担，迫使学生成为一架学习机器，周而复始；同时，也不可避免地使一部分社会经济地位较低的家庭对"重点学校"望而却步，被重点学校拒之门外，无法获得优质教育资源的机会，进而造成教育不公平。20世纪80年代中期，为了规避"重点校"制度带来的种种弊端，基础教育领域开始实行义务教育阶段"就近入学"政策，即适龄儿童、少年按照户籍所在地就近到指定的行政规划学区接受义务教育，实行划片入学，不得跨学区择校。然而，这是否就意味着家庭在择校问题上没有了自由空间了呢？

根据调查显示，选拔性考试、特长、买房转户口等形式成为义务教育阶段入学过程中新的门槛，其中，通过买房转户口获取优质教育机会的比例达到了26.07%，超过了通过选拔性考试和特长方式择校的比例。由此可见，"就近入学"政策落到实处时就演变成"通过买房而择校"家庭经济实力的较量。该政策将适龄儿童户口所在片区与对应学校挂钩，随之客观地推升了"重点学校"所对应片区的住房价格。以北京为例，由于历史传统和城市规划的问题，北京中小学优质教育资源主要集中在西城、东城和海淀三个城区，强劲的需求和稀少的房源致使该三个城区的"学区房"价格节节攀升。将"择校"演变为"择房"，是望子成龙家长对"就近入学"政策的一种无奈妥协，也是教育资源分配不均衡、不公平的一种真实反映。

---

① 吴愈晓：《教育分流体制与中国的教育分层（1978—2008）》，《社会学研究》2013年第4期。

作为国家的公益性事业，基础教育在发展的过程中被过度的"市场化"和"资本化"，这不仅会加速教育资源分配的不公平、不均衡，还会加剧社会阶层的固化。从经济学的角度来讲，在基础教育的服务市场中，地方政府以及各类学校是教育产品的供给者，家庭是教育产品的需求者，而每个家庭的经济收入以及对教育产品的偏好选择不尽相同，因此，在不断市场化和资本化的教育服务市场中，更好的教育产品，即重点学校的优质教育资源就会受到大多数家庭的偏好和青睐。那么，在能够自由选择居住区域的前提条件下，居住区域的最终选择反映出家庭在公共服务成本与收益之间的一种权衡，即拥有更高经济收入或者具有更高支付能力以及对公共服务质量偏好更强的家庭，一般选择居住在公共服务数量和质量更多更好的辖区。伴随高收入群体不断聚居在公共服务更多更好的辖区，该辖区住房的供给量不断下降，甚至出现供不应求的情况，其结果必定是房价上涨。如此一来，基础教育的服务市场就与房地产市场关联在一起，基础教育服务市场也就潜在地被"资本化"了。

高收入群体向拥有优质教育资源以及良好公共服务的辖区的持续聚居，将进一步推升该辖区及其周边区域的住房价格，间接地迫使低收入群体逐渐搬离或者远离该辖区。那么，在"就近入学"政策的划分机制下，最终演变成为一种以居住空间和公共服务受益范围上群体划分——拥有相似职业、社会经济地位的群体聚居在同一个辖区，享有优质的教育资源和公共服务资源。这就是中国俗语所言的"物以类聚，人以群分"。这种无形之中的群体划分是不利于社会的和谐发展以及阶层的正常流动的。"比如针对上海市一个区的调查发现，在有些好中学里，80%的学生家长是处级以上国家干部，而在有些中学没有一位家长是处级以上国家干部。这种社会经济地位较高的家庭通过所拥有的各种资本占据优质教育资源并逐渐垄断的行为，进一步加剧了教育机会分配的不均等和社会固化。"[①]"就近入学"政策最初通过限制缴纳择校费、

---

① 郑磊、王思檬：《学校选择、教育服务资本化与居住区分割——对"就近入学"政策的一种反思》，《教育与经济》2014年第6期。

赞助费等的择校方式以期缓解家庭之间因为社会经济地位和权势不同而导致的教育机会分配过程中的不公平现象,之后演变成为通过购买房产实现择校目的,将基础教育优质资源与家庭经济实力挂钩,进而影响到教育机会的公平分配,限制教育的均衡发展。而且,"简单化的禁止择校的就近入学政策将加剧按照家庭社会经济地位分配教育机会的社会固化"[①]。对此,根据问卷调查和访谈等性质研究方法显示,以北京为例,"受访者在小学阶段时由于商品房市场并不成熟、以房择校尚不普遍,因此朋友圈子的异质性程度较高,伙伴来自各种家庭背景。但是到了他们接受初中和高中教育的时候,随着商品房市场的逐渐成熟、以房择校的日益普遍,受访者朋友圈子的同质性程度越来越高。这种基于家庭背景出现的学生之间的群分现象不仅体现在不同'档次'的学校之间,也体现在同一学校内部通过不同方式入学的群体之间"[②]。

不言而喻,"重点校"制度在一定的历史时期发挥了一定的积极作用,"就近入学"政策也在一定程度上缓解了基础教育领域资源分配不公平和不均衡的发展状况,然而,"重点校"制度却对教育自身的长远发展产生负面影响;而且,如若缺乏进一步的机制设计和干预,"就近入学"政策下的优质教育资源的优先选择权将会源源不断地流向社会经济地位较高的家庭。时至今日,当社会发展对人才的需求不再渴求数量,转而开始诉求质量的时候,教育领域中唱响了"素质教育"的时代号角。伴随基础教育的转型发展,重点学校和重点班级也终将落下帷幕,2021年8月18日,《北京市关于进一步减轻义务教育阶段学生作业负担和校外培训负担的措施》正式发布,学校不得利用国家法定节假日、休息日及寒暑假期,组织义务教育阶段的未成年学生开展任何形式的集体补课,不得组织任何形式的招生、分班考试,严禁划分重点班、实验班。"积极开展义务教育优质均衡创建工作,持续深化集团办学、学区制管理,促进

---

① 郑磊、王思檬:《学校选择、教育服务资本化与居住区分割——对"就近入学"政策的一种反思》,《教育与经济》2014年第6期。
② 郑磊、王思檬:《学校选择、教育服务资本化与居住区分割——对"就近入学"政策的一种反思》,《教育与经济》2014年第6期。

教育全要素有序流动，努力实现教学、队伍、资源的全区域统筹。加快城乡一体化学校和市级统筹优质学校建设。充分激发学校办学活力，扩大优质资源覆盖面，缩小城乡、区域、学校间的教育水平差距，整体提升学校育人能力，促进义务教育优质均衡发展。"[①] 所以，无论是城乡之间基础教育发展得不够均衡，还是某一地区内校际之间的不公平问题，归根结底是因为优质教育资源的稀缺问题。

《教育大辞典》中是这样定义教育资源的："教育资源亦称'教育经济条件'。教育过程所占用、使用和消耗的人力、物力和财力资源。即教育人力资源、物力资源和财力资源的总和。"[②] 目前我国学界界定教育资源主要是从显性的人力、物力、财力和技术等资源与隐性的办学经验、校园文化、学校制度、学术声誉等两个方面。其中，教育资源的显性因素是实现学校正常运行的基本保障；隐性因素则是帮助学校实现人才培养的核心要素，以及保证学校能够吸纳优质生源、稳步长远发展、增加学校公信力的重要支柱。因此，优质的教育资源具有先进的教育理念、一流的教学水平、丰富的办学经验、高校的管理模式、优质的教材课程、优秀的师资队伍等等。

当前我国基础教育领域，义务教育阶段出现的"择校""学区房"等，其实质是优质教育资源的竞争和比拼。优质教育资源的稀缺性和配置不够均衡主要是因为优质资源生成的长时性，"教育资源从产生走向优质首先是一个创造的过程，其次是优化的过程，再则是接受检验评价从而最后成为优质的过程"[③]。所以说，优质教育资源的生成不是一蹴而就的结果，而是一个诸多因素融合发展的漫长过程；是一个天时、地利、人和相互促进、相互作用的结果。那么，避免由于资源配置不均衡导致教育不公平的教育体系就应该是一个均衡发展的、一种多样化教育形式并存，允许个体自由选择的体系。因为，多样化才有可能满足不同

---

① 中共北京市委办公厅、北京市人民政府办公厅：《北京市关于进一步减轻义务教育阶段学生作业负担和校外培训负担的措施》，2021年8月14日。
② 顾明远：《教育大辞典》（增订合编本），上海教育出版社1998年版，第799页。
③ 何雪峰：《试析优质教育资源的特征》，《基础教育研究》2010年第3期。

家庭和学生的异质性需求。因为,允许自由选择才可以让家庭和学生的偏好更好地获得满足。

能够推动教育公平落实到地的教育体系是一个均衡发展的、多样化教育形式并存,允许个体自由选择的体系,然而,悠久的传统历史文化和特定的社会性质不仅造就了我国独特的教育环境,而且塑成了"学而优则仕"这一亘古不变的教育理念。自古至今,一代又一代的人们通过接受相对于职业教育的"普通教育"来实现人生的梦想和终极的角色定位及阶层划分。所以,符合各个时代主流价值的普通教育也就成为人们学历、工作以及生活筛选和划分的工具,这一筛选工具发展至今天就是高考。秉持"学而优则仕"教育理念的人们将人生的成功——拥有较多的经济资本、较高的社会地位和文化知识——与接受高等教育自然地关联在一起,接受高等教育最直接的方式就是通过高考,进而实现高学历和好工作,达成经济、社会、文化资本的无限增值。所以,在万人拥挤的高考独木桥体制下,义务教育阶段本就稀缺的优质教育资源就显得更加珍贵和抢手。在职业教育还没有发展到被人们普遍看好和欣然接受的当下,筛选机制的单一化也就难免造成教育机会的不公平和过程的不公平。比如,高考作为全国性的选拔考试,各省均有自己的招生计划,各高校一般会采取对于省内考生的优惠政策,因为,高校作为社会组织享受着本地的各种有利资源,对本地考生的分数优惠可以理解,然而,这对外地考生来说就是一种潜在的机会的不公平。同时,教育过程中也存在不同程度的不公平。因为,高考是各省命题,教材以及各种客观环境上的迥异很难保证高考命题的难易程度绝对一致。另外,家庭资本的代际传递对教育机会的公平也会产生深刻的影响。家庭资本分为经济资本、社会资本和文化资本,也就是家庭背景的不同会直接造成教育机会的不同。

教育经费的投入长期严重不足,在一定程度上说明了政府职能的发挥存在问题。社会发展中弱势群体教育权利和教育机会的获得也是教育不公平问题的一大体现,政府在肆意追求教育效率的发展过程中,对弱势群体的教育补偿和经费投入严重不足。这不仅意味着政府职能的缺位或者错位，而且，意味着教育法规体系的覆盖不够全面，执法力度欠缺。政府职能的"缺位"体现在对法律规定的义务教育这一公共服务品投入严重不足，不符合建设公共财政框架体系的要求；对弱势群体的教育补偿和优先扶持力度不够；政府未能对教育与人力资源开发监控体系起到应有的规范和引导作用。同时，国家的教育法律法规体系应该具有立法体系的完整性、立法范围的广泛性、法律内容的适应性、立法执法的严肃性和法律责任的明确性。目前，我国宏观教育法规及微观教育，特别是学校教育管理法规严重缺失，同时，缺少一些专业性强、法律效能明确、独立的教育法规以及比较系统的、覆盖面广的综合性教育法规，比如缺少规范各级各类学校办学的微观学校法等，以致部分教育机构以及教育改革过程中新出现的问题均游离于具体的教育法规之外。

　　与此同时，我国高等教育资源的区域配置也呈现出不均衡的特征。首先，从东、中、西三个区域的高校分布数量来看，东部普通本科院校的比例要远远高于中西部地区，其中，东部重点高校、重点学科更是占一半以上。重点高校和重点学科是国家对高校投资的重中之重，因此，东部地区的高校资源会越来越多。其次，东、中、西区域高校的基础设施建设存在明显的差异。比如，东部相对发达地区的高校藏书量明显高于中西部的不发达地区；中西部地区在师资力量方面与东部地区也相差甚远。再次，各区域之间教育经费投入的差距更是巨大，高校之间教育资源缺少共享，这是造成区域差异越来越大的一个不容忽视的原因。由于高等学校的发展与所在地区的经济、政治、文化、历史和自然条件等诸多因素存在显著的相关性，所以，任何一个历史时期的教育的发展均受到当地社会生产力和科学技术发展水平的制约，尤其是社会生产力的发展水平直接关系着当地高等教育资源的配置，进而影响其教育水平能否提高。影响资源配置的另一个重要因素是国家制度和政策。比如，我国教育的拨款规定是按照中央、地方（省、市、县）政府分级管理制度，对不同地区的高校资金投入存在很大不同，发达地区自然可以得到更多的优势资源。另外，地区的自然地理环境、历史文化传统等因素通过影响高校对人才、资金的吸引来影响学校软实力和硬件设施的提高与改进。

第四章　教育异化现象的理论分析

"一切历史现象都可以用最简单的方法来说明，同样，每一历史时期的观念和思想也可以极其简单地由这一时期的经济的生活条件以及由这些条件决定的社会关系和政治关系来说明。历史破天荒第一次被置于它的真正基础上；一个很明显的而以前完全被人忽略的事实，即人们首先必须吃、喝、住、穿，就是说首先必须劳动，然后才能争取统治，从事政治、宗教和哲学等等。"① 所以，教育，以传递思想文化为职责，与人类的创造和发展活动须臾不可分离，是人类社会实践活动的重要方式，受到一定历史时期的社会条件的制约。然而，教育是"人"的教育，教育能否遵循自身的价值理性实现其本真的目的，即人的全面解放与自由发展呢？教育发展的实然与应然需要一定的理论支撑和价值规约。

第一节　教育的工具理性与价值理性

一　教育的工具理性

教育作为促进社会全面发展的一个重要手段，自从成为相对独立的领域以来，便具备促进人与社会发展的职能和作用，不管是塑造教育、竞争教育，还是诊治教育，均有其不可回避的历史必然性与现实性。究其根源，首先，取决于各种教育形态所处时期的历史条件。新中国成立

---

① 《马克思恩格斯选集》第3卷，人民出版社2012年版，第723页。

之初，当政权还不够稳定、尚需进一步巩固的国情下，社会存在与建设的核心无疑是巩固国家政权；当政权稳固以后，发展经济就迫不及待地成为社会建设的第一要事，教育的发展自然也要服从于国家的经济建设。当前教育中的塑造教育、竞争教育、诊治教育大多是针对社会对人才的需求或者教育中出现的问题而相应形成的教育形态。然而，综观教育的诸种形态便可得知，尽管在不同程度上教育满足了社会发展的需求，却在一定程度上失去了自身的相对独立性，沦落为社会发展的一枚棋子，丧失了"为人"的本真价值与目的。

人们在达到自己的目的之前会综合考虑各种可能的手段及其后果，从而选择和采取效益最高的手段。所以，持有工具理性的人看重的不是行为本身的价值，而是所选手段所能达到的目的，而且，必须成本最低、收益最大。工具理性行为者常把外在的人或事物当作实现自己目的的工具或障碍，其典型表现为适应市场行为。在马克斯·韦伯看来，无论是传统的西方社会还是在东方，价值理性均占据绝对的主导地位，在西方是以教会为首的宗教信仰，在东方则是对个人道德修养的执着追求。伴随西方的思想启蒙运动，浩浩荡荡的宗教改革进行得如火如荼。在一定意义上，宗教改革可以说是西方社会的文化革命，其目的是使人们重新树立对宗教矢志不渝的虔诚与信仰。韦伯认为，宗教改革的特殊意义在于尽力排除存留于传统宗教中的经由教会、圣礼以及其他烦琐的神秘仪式获得救赎的可能，并从而使人们对宗教的信仰及行为获得一种统一的尺度以纳入井然有序的合理化的系统之中。

"第九章（论自由意志）第三条：人，由于他堕入罪恶状态，所以完全丧失了达到任何崇高的善的意志能力以及与此相伴随的灵魂得救。因此，一个自然人，完全与善背道而驰而且在罪孽中死去，便无法依靠自己的力量改变自己，或为这种善做任何准备。"

"第三章（论上帝永恒天命）第三条，按照上帝的意旨，为了体现上帝的荣耀，一部分人与天使被预先赐予永恒的生命，另一部分则预先注定了永恒的死亡。"

"第三章第五条，人类中被赐予永恒生命的，上帝在创世之前就已根据他亘古不变的意旨、他的秘示和良好愿望而选中了耶稣,并给予他永恒的荣耀,这完全是出于上帝慷慨的恩宠与慈悲,并没有预见人或耶稣的信仰、善行及坚韧,也没有预见任何其它条件或理由使上帝给予恩宠或慈悲,一切归功于上帝伟大的恩宠。"①

从逻辑上讲,这种教义是与人的能动性相悖而行的。但是,教义在告诫人们信仰宗教的同时也承认世俗的职业义务是个人德行的最高形式。也就是说,现实中人们所从事的世俗职业能够反映出上帝对个人的恩宠情况,所以,信徒们只要能够恪守职业操守,勤勤恳恳、兢兢业业就能够得到救赎。如此,新教伦理不仅促使人们对世俗事务的积极追求,而且使人逐渐形成"理性"对待世俗职业的伦理基础。在价值理性主导的传统社会里,过去,人们比较热衷于从事艺术、文学等文化高深的职业;现在,人们则更加青睐那些短时间内就能改变人生境遇的职业,如科学技术、商业经济、公共事业等等。那是因为,与文化高深的职业相比,这些职业的立竿见影的实用效果深深地吸引了人们的眼球,尤其是社会精英的眼球。在这些新教徒看来,上帝对人类最大的恩赐就是理性化,人类正是因为理性才与其他动物区别开来。而且,上帝对世间的一切进行了合理的安排,有理性的人类则有责任和义务去发现与认识这些合理的安排及其规律。

伴随宗教对科学压抑情形的逐渐转变与科学技术的进步发展,人类崇拜的对象逐渐由过去的宗教转变成今日的科学技术,尤其是那些能够使人们的生活发生改变的科学技术。可以说,科技的进步使人们的生活日新月异,人们一边崇拜着科学技术的伟大,一边奔走于应付这些转瞬即逝的变化,生活节奏的加快致使人们无暇沉思冥想,无暇顾及世俗行为的终极价值和意义,顾及日常生活行为的价值理性是什么。现实的需要和利益塞满人们的头脑空间,工具理性不仅取代价值理性在人们心中的位置,还成为人们现实生活中新的行为准则。韦伯对此曾作过精彩的

---

① [德]马克斯·韦伯:《新教伦理与资本主义精神》,于晓、陈维纲译,生活·读书·新知三联书店1987年版,第89—91页。

论述:"只要人们想知道,他任何时候都能够知道。这就意味着,原则上没有什么神秘莫测、无法计算的力量在起作用,人们可以通过计算来掌控一切。谓之世界的'祛魅'。人们不必再像相信神秘力量存在的野蛮人那样,为了控制而诉求神灵或求助于魔法,技术和计算可以为人服务。这就是理智化的要义。"①

工具理性的产生与宗教改革的新教伦理有着密切的联系,工具理性日渐成为西方社会现代化的标签。人们忙于自己的世俗职业,精密计算,总结经验,逐渐形成系统的科学方法与思维模式,这不仅令自己在事业上取得巨大的进步,而且大大促进了科学技术的发展。科技的进步反过来促使人们滋生了对工具合理性观念的膜拜与奉行。在启蒙运动与宗教改革的影响下,西方的传统社会于19世纪已初具现代社会的雏形。马克斯·韦伯适时地把握住这一历史脉搏,提出并区分工具合理性与价值合理性的概念,分析两种概念各自的含义及两者之间的内在关联。基于这种理解,他认为,社会的现代化其实是一个理性化的过程;西方社会的现代化转型实则是一个工具合理性不断扩展直至以压倒性趋势在社会各个领域占据主导地位的过程。

韦伯认为,现代社会——资本主义经济的组织核心是资本主义企业。该企业模式利用健全的会计制度精于计算,形式上是自由劳动的合理的资本主义组织,技术上充分利用自然科学知识,尤其是以数学及以精确合理的实验为基础的自然科学知识。计算越是精确,资本主义企业中的工具合理性化程度就越高。与此同时,国家机构的官僚体制则恰好地体现出工具理性化的特点:"官僚体制的行政管理意味着根据知识进行统治:这是它固有的特别合理的基本性质。""纯粹的官僚体制的行政管理,即官僚体制集权主义的、采用档案制度的行政管理,精确、稳定、有纪律、严肃紧张和可靠,也就是说,对于统治者和有关人员来说,言而有信,劳动效益强度大和范围广,形式上可以应用于一切任

---

① [德] 马克斯·韦伯:《新教伦理与资本主义精神》,于晓、陈维纲译,生活·读书·新知三联书店1987年版,第79页。

务，纯粹从技术上看可以达到最高的完善程度，在所有这些意义上是实施统治形式最合理的形式。"①

韦伯认为，宗教世界观图景的消除与世俗文化的生产过程便是传统社会"祛魅"的过程，亦是社会文化的工具合理性化的过程。正如哈贝马斯所言："马克斯·韦伯把那种除魅过程描述为'理性的'，该过程在欧洲导致了宗教世界观的瓦解，并从中产生出世俗文化。随着现代经验科学、自主的艺术和建立在原则基础上的道德理论和法律理论的出现，形成了不同的文化价值领域，使我们能够根据真理问题、审美问题和道德—实践问题的各自内在逻辑，来完成学习过程。"② 按照韦伯的观点，"资本主义精神的发展完全可以理解为理性主义整体发展的一部分，而且可以从理性主义对于生活基本问题的根本立场中演绎出来"③。并且，"在构成近代资本主义精神乃至整个近代文化精神的诸基本要素中，以职业概念为基础的理性行为这一要素，正是从基督禁欲主义中产生出来的。"④ 工具理性已经统摄人们生活的方方面面，逐步成为人们日常生活的行为准则。

马克斯·韦伯适时地以理性化为切入点向我们展示了西方现代社会的结构与变迁，确是画龙点睛之笔。同时，韦伯深刻地意识到工具合理性化所带来的后果：人们在生活中自由的丧失与对生活意义的思考。他曾说，工具理性化的企业或者其他类似的管理体制中，整个企业和机构像一架高速运转的机器，工作其中的每个成员就像是这架机器中的某一个零件，为了使整架机器时刻处于高速运转状态，每一个零件必须无条件地服从组织的安排，这有什么自由和意义可谈呢？他说："每当想到世界有一天将会充满着这样一些小小的齿轮，——一些小人物紧紧抓住职

---

① ［德］马克斯·韦伯：《经济与社会》，林荣远译，商务印书馆1998年版，第248—250页。
② ［德］尤尔根·哈贝马斯：《交往行为理论》，曹卫东译，上海人民出版社2004年版，第165页。
③ ［德］马克斯·韦伯：《新教伦理与资本主义精神》，于晓、陈维纲译，生活·读书·新知三联书店1987年版，第125页。
④ ［德］马克斯·韦伯：《新教伦理与资本主义精神》，于晓、陈维纲译，生活·读书·新知三联书店1987年版，第148页。

位不放并极力钻营更高的职位——就像埃及历史的景象重现……真使人不寒而栗。这种对官僚体制的追逐真使人绝望透顶。就好像在政治中……我们只需要'秩序',此外别无他求;倘若一旦秩序发生动摇,我们就会感到六神无主,畏葸不前;倘若完全脱离了秩序,就会感到孤立无援。难道世界有朝一日只有这种人而没有别的人存在吗?我们现已完全被卷入了这样一种进化过程,现在最主要的问题不是怎样促进和加速这一过程,而是设法反抗这个机器,免于灵魂被分割标价出售,摆脱这种至高无上控制一切的官僚生活方式,以保持人类中一部分人的自由。"①

同时,尽管工具理性的扩张使世界中的数学以及一切以精确计算和实验为基础的自然科学获得突飞猛进的发展,但是,工具理性的过度扩张却使人们无法从整体上把握世界和人类自身,使人类无法深刻思考自身所处世界及其存在的终极意义,人们终将面对生活中自由与意义的丧失。在韦伯眼里,现代人的未来不是花团锦簇,而是寒冰冷酷。站在理性的角度来讲,这是一种理性的自我否定。因为,理性,尤其是工具合理性一方面为现代社会带来普世文明,另一方面又致使世界和人类在其终极价值和意义上迷失方向。而且,工具理性的扩张和膨胀导致社会各个领域林林总总的异化现象。现代人的这种"宿命"与工具理性的潜在逻辑有其结构性的社会根源,那便是现代社会的理性化过程中工具理性与价值理性间的辩证关系没有得到科学的把握与解决,以及人类在面对这种辩证关系时应该如何把握,以促使两者之间保持一种动态平衡。

通过以上的论述便可得知,教育的存在与发展是在社会一定历史时期的现实条件基础之上的发展。"教育,作为一种培养人的社会实践活动,就其理想性而言,它应当是指向自由的,是帮助人扬弃异化的;但就其现实性而言,它又是一定时代的社会的产物,它自身不可能有超越其历史条件的力量。"② 自然,教育要服务于社会的全面发展,尤其是近代工业革命以后,精确性、实用性等工具合理性观念几乎成为所有实

---

① [德]马克斯·韦伯:《新教伦理与资本主义精神》,于晓、陈维纲译,生活·读书·新知三联书店 1987 年版,第 180 页。

② 项贤明:《教育过程中人的异化及其扬弃》,《社会科学战线》1997 年第 1 期。

践领域的主导理性，以至各领域均有自己清晰的界限，教育领域也不例外。它不再像原始又丰富的教育那般，对应人类生活的全部，关注人类每一个个体的成长，反而演变成为一种仅仅传授知识的事业，为满足社会建设的需求培养有用且规格统一的劳动者、建设者。因此，尽管教育应该履行一定的社会功能，然而，这却不能成为教育失去本真价值的理由和借口，因为，失去本真价值的教育不仅戕害人之为人的自由本性，而且在一定程度上限制人的全面发展。因此，以社会的现实的历史条件为基础，复归教育的本真价值，以价值理性指导、规约其工具价值的发挥，历史地、逐步地实现人的自由而全面的发展。

二 教育的价值理性

工具理性为价值理性提供现实支撑，价值理性为工具理性提供价值向导。站在社会的立场来看，工具理性在人的进步与物质文明的发展方面体现了强大的生命力；然而，在遗失价值理性为向导的岁月里，工具理性犹如驰骋现代性草原上的脱缰的野马，在为人们创造幸福的同时也为人类带来难以诉说的束缚与控制。因此，在重视和弘扬工具理性的同时，必须复归价值理性的应有之位。因为，只有在价值理性的规约与引领之下，工具理性才能以健全的姿态支撑和促进社会的全面进步与人的自由发展。而且，基于当下工具理性的人学困境，如何真正使社会行为的价值和意义成为行为的终极目标和归宿，如何真正实现工具理性为人的自由全面发展创造条件；同时，如何给予工具理性和价值理性以合理及合适的定位，协调两者之间的动态平衡，以最终实现人的自由全面发展的终极目标，尤为需要仔细斟酌与反思。

马克思曾说过这样的一段话："诚然，动物也生产。动物为自己营造巢穴或住所，如蜜蜂、海狸、蚂蚁等。但是，动物只生产它自己或它的幼仔所直接需要的东西；动物的生产是片面的，而人的生产是全面的；动物只是在直接的肉体需要的支配下生产，而人甚至不受肉体需要的影响也进行生产，并且只有不受这种需要的影响才进行真正的生产；动物只生产自身，而人再生产整个自然界；动物的产品直接属于它的肉体,而人则自由地面对自己的产品。动物只是按照它所属的那个种的尺度和需要来构造,而人却懂得按照任何一个种的尺度来进行生产,并且懂得处处都把固有的尺度运用于对象;因此,人也按照美的规律来构造。"① 人懂得按照任何一个种的尺度进行生产,表明人的生活实践受工具理性的支配与规约;人也按照美的规律来构造,说明人的生活实践受价值理性的左右与范导。那么,究竟什么是价值理性呢?20世纪初,韦伯明确提出价值理性的概念,并阐述了他的价值理性思想。韦伯认为,价值理性即价值合理性与工具理性(工具合理性)相对而生,两者表征人类理性行动的不同类型。"通过有意识地对一个特定的举止的——伦理的、美学的、宗教的或做任何其他阐释的——无条件的固有价值的纯粹信仰,不管是否取得成就"②,而且,价值理性是行动者"向自己提出某种'戒律'或'要求'",并使"行为服务于他内在的某种对义务、尊严、美、宗教、训示、孝顺,或者某一种'事'的重要性的信念"③。

然而,从韦伯对工具理性和价值理性的界定中可以看出,他所讲的这两种理性指的是人的社会行为在两个维度即工具与价值方面合乎理性。但是这两个维度的理性在韦伯那里均是理想状态的理性,如,他把价值理性界定为对无条件的固有价值的纯粹信仰或者将其理解为可以不计任何具体后果而只是出于纯粹善良意志的选择。因此,理解价值理性就要弄清楚价值与理性的不同意旨和致思方向。就像杨国荣先生曾经指出:"在相对的意义上,理性与价值亦有各自侧重的一面。如果说,理性的探索更直接地指向求真的过程,那么价值的关怀则较多地关联着向善的过程。……自哲学思维萌发之日起,理性与价值及其所内含的真与善之维便与智慧的探索结下不解之缘。"④ 当价值与理性相互交融形成价值理性时,这种理性就是作为主体的人在生活实践中自觉地对其自身

---

① 《马克思恩格斯选集》第1卷,人民出版社2012年版,第57页。
② [德]马克斯·韦伯:《经济与社会》上卷,林荣远译,商务印书馆1997年版,第56页。
③ [德]马克斯·韦伯:《经济与社会》上卷,林荣远译,商务印书馆1997年版,第57页。
④ 杨国荣:《理性与价值》,上海三联书店1998年版,第2页。

第四章 教育异化现象的理论分析

行为的价值和意义的追逐与诉求。作为一种理性，价值理性不同于人的感性，在感性的基础上扬弃和超越感性，从而形成"人类所独有的用以调节和控制人的欲望和行为的一种精神力量"①。这种精神力量诉求的正是人自身的价值、人存在的终极意义、人的自由与全面发展以及人在生活实践中表现、确证、欣赏自己的完满性，即"人以一种全面的方式，就是说，作为一个完整的人，占有自己的全面的本质"②。所以，价值理性既指向终极关怀，又体现为现实关切，它是一种具有自身独特规定性的理性，这种独特的规定性主要表现在以下几个方面。

首先，价值理性是一种以主体为中心的理性。与工具理性不同，价值理性的终极要旨不会停留对客体的本质与属性的有关"真"的把握，尽管无法脱离这种把握，但是，其志趣在于为了主体自身而忧虑、运思、统筹与服务，恪守"人是万物的尺度"的原则，执着于对主体"善"的追求。价值理性不仅以主体为中心，且追求主体行为的合目的性。在马克思主义认识论中，主体是指处于一定社会关系中从事实践和认识活动的人。尽管泛主体论者曾认为人与万物皆是主体，但是，现实世界中的主客二元划分并不意味着主体对客体的绝对掌控和主宰，并不意味着二者的绝对对立；相反，主体与客体是对立统一的，这种对立统一恰恰是主体认识世界和改变世界的认识论基础。因此，价值理性是一种以主体为中心的理性，以人为中心。与工具理性不同的是，价值理性并不志在对客体本质和属性的正确把握，关注世界对人的意义，追求人的幸福，为了主体的"善"。所以，主体是价值理性的终极目的，换言之，在社会行为中，价值理性是以人为出发点和归宿，合乎人的目的性是它的行为诉求。但是，这不意味着价值理性忌讳和排斥行为的功利目的，而是，它不以行为的功利目的为终极目标，在肯定行为的功利目的的基础上超越功利，在强调当下意义时兼顾行为的长远价值，同时，价值理性不反对社会行为中人作为手段和工具的意义，而是更加强调

---

① 吴增基等：《理性精神的呼唤》，上海人民出版社2001年版，第2页。
② 《马克思恩格斯文集》第1卷，人民出版社2009年版，第189页。

"人在本质上是目的而不是手段"①。而且，唯有在以人为目的的基础和前提下，人作为手段才是合理的。

其次，价值理性基于对当下的批判，更着眼于对未来的建构。人的自由全面发展是一个没有止境的历史过程，社会历史的发展同样如此。因此，任何阶段的社会状态都不会是绝对完美无瑕的，那么，处于任何特定时空和历史环境下的人的生存与发展状况也是不完满的。因而，价值理性行为者总是面临当下的实然与未来的应然之间的矛盾。作为一种批判理性，价值理性既关注主体当下的生存处境，正视人的生存与发展在现实中的缺失，为社会历史发展过程中的每一种不幸缺憾"扼腕叹息"，在此基础上致力于对未来应然世界的建构。因为，价值理性不是"没有目标而造反，没有纲领而拒绝，没有未来应当如何的理想而又不接受当前的现状"②。在价值理性的领域里，人是终极目的。一切行为的目的均应该是为了满足人的合理需求，维护并实现人的各种利益，维护人的尊严以及凸显人的价值，最终实现人的自由全面发展。这并不意味着价值理性回避现实中的各种功利性目的，只是它不以各种功利性目的为终点，而是在肯定功利性目的的基础上超越它，最终指向人本身这一终极目的。价值理性恰恰渴望通过对现存世界的反思与批判建构一个理想的、合乎人性的美好世界，而且，不仅只限于观念层面的建构，更是支撑、鼓舞和引领人类通过社会实践去变革现存世界的不完满与残缺。列宁曾说过："世界不会满足人，人决心以自己的行动来改变世界。"③正是在价值理性的这种对现实的批判与超越中，人类才更加趋近应然的理想世界。

最后，价值理性是一种批判理性。人的自由全面发展是一个现实且没有终点的历史过程，社会的发展同样如此。因此，处于某个历史阶段的人们总是处在实然与应然的矛盾之中，价值理性关注的是人的现实处境与前途命运。于是，作为一种批判性理性，价值理性总是适时地告诫

---

① 杨国荣：《理性与价值》，上海三联书店1998年版，第57页。
② ［美］L. J. 宾克莱：《理想的冲突》，马元德等译，商务印书馆1983年版，第47页。
③ 《列宁全集》第55卷，人民出版社2017年版，第183页。

人们：现实世界是不完善的，是需要改变和超越的。因此，价值理性是一种基于主体的当下并指向主体的未来的批判性理性。张曙光曾说过，"'家园'对于我们每个人来说都是一个无比亲切、无比温馨的所在！家园能够使我们遮风避雨，还能供给我们稻米菜蔬；家园能够使我们享受天伦之乐，还能让我们得到乡邻之谊；家园是一个打开了的人的本质力量的书，那上面记载着祖祖辈辈的业绩；家园还是一个生命的摇篮，子子孙孙都将在这里养育；家园建基于大地，便有了大地的稳重安定；家园覆被于天空，便有了天空的宽阔明亮。将身心浸润于家园之中，我们就仿佛栖身于无限的绵延和绝对的存在之中，实现了终极价值，而再无所求。"① 而且，"人有了精神家园，他即使没有物质家园、社会家园，也不难为自己创造出来；反之，如果人失掉了精神家园，其物质家园和社会家园就会有丧失之虞，或者即使存在也难以让人感觉到生活的意义。"②

反观当前教育的工具化倾向，工具理性成为教育发展的主导理念，引领并确保教育的存活与发展；然而，教育之为教育的价值诉求是人，是为人的自由本性的生成与全面潜能的发展创造条件。学者渠敬东曾写道："教育决定了人的根本，教育决定了人的人性和自然，这是区别于其它事物的本质要素。"③ 教育的手段不能代替教育的目的和价值，在当前的教育生活中，教育的根本要旨已日渐受到人们的重视与关注。而且，雅斯贝尔斯在批评当前教育中出现的问题和局限时说道："教育原本是对人生命的牵引，现在却成了通过考核而不得已学习的知识和技能。"④ 同时，他认为："人们忽略教育自身的功能，教育就丧失了根本，不再是真正意义上的教育，也不再对人的生命价值有意义，只是一些知识的混杂而已。"⑤ 换言之，教育领域中以工具价值为价值导向，那么，教育

---

① 张曙光：《寻求人生智慧：哲学与人生》，北京教育出版社1999年版，第28页。
② 张曙光：《寻求人生智慧：哲学与人生》，北京教育出版社1999年版，第28页。
③ 渠敬东：《现代社会中的人性及教育——以涂尔干社会理论为视角》，上海三联书店2006年版，第7页。
④ ［德］雅思贝尔斯：《什么是教育》，邹进译，生活·读书·新知三联书店1991年版，第45页。
⑤ ［德］雅思贝尔斯：《什么是教育》，邹进译，生活·读书·新知三联书店1991年版，第45页。

的本体价值和终极目的势必被忽视、抑或遗忘，人的生命本身作为目的日益被遮蔽和忽视。因此，一切外在的工具价值唯有以人作为个体的合目的性为基础，教育才不致对个体的生命诉求置若罔闻，才不致造成人在教育中的缺失与错位，才会真正走进人的生命之中，建构人之为人的精神世界。

作为教育的价值理性，人的自由和全面发展是一种价值层面、维度的理性，是一种基于价值思考的价值自觉，蕴含着价值甄别、权衡、比较和选择等。它是行动者的"行为服务于他内在的某种对义务、尊严、美、宗教、训示、孝顺，或者某一种'事'的重要性的信念"[①]，是一种外在行为与之相匹配且服务于其他的理念，并为教育的现实发展即教育行为或实践提供价值规定和指导。如果，教育的工具理性价值体现教育促进社会发展的工具性作用，那么，教育的价值理性则展示了教育之为教育的本真理想和终极目的。因为，工具理性阐释教育行为如何更有效率，价值理性则解释教育活动的意义为何。所以，尽管教育的发展依赖于社会的发展，教育的相对独立性更加说明其独立存在的意义和发展路径。在教育发挥促进社会政治安定、经济繁荣的工具职能的同时，应该更加重视教育最为本真的目的和价值——人的自由和全面发展。复归和重视教育的价值理性并不意味着抛弃其工具理性价值，只讲其本真价值，因为，工具理性为价值理性提供现实支撑，价值理性为工具理性提供价值向导，没有工具理性作为现实支撑的价值理性仅仅是空中楼阁。因此，面对当前的教育困境，如何协调工具理性与价值理性并使之各自复位，真正使教育实现促进人的发展的本真价值和终极目的。

鲁洁曾就教育的理性谈道："站在人的自主性立场上考察教育问题时，一方面要承认教育立足于生活的实然之中，但这决不意味教育的功能只在使人对生活实然的确认和肯定，教育的更为重要的功能是在引导人对于实然生活作出价值的评价，使人具有正确批判、改造现存生活和

[①] [德]马克斯·韦伯：《经济与社会》上卷，林荣远译，商务印书馆1997年版，第57页。

创造新生活的自主能力。这正是教育之所以存在的根据。"① 可是，今天的教育过多地关注社会对人才的需求和标准，对教育中的个体本身的生命诉求置若罔闻。"教育原是对人生命的牵引，现在却成为通过考核而不得已学习的知识和技能。"② 教育不仅要实现工具理性价值，促进社会的发展；更要成为"属人"和"为人"的社会实践活动，复归教育之为教育的价值理性，在价值理性与工具理性的综合作用下实现促进人的自由和全面发展的本真价值，实现真正意义上的教育促进人的自由全面发展的使命与担当。

第二节 教育公平与教育效率

一 教育公平的核心理念：基于人性的教育平等

"教育平等是指社会成员普遍享有受教育的权利，这种权利不因种族、性别、肤色、语言、宗教、国籍、出身、财产、政治见解等因素的影响而存在区别，教育平等是充分发展人的个性、加强人权和尊重自由的重要基础。"③ "一般来看，社会成员对社会资源的分配往往持有不同的诉求和主张，因此，存在利益冲突，需要制定为社会不同群体普遍接受的利益分配规则"④，教育领域亦是如此。近年来，由于经济社会发展水平的差异、政治制度的不同、文化传统的多样化以及社会经济地位的悬殊等因素，稀缺的教育资源，尤其是优质的教育资源在社会成员中的分配存在一种客观的不平等。因此，消除教育不平等现象，"建设高质量教育体系"，让"全民受教育程度不断提升"，将我国"建设成为教育强国"作为社会进步的重要内容，在党的十九届五中全会制定

---

① 鲁洁：《教育的原点：育人》，《华东师范大学学报》（教育科学版）2008 年第 4 期。
② ［德］雅斯贝尔斯：《什么是教育》，邹进译，生活·读书·新知三联书店 1991 年版，第 45 页。
③ 世界银行：《2006 年世界发展报告：公平与发展》，清华大学出版社 2006 年版，第 8—19 页。
④ 罗立祝：《缩小各阶层高等教育入学机会差异，促进教育公平——建国 60 年高校招生政策文本的视角》，《教育与考试》2010 年第 6 期。

"十四五"规划与2035年远景目标时均被重点提出。

"教育平等包括教育机会平等、教育过程平等和教育结果平等等三个维度。"① 其中，作为实现教育过程平等和教育结果平等前提性条件，教育机会平等是最为重要的一环。能否获得相对平等的教育机会主要是由能力因素与非能力因素两个方面来决定的。能力因素主要指的是社会个体的主观因素，比如，个人禀赋、学习能力及学习态度等方面。因为，教育机会大多需要通过严格的选拔性考试方能获得，这种考试意味着一部分人将会失去通过考试获得的教育机会，从而出现教育机会的不平等。然而，只要教育机会的选拔性考试面向全体社会成员开放，且全体社会成员在教育机会的选拔过程中获得平等的社会支持，那么，即便出现结果上的教育不平等，也是一种教育公平。反之，则不然。"非能力因素指的是个体能力之外导致教育不平等的其他因素。"② 这些因素主要涉及家庭因素和社会环境因素，这部分因素是社会和人们最为关注的导致教育不平等的因素。因为，与能力因素相比，家庭和社会环境等非能力因素与教育公平、社会公平的关联程度更加紧密。比如，社会经济地位对是否享有优质教育资源会产生直接影响，进而在一定程度上决定子女教育机会的获得；家庭经济条件直接决定子女的教育投入，影响其在教育机会上的竞争；等等。因此，通过针对非能力因素的政策干预实现教育平等化程度的提高，成为当今世界许多国家的奋斗目标。

"教育还能够明显地改善人的生存状态，增进社会公平，因而被视为实现社会平等'最伟大的工具'。"③ 教育平等的价值理念可以追溯到中国孔子的"有教无类"，古希腊柏拉图实施义务教育的建议。消除社会环境因素造成的教育不平等，使全体社会成员享有平等接受教育的权利，促进教育平等，保障社会弱势群体获得同等的教育机会，进而有机会实现阶层的正常流动，协调社会利益关系，推动社会公平的实现，已

---

① 张人杰主编：《国外教育社会学基本文选》，华东师范大学出版社1989年版，第58页。
② 郝文武：《教育公平与社会公平相互促进的关系状态和基本意义》，《北京师范大学学报》（社会科学版）2011年第4期。
③ 田正平、李江源：《教育公平新论》，《清华大学教育研究》2002年第1期。

成为现代社会的普遍共识与时代诉求。"尽管现代教育系统的选拔过程似乎是以能力标准为主,但许多研究发现,非能力的身份性特征仍然对人们的受教育机会产生重要影响,尤其是家庭出身与教育获得之间的联系,几乎跨越国界而普遍存在。20世纪以来,许多国家进行教育改革的目标之一就是要弱化这种联系,但是几乎毫无例外地,这种联系仍然存在着。"①

新中国成立以来,尤其是社会主义三大改造完成以后,党和政府针对家庭对教育机会获得所产生的影响实施不同程度的政策干预,创造更多的教育机会,减少或免除部分学杂费,设立奖学金和提供生活津贴等。这些政策干预为工农家庭子女获得更多的教育机会提供了保障,在一定程度上使家庭的社会地位与经济条件对获得教育机会的影响减小了。曾有研究表明,1977年恢复高考之前,家庭的社会地位与经济条件对其子女获得教育机会的影响十分微小,获得教育机会的平等化程度很高。其中,最主要的原因就是国家出台系列相关政策的干预。在新中国成立之后至恢复高考之前的这段时间里,一些大学取消招生考试制度,改为推荐入学,使得家庭成分好的子女比其他社会成员更容易获得更多的教育机会,这就产生了教育机会的不平等化。因此,总体来说,这一时期的教育平等主要依靠国家政策的干预,进而实现教育机会的平等分配。

1978年开始农村改革,1984年城市改革,1992年明确提出建立社会主义市场经济体制,中国踏上浩浩荡荡、波澜壮阔的改革开放之路。党和国家制定了以经济建设为中心的新时期目标,经济建设发展迫切需要更多的高素质人才。那么,这就要求教育的发展不再以消除阶级差异为功能性目标,转变成能为社会发展培养更多的人才为价值追求。随之,教育政策从大众教育转向精英教育。在精英教育政策的背景下,底层社会成员在获得教育机会方面的劣势日益凸显;家庭的社会地位和经

---

① 李春玲:《社会政治变迁与教育机会不平等——家庭背景及制度因素对教育获得的影响(1940—2001)》,《中国社会科学》2003年第3期。

济条件对子女是否能够获得预期的教育机会产生了明显的辐射作用。有研究发现，家庭中父亲的职业和受教育水平对子女教育机会的获得具有非常重要的影响。

伴随中国市场经济体制的确立，教育领域开始实行市场化的发展模式，即教育产业化。"在此背景下，不同经济条件的群体在教育机会的获得上出现了不平等的扩大现象。"① 例如，有研究发现，改革开放之后，家庭经济水平的悬殊性日益明显，家庭之间的收入差距日益分化。家庭经济水平和收入差距导致的教育机会获得上的不平等化程度随之加剧。"尤其是在进入20世纪90年代以后，市场化的冲击和高校收费制度对贫困家庭子女的高等教育机会的获得越来越不利，家庭的经济条件对子女高等教育机会的获得的影响日益明显。"② 总体来看，在受教育者面临学费支付能力有限以及高等教育资助体系不完善的情况下，"提高高等教育学费会导致低收入家庭的子女难以支付得起高等教育，从而导致高等教育机会的不平等。"③

1999年高校扩招政策的出台与"教育产业化"的改革契机，对教育机会的平等化程度产生重要的影响。"有研究指出，大学扩招同时伴随着教育产业化，公众支付教育成本提高，而相关教育救助政策跟进不及时，使得低收入家庭无力承担子女教育成本而选择放弃高等教育机会，是导致教育平等不升反降的重要原因。"④ 针对这种情况，国家陆续出台相关政策以改善教育机会的不平等。首先，针对贫穷家庭无力支付教育成本的问题，国家相继完善资助体系，开设国家助学贷款通道，设立国家奖助学金制度，勤工助学、生活补贴等等。这些政策在一定程度上缓解了教育产业化背景下教育成本提升对贫困家庭所造成的压力，进而帮助一些贫困家庭子女挽回应得的教育机会。

---

① 陆学艺：《当代中国社会流动》，社会科学文献出版社2004年版，第156页。
② 陆学艺：《当代中国社会流动》，社会科学文献出版社2004年版，第200页。
③ 刘民权、俞建拖、李鹏飞：《学费上涨与高等教育机会公平问题分析——基于结构性和转型性的视角》，《北京大学教育评论》2006年第2期。
④ 田正平、李江源：《教育公平新论》，《清华大学教育研究》2002年第1期。

其次，增加农村学生的入学机会。2012年4月，教育部、国家发展改革委、财政部、人力资源社会保障部、国务院扶贫办等多个国家部委联合发布《关于实施面向贫困地区定向招生专项计划的通知》，通过增加贫困地区学生的定向招生名额，让更多的农村贫困学生能够获得接受高等教育的机会，为贫困地区发展提供人才和智力支撑。高校扩招的直接结果是日益增多的高校毕业生涌向劳动力市场，劳动力市场供求关系的变化不仅使得越来越多的高校毕业生面临"就业难"的严峻形势，而且，同时面临收入下降的困境，与日俱增的教育成本与捉襟见肘的收入之间的反差致使教育机会的不平等愈加明显。与此同时，伴随社会阶层的分化和固化，优势群体以自身拥有更为丰厚的经济资本、社会资本和文化资本，在教育机会的竞争中更容易占尽先机，进而加剧教育机会获得中的不平等。也就是说，尽管高校扩招提供了更多的教育机会，然而，这些教育机会并未实现平等化的分配，大部分流向社会成员中的优势群体。

教育平等理念体现了人作为个体的基本能力和种属尊严，确认了每个社会成员的基本教育权利，保证每个人发展的基本教育机会，划定了教育公平原则的基本底线。可以说，教育平等是教育公平的首要理念依据。诚如辛格所说："一切人平等的原则现在显然成了在政治和伦理领域的正统原则。"[①] 作为教育主体的社会成员，在任何时候、任何地方均是人格平等的普遍的人，早在古希腊时期，该人格平等的原则就被苏格拉底提出过。因为，"作为人类成员，一个人就有权享受根本的平等的道德地位和尊严，这对全人类来说都是一样的。如果意识形态和信条否认根本的人类平等，那就有偏见和顽固之嫌。它们就超出了道德范围。"[②] 任何生物物种的成员，不论是人或其他生物，在拥有由遗传所决定的那类生物性质和能力方面是一样的，即类特性。马克思在《1844年经济学哲学手稿》中，从哲学人本学的立场出发，对该问题进

---

① ［美］彼得·辛格：《实践伦理学》，刘莘译，东方出版社2005年版，第18页。
② ［美］罗伯特·L.西蒙：《社会政治哲学》，陈喜贵译，中国人民大学出版社2008年版，第112页。

行了深入的分析论证,他说:"人是类存在物,不仅因为人在实践和理论上都把类——他自身的类以及其他物的类——当做自己的对象;而且因为——这只是同一事物的同一种说法——人把自身当做现有的、有生命的类来对待,因为人把自身当做普遍的因而也是自由的存在物来对待。"① 因此,"一个种的整体特性、种的类特性就在于生命活动的性质,而自由的有意识的活动恰恰就是人的类特性"②。自由的有意识的活动或劳动这种生命活动对人来说不过是满足肉体生存需要的一种手段,然而,生命活动是产生生命的活动,是类生活,是人区别于动物的根本特性。因此,作为教育的主体,人首先是一个与动物有着根本区别的、拥有类本质和类特性的普遍的人;其次,作为教育主体的个人无疑又是一个具体的人,是处于一定的社会生产关系中的个人,"但不是处在某种虚幻的离群索居和固定不变状态中的人,是处在现实的、可以通过经验观察到的、在一定条件下进行的发展过程中的人"③,"这些个人是从事活动的,进行物质生产的,因而是在一定的物质的、不受他们任意支配的界限、前提和条件下活动着的"④。教育过程中的个人作为一个具体的人,有着与其他人不同的历史和成长轨迹,以及伴随年龄的增长由诸多因素影响塑造的个性,是一个与众不同的复合体——由生物的、生理的、地理的、社会的、经济的、文化的、职业的等因素决定的复合体。因此,"进入教育过程的个体是一个具有文化遗产的儿童,他具有特殊的心理特征,在他的内心有家庭环境的影响和四周经济状况的影响"⑤。

除了普遍的类特性与具体性,人还具有"未完成性",恰是这种"未完成性"决定了人必须接受教育。雅斯贝尔斯曾这样说:"要成为完整的人全在于自身的不懈努力和对自身的不断超越,并取决于日常生

---

① 马克思:《1844年经济学哲学手稿》,人民出版社2014年版,第51页。
② 马克思:《1844年经济学哲学手稿》,人民出版社2014年版,第53页。
③ 《马克思恩格斯选集》第1卷,人民出版社2012年版,第153页。
④ 《马克思恩格斯选集》第1卷,人民出版社2012年版,第151页。
⑤ 联合国教科文组织、国际教育发展委员会编著:《学会生存》,华东师范大学比较教育研究所译,教育科学出版社1996年版,第196页。

活的指向、生命的每一瞬间和来自灵魂的每一冲动。毋庸置疑,年轻人都希望受教育,能从师获益,能进行自我教育,并与人格平等的求知识获智慧的人进行富于爱心的交流。"① 而且,"儿童通过遗传从父母那里得到的是一些很一般的能力,诸如某些注意力、某种程度的恒心、正确的判断力、想象力,等等。其中每一种能力都可以为各种不同目的服务。一个想象力相当活跃的儿童,根据情况以及对他所施加的影响,将可能成为一个画家,或者成为一个诗人、一个有创造精神的工程师、一个大胆独创的金融家"②。然而,"人刚出生时具有的不确定的潜在性,与他在社会中作为一个有用的角色而应当具备的那种已有很明确规定的人格之间,存在着很大距离。教育应该使儿童缩小的正是这一距离。可见教育活动有着广阔的天地。"③ 所以,生理上的未完成性决定人必须从所生存的环境中不断学习那些自然和本能所没有赋予他的生存技术;同时,正是人的这种"未完成性"促进了教育的存在与发展。"人天性就有求知欲望。换句话说,人由于生来就有认知能力,所以有追求知识的自然倾向。知识是真正的善,人人需要。这种需要如何得到满足呢?方法很多,有时靠个人探求,有时靠父母教育,有时靠部族的丰富经验或信仰,有时靠学校机构。人需要学校系统提供的正规教育吗?是的。"④ "社会群体的每一个组成分子,在一个现代城市和原始部落一样,生来就是未成熟的,孤弱无助的,没有语言、信仰、观念和社会准则。每一个个体,作为群体的生活经验载体的每一个单位,总有一天会消失。但是群体的生活将继续下去。社会群体每一个成员的生和死的这些基本的不可避免的事实,决定教育的必要性。一方面,存在群体的新生成员——集体未来的唯一代表——的不成熟和掌握群体的知识和习惯

---

① [德]雅斯贝尔斯:《什么是教育》,邹进译,生活·读书·新知三联书店1991年版,第1—2页。
② 张人杰主编:《国外教育社会学基本文选》,华东师范大学出版社2009年版,第5—16页。
③ 张人杰主编:《国外教育社会学基本文选》,华东师范大学出版社2009年版,第16页。
④ [美]艾德勒:《六大观念》,郗庆华等译,生活·读书·新知三联书店1998年版,第263页。

的成年成员的成熟之间的对比。另一方面，这些未成熟的成员有必要不仅在形体方面保存足够的数量，而且要教给他们成年成员的兴趣目的、知识、技能和实践，否则群体将停止它特有的生活。甚至原始部落，成人的成就也远远超过未成熟的成员如果听任他们自行其是所能做的事情，随着文明的发展，未成熟的人本来的能力和年长者的标准和习惯之间的距离扩大，仅仅身体的成长，仅仅掌握极少生存的必需品，还不能使群体的生活绵延下去。需要审慎的努力和周到的耐心。人生来不仅不了解、而且十分不关心社会群体的目的和习惯，必须使他们认识它们，主动地感兴趣。教育，只有教育能弥补这个缺陷。"①

每一个生命个体均应该接受教育，而且，理应接受平等的教育，享有同等的教育权利，获得同等的教育机会，实现各自的发展。费希特曾说："如果设想存在着许多理性存在者，那么，在每个理性存在者的一切天资都应当得到同等的发展的要求里，就同时包含着这样的要求：所有各种理性存在者彼此之间也应当得到同等的发展。如果所有理性存在者的天资本身就像实际上存在的那样，都是相同的——因为它们都仅仅基于纯粹理性，所以它们在一切理性存在者中都应当得到同样的发展，而这是上述要求的内容——那么，同样的天资同样发展的结果就应该处处都自相等同；在这里我们又以另一方式回到了上一讲所规定的一切社会的最终目标：一切社会成员都完全平等。"② 人人有权要求种类上的教育平等，这是基于所有人在种类上的个人平等，基于他们建立在人性内在需要、内在发展基础上的同一自然权利。作为一个政治动物、社会动物，人需要、有权接受平等的教育。因为，只有平等的教育才能为社会成员创造一个共同的发展基础，并使其获得一种均等的文化发展。

通过以上的分析论证可以获知：那些有着类似能力或才干的人应当有类似的生活机会，有类似的手段和资源去达到他们所欲望的各种职务

---

① ［美］约翰·杜威：《民主主义与教育》，王承绪译，人民教育出版社2004年版，第7—8页。

② ［德］费希特：《自由的体系——费希特哲学读本》，梁志学选编，商务印书馆2008年版，第119页。

和地位，不管他们在社会体系中的最初地位是什么，不管他们生来属于什么样的收入阶层，是贫穷还是富裕。换言之，对于所有社会成员来说，具有相同禀赋和欲求的人理应获得大致平等的教育机会，不能因其社会出身、经济财富多寡受到不平等的对待和影响，进而丧失进一步发展的机会和可能。然而，现实的教育实践过程中不存在绝对的教育平等。比如，天赋的不同导致教育机会的不平等是生命个体应得的教育权利。在这种情况下，若执意追求教育机会的平等便侵犯了一部分人的教育权利，是一种教育不公平。另外，家庭中的经济背景、家长的受教育程度、家长的教育理念，进而为其子女提供的教育设备和文化环境等均在或直接或间接地影响受教育者的学业成绩，进而影响非基本权利教育机会的获得和享有。所谓人人应该完全平等享有社会所提供的发展自己潜能的受教育机会，人人应该完全平等享有社会所提供的竞争接受较高层次教育等非基本教育权利的机会，这仅仅是一个无限趋近的理想。教育平等是有条件的、相对的，它并不等于所有的人都能接受同等类型和级别的教育，有些教育平等是可以接受和坚持的，有些不平等也是合情合理、公平的体现。由此可以看出，教育平等作为一种事实判断，表明结果是否均等化；教育公平则是对该结果的一种价值分析。

教育公平作为社会公平在教育领域的延伸和体现，指的是教育领域中教育制度的公正、教育立法司法的公正、教育资源配置公平合理、每个生命个体的受教育权利平等等。比如，教育机会的获得是否相同是教育平等所考察的内容，如何对待教育领域中的平等或不平等则是教育公平的考察范围。教育平等是教育公平的核心内容，但不能作为教育公平的唯一理想，因为，要想现实地推动教育公平进程，实现高质量的教育公平，教育平等就要与教育效率相协调。没有效率的平等是"为了平等而平等"，教育事业也就没有了发展动力，进而势必影响社会的发展进程；反之，以牺牲教育平等为代价的教育效率也是不可取的。所以，既满足教育效率的稳步提升，同时，又提供和保障教育效率基础上的教育平等，才是真正的教育公平，才真正地能够保障人的全面发展和社会历史的发展。

二 教育效率通过教育公平促进人的全面发展

教育公平的主要内容不仅包括人人享有平等的教育权利，而且，指向人人平等地享用公共教育资源，以及人人通过同等的教育学习平等地获得学业成就和就业前景的机会。据前所述，现阶段教育领域中最为突显的教育公平问题表征为教育资源配置的非均衡。教育资源一词最早产生于教育经济学领域，带有明显的经济学特征。"一般认为，教育资源是教育过程中所占用、使用和消耗的人力、物力和财力资源的总和。"① 伴随时代的发展，教育资源的内涵愈加丰富，信息技术、文化传统、政策措施等一些非物质因素日渐成为教育资源的一分子，而且，有些不仅可以转化为物质性资源，影响教育教学活动的过程、质量和结果；还有可能或直接或间接地影响物质资源的获取与享用。教育资源的配置指的是上述各种教育资源在各种不同的使用方向之间的分配，包括各级教育之间、各类教育群体之间、不同区域之间、不同教育机构之间、不同学校之间、学校内部的不同成员之间等。面对教育需求的无限性，教育资源总是呈现有限性和稀缺性等特征，其中，优质教育资源的有限性和稀缺性更为突出和明显。因此，"在具体的教育资源配置过程中，必然有一定的价值导向规约着教育资源配置的方向和目标。不同的价值导向将产生不同的制度设计，不同的制度设计将导致不同的教育资源配置格局。"② 不同的教育资源配置格局会产生不同的评价结果，或教育公平，或教育效率。所以，公平与效率既是影响教育资源配置的两种基本价值取向，同时，又是对教育资源配置结果进行评价的两项重要指标。

公平与效率是教育事业发展过程中的风向航标，同时，一直是困扰人类社会发展进程的现实矛盾。在上述章节中，我们简要论述了"公平"概念的发展历程以及与平等之间的联系，那么，将"公平"一词置于不同的领域会得出不同的理解。在这里，以当前中国特色社会主义

---

① 顾明远：《教育大辞典》第6卷，上海教育出版社1992年版，第799页。
② 许丽英：《教育资源配置理论研究——缩小教育差距的政策转向》，博士学位论文，东北师范大学，2007年。

市场经济为时代背景看待"公平",其涵义既有公正、正义之"公",又有均衡、平等之"平"。具体地说,其内容主要包括两个方面:经济方面的公平和社会方面的公平。经济公平主要指涉经济学领域,是一种经济发展过程中经济主体合理分配经济成果、公平分配原则的体现;社会方面的公平则涵盖更为丰富的内容,包括权利的平等享有、机会的均等获得,以及司法的公正正义等,它是社会成员合理且平等分配政治利益和经济利益的主要表征。作为社会发展的价值取向,公平有利于协调社会各方的利益关系,缓和社会现实冲突和矛盾,促进稳定和谐社会环境的创建,推动人类社会发展的持续稳步。效率关注的则是在人类社会发展的进程中用最短的社会劳动时间创造最大的使用价值的商品的过程,马克思在《资本论》中就曾谈道:"劳动生产力的提高,我们在这里一般是指劳动过程中的这样一种变化,这种变化能缩短生产某种商品的社会必需的劳动时间,从而使较小量的劳动获得生产较大量使用价值的能力。"[1] 然而,仅仅从劳动生产这个角度来理解效率还不够完整和全面。阿瑟·奥肯认为:"效率意味着从既定的投入中获得最大的产出","如果一个社会能在投入不变的情况下,寻求到一种能生产出更多产品的新方法并且不减少其他产品,那么它的效率就有所提高。"[2] 经济学视域下的效率一般涵指两个方面,生产效率和经济效率(配置效率)。其中,生产效率指的是一定单位时间内投入与产出的比重,也就是马克思提到的劳动生产率,其主要表征为劳动生产率的提高和资金利润率的提高。经济效率,亦称配置效率,是指在既定投入和技术条件下,将经济资源的利用程度进行最大化。经济资源的配置结构理性合适,配置效率就会提高,反之则不然。所以,在现实的经济发展过程中,我们不仅要强调劳动生产率,还要优化经济资源的配置以获取最大化的收益。

阿瑟·奥肯曾说:"为了效率就要牺牲某些平等,并且为了平等就

---

[1] 马克思:《资本论》,人民出版社2018年版,第366页。
[2] [美] 阿瑟·奥肯:《平等与效率》,王忠民等译,四川人民出版社1988年版,第65页。

要牺牲某些效率。"① 公平与效率各具不同的涵义和内容，且在社会发展的过程中发挥着不同的功能和作用，然两者之间的关系是辩证统一的。首先，效率会使社会生产力获得空前的提高和发展，即会使"蛋糕"做得又大又快；公平则会考虑如何分配"蛋糕"，为经济发展创设稳定和谐的社会环境。因此，人类社会的进步发展既要追求效率，又不能忽视公平，一味地追求任何一方均会导致社会发展的失序和停滞。面对具体的现实问题，整体地、宏观地、辩证地把握公平与效率的关系才是可取之径。其次，两者之间不仅相互矛盾，而且相互影响、相互作用。效率是公平的物质基础，面对人口多、底子薄的具体国情，唯有将大力发展生产力，把"蛋糕"做得既快又大，才能切实地把"蛋糕"分配好，实现真正的社会公平；进而，唯有实现真正的社会公平，方能最大程度地提高做"蛋糕"的社会主体的积极性，为切实地提高效率做好保障。鉴于当前教育领域存在的资源配置的不公平问题，"公平"与"效率"又恰是教育资源配置的价值导向，因此，从价值论的角度来分析论证两者的关系不仅是社会发展的必然要求，更是教育事业发展，尤其是教育资源配置的实践使然。

效率与公平的关系问题是社会历史发展进程中的困扰之一，以不同的表现形式或直接或间接地存在于各个领域之中。通过上述对"效率"的阐释可以获知，效率关涉的是系统活动功能状况。具体而言，在人类社会发展的历史进程中，效率主要考察的是基于社会资源合理配置的社会系统的功能状况。从不同的角度，不同的层次、将其置于不同的视域尽管可以得出不同的解释和规定，但是，究其本质而言，效率关涉的主要是社会生产力。然而，对于"效率"一词，唯有从社会哲学的角度才能真正将其理解和把握。站在马克思主义的主体论、实践论和价值论的立场上来看，人类社会历史发展的最终指向是人的自由全面发展。换言之，人类的一切活动，其终极价值指向是人自身，无论采取何种形式，只有作为促进人的自由全面发展的手段方能获得其终极意义。如马

---

① [美] 阿瑟·奥肯：《平等与效率》，王忠民等译，四川人民出版社1988年版，第32页。

克思曾经说过的那般，共产主义"并不是人类发展的目标"，人类发展的终极目标是"通过人并且为了人而对人的本质的真正占有"，"人以一种全面的方式，就是说，作为一个完整的人，占有自己的全面的本质"①，即自由人的联合体。所以，相对于"自由人"这一终极价值目标而言，其他一切均为手段。在实现终极价值目标的历史过程中，人类为实现终极自由努力创造各种条件，在创造条件的具体实践活动中，这些条件本身误被当作一种"目的性存在"，手段成了目的，人自身反倒成了手段的"手段"。所以，站在实践论、主体论和价值论的立场上，能够促进人类实现终极自由的"条件"本身只是具体实践活动的"直接目的性"存在，而远非"终极目的性"存在，只有人本身的自由全面发展才是终极价值目标。

在社会历史哲学中，人类发展的终极目标是"自由人"，是"人以一种全面的方式，作为一个完整的人，占有自己全面的本质"②，所以，从终极意义和最高价值的角度来讲，"效率"也好，"公平"也罢，均是人类实现自身解放和真正占有自身本质力量的手段。离开终极意义和最高价值这一前提性规定，"公平"作为一种理想的社会状态就是主体对社会发展状态的一种实然性的衡量和应然性的期待。而且，人们追求公平正义的理想社会状态，其实是在追求人类的自由解放和全面发展。因为，公平正义的社会关系不仅是追求自由解放的人们的生活存在方式，而且，是人们实现人类自由解放和全面发展这一终极目标的必要条件，更是人们体悟自身自由解放程度和发展程度的衡量指标。在通往自由解放和全面发展的过程中，人们以公平正义的社会关系和社会环境为直接目的和诉求核心，前赴后继，不屈不挠。

由此可知，在社会哲学和历史哲学中，作为人的直接目的和诉求核心，"公平"指涉的是人与人之间的关系，"效率"则首先作为物或"人—物"关系获得存在规定性。换言之，在社会哲学中，"公平"本

---

① 《马克思恩格斯文集》第1卷，人民出版社2009年版，第189页。
② 《马克思恩格斯文集》第1卷，人民出版社2009年版，第189页。

身就是一种价值,"效率"却仍要通过与社会主体发生关系才能获得价值认定。所以,在人类社会发展的历史长河中,人们能够通过追求公平正义进而推动社会历史的前进与发展,效率则需要通过公平正义的评判才能获得历史规定性和价值意义,换言之,谁拥有公平正义,谁就拥有效率,唯有以社会公平为基础方能获得真正的社会效率。这里需要清楚的是,"效率"一般被理解成劳动生产效率,但"效率"不能等同于社会生产力。根据马克思历史唯物主义观点,社会生产力是推动社会进步的最终动力,社会生产力的提高意味着生产效率的提高。那么,生产力是如何推动社会历史进步与发展的?要想作出科学的回答,离不开社会主体的现实立场和价值指标。社会生产力指的是生产实践的能力,也就是实践主体的生产能力;效率则是对人类——实践主体的这种实践能力的施展状况以及施展结果的客观描述和量的揭示。从本体论的社会结构理论来看,社会生产力尽管是社会发展的最终推动力量,但是,生产力本身既不是人类追求的终极目的,况且,生产力只有与实践主体相关联才具有促进社会历史发展的终极作用。其中,生产力的解放与提高的关键是如何调动和发挥最具革命性的劳动者的积极性与创造性,然而,最能调动劳动者积极性和创造性的是劳动者对社会状态和社会关系的感受和体悟。所以,社会关系中的公平正义是促进社会生产效率提高的重要因素,效率通过公平获得规定性和发展前景。

综上所述,唯有站在社会哲学和历史哲学的角度和立场上,以人的自由解放和全面发展为终极价值取向,才能正确理解和把握公平与效率两者及其关系。作为一项关涉人、培养人的社会活动,教育以促进人的全面发展为根本目的,推动社会历史进步。因此,教育事业在现实的发展过程中相应地以教育效率、教育公平作为基本目标和价值遵循,不同的历史时期,教育政策的制定与实践执行呈现出不同的历史阶段性。新中国成立初期,我国的教育理念可以大致理解为"教育为人民服务","教育与生产劳动相结合","教育走群众路线,教育从实际出发"等。《共同纲领》中更是明确指出,在建立"民族的、科学的、大众的文化教育"的总体规定下,教育的具体方针是"为工农服务,为生产建设服务"。之后，1951年10月《关于改革学制的决定》颁布，一视同仁正规教育、工农速成教育和业余教育、成人教育，将教育事业的重心放在初等教育的普及上。在这样的历史背景和发展形势下，教育的规模迅速扩大，数量突飞猛进，然而，数量的增长并不必然意味着质量的提升，反而出现贪多求快所导致的质量低下。之后，农村社会改造运动以及其他社会历史运动将教育公平推至至高无上的位置，对教育效率的追求在历史大潮中犹如昙花一现。所以，新中国成立至改革开放之前这一时期，教育公平占据绝对的主导地位。

1978年，十一届三中全会拉开了改革开放伟大实践的序幕，中国社会的历史面貌自此发生了前所未有的变化。伴随改革浪潮的春风，教育事业实现了跨越式的改变与发展。面对人才严重短缺的社会现实，《中共中央关于教育体制改革的决定》指出："教育必须为社会主义建设服务，社会主义建设必须依靠教育"①，明确规定教育的根本目的是培养社会主义建设所需的各级各类人才。"要办重点小学、重点中学、重点大学。要经过严格考试，把最优秀的人集中在重点中学和大学"②的重点化发展战略再次重申与加强。教育部相继颁布一系列加强重点小学和重点中学建设的政策和方案，使得重点学校在中国大地上大展拳脚，一派势不可当的繁荣景象，直到1988年4月国家教委《关于转发天津、大连、济南市招生制度改革情况的通知》中"逐步取消重点初中"的通知，方才告一段落。之后，相继出台取消重点学校制度的政策。然而，自1986年实施普及九年义务教育以来，重点学校在实践层面依然是有增无减，开展示范性学校建设，其实只是更换了称谓，实质并无二样。比如，浙江省的500所省示范小学、400所省示范初中；福建省的100所省级示范小学、100所省级示范初中校；陕西省的200所示范初中、500所示范小学；南京市达到示范学校标准的30%的小学和50%的初中；等等。

---

① 《中共中央关于教育体制改革的决定》，1985年5月27日。
② 《邓小平文选》第2卷，人民出版社1994年版，第40页。

义务教育重点化发展战略是基于我国落后的经济社会发展水平的国情，以及教育资源极其有限的特殊历史时期，为满足"以经济建设为中心"的社会发展对高素质人才的需求的形势下提出并实施的，可谓经济社会发展"效率优先"原则在教育领域的直接投射。从社会历史发展的角度来讲，重点学校制度在一定程度上发挥了"先富帮后富"的引领示范作用，部分学校还与普通学校建立了帮扶机制，实现了某种程度上的"共同富裕"。然而，重点学校制度的确立与实施却带来严重而又深远的负面影响。首先，无论在师资配置、教育经费、还是教学设备等方面，重点学校均享有优势和特权，其获得的教育资源远远多于普通学校。因而，无形之中将校际之间、区域之间、地区之间的差距拉大。而且，伴随相关政策的持续，学校"优者越优，劣者越劣"的两极分化问题日渐加剧，教育机会、教育过程以及教育结果上的不公平问题愈发增多，不公平程度日益加深。其次，重点学校制度引发的教育资源的竞争——尤其优质教育资源的竞争日趋激烈，随之间接加重学生的学习负担和考试压力，以及在激烈竞争中不断滋生的教育怪象和教育腐败。比如，择校费、借读费、赞助费等水涨船高。再次，重点学校制度的确立使重点学校获得更高的行政级别和行政地位，学校的物质资源与政治资源相关联，由此形成义务教育学校坚固的权力金字塔，从而迫使教育事业遗忘了来时的初心，迷茫了未来的行程。

重点学校制度所带来的系列问题，在20世纪80年代末90年代初开始为社会所关注，国家相应地取消重点学校、重点班级的设立，逐步关注普通学校的发展。直到1997年"要加强薄弱校建设，促进义务教育学校的均衡化发展，全面推进素质教育"[①] 的提出，标志着义务教育均衡化发展战略的正式启动，均衡发展成为义务教育政策中的主流话语。其间，"'县级以上人民政府及其教育行政部门应当促进学校均衡发展，缩小学校之间办学条件的差距，不得将学校分为重点学校和非重点学校。学校不得分设重点班和非重点班'被写入《义务教育法》，成

---

① 《国家教委关于进一步推进城市教育综合改革的若干意见》，1997年12月19日。

为国家真正大力推进义务教育均衡发展的新高度和新起点，至此，重点化战略以法律形式被正式终止，而均衡化战略以法律形式被确立下来，使义务教育均衡发展成为政府行为和法律行为。"①

2011年，我国实现了义务教育的全面普及，开启义务教育均衡化发展的历史新征程。2012年颁布《国务院关于深入推进义务教育均衡发展的意见》，明确了"到2015年，全国义务教育巩固率达到93%，实现基本均衡的县（市、区）比例达到65%；到2020年，全国义务教育巩固率达到95%，实现基本均衡的县（市、区）比例达到95%"的义务教育均衡发展目标和任务。2016年，《国务院关于统筹推进县域内城乡义务教育一体化改革发展的若干意见》中进一步提出，到2020年实现"县域义务教育均衡发展和城乡基本公共教育服务均等化基本实现"的目标；以及党的十七大、十八大、十九大相继强调了义务教育的均衡发展问题，比如，党的十九大报告中明确指出："推进教育公平，推动城乡义务教育一体化发展。"在国家的强势推进下，义务教育均衡化发展取得令人瞩目的成效，在一定程度上推进教育机会的平等化。

义务教育均衡化发展战略和目标在极大程度上消解了重点学校制度带来的系列问题，推动了教育公平的历史进程，保障了相当一部分适龄儿童的受教育权利和机会。然而，尽管国家和政府大力推进义务教育均衡化发展路径，但是，短时间内重点学校和重点班级的观念无法根除，"重点"现象在教育现实中依然或显性或隐性地存在。同时，均衡化发展策略着力解决的是教育起点公平，教育过程公平和教育结果公平的实现依然有待进一步加强。首先，我国幅员辽阔，东中西部地区的经济发展水平存在相当大的差距，进而辐射到义务教育领域，就会呈现出不同层面、不同质量水平的均衡化发展程度。"据教育部统计，目前我国贫困地区义务教育毛入学率达到99.8%以上，巩固率达到93.4%以上，这二者之间的差距，主要差在初中阶段辍学学生比较多。100个孩子

---

① 范涌峰：《学校特色发展测评模型研究》，博士学位论文，西南大学，2017年。

中，约有6个没有完成九年义务教育。教育部基教司相关负责人判断，因厌学或学习困难辍学的学生可能占到辍学学生的60%以上。厌学或学习困难取代贫困成为辍学首要原因。"①

其次，有限的教育资源，尤其是优质的教育资源仍然无法满足广大人民群众日益迫切和多样化的教育需求。比如，农村教育中的"空心化"问题、大班额现象、择校危机等。

最后，当前的均衡化发展战略主要针对和解决的是教育资源配置均衡问题，即使受教育者均等地享用教育资源。但仅仅"均衡"不是目的，其根本目的是提高教育质量。因此，在促进教育资源均衡化配置的同时，着力推进适切学生个性发展和身心发展的教育模式，利用校外资源的有力支持，挖掘学校内部资源的优势与特色，提高义务教育的质量，促进校际之间、区域之间、地区之间在教育质量上的相对均衡化发展，进而使受教育者获得更公平的教育过程和更公平的教育结果。

综上对教育事业发展的价值导向——公平与效率在教育领域的体现：教育公平与教育效率——的历史考察可以获知，新中国成立以来，我国教育事业的发展遵循"公平至上—效率优先、兼顾公平—公平优先、均衡发展"的价值取向路径。作为教育事业发展的基本目标以及教育资源配置的价值导向，教育公平与教育效率并不是孤立存在与发展的，两者是相互联系和相互促进的。如前所述，站在社会哲学和历史哲学的立场上，以人的自由解放和全面发展为终极价值追求，公平与效率皆是手段。对于以促进人的生成与发展为直接目的的教育事业，教育公平与教育效率亦是如此。然而，从哲学层面来讲，公平是一种人与人的关系存在，效率是物或人与物的关系的存在，效率只有通过主体才能获得价值性，即效率通过公平获得现实的规定性和价值性。

新中国成立初期，教育公平占据绝对的主导地位，忽略了教育效率的提升，从而导致教育事业的发展存在一定程度的停步和滞后。进而，

---

① 《厌学或学习困难取代贫困成我国辍学首要原因，媒体开出三药方》（http://www.thepaper.cn/newsDetail_forward_1887467），2017年12月1日。

在相当程度上造成"以经济建设为中心"的改革开放时期严重的人才短缺问题。改革开放以后，社会发展对效率的推崇达到无以复加的地步，"效率优先，兼顾公平"这一经济领域内的策略性原则逐渐泛化到包括教育领域在内的社会其他领域，成为制定政策的首要原则。然而，该原则的简单移植，不仅造成教育资源尤其是优质的教育资源的过度集中，进而造成区域之间、阶层之间、城乡之间的教育发展差距日益扩大、严重不均衡，导致教育的不公平；而且，使教育失去其本真价值，变得急功近利，以成绩排名作为教育教学的根本目标，教育的理性和精神不再被关心和关注，助长了教育的异化之风，衍生出一系列教育腐败问题，严重阻碍教育的健康良性发展。同时，因其追求高效、关注短期收益而忽视长远利益的维护和发展，在一定意义上是一种教育资源的浪费和教育效率的降低。因此，教育公平与教育效率并不是孤立存在与发展的，两者之间是一种相互矛盾、相互排斥又相互联系、相互促进的辩证关系。

首先，教育公平与教育效率相互矛盾、相互排斥。教育公平是一个社会学概念，指的是"公民能够自由平等分享当时当地公共教育资源的状态"[1]，是人们对教育资源配置和教育机会供给的认识和价值判断。教育效率则主要是从经济学的角度来界定和理解教育资源的配置状况。所以，针对一定的时空区域、具体的教育资源而言，教育公平与教育效率在短期内不可兼得。而且，两者的关涉范围既有交叉，又存在不同。判断和衡量教育的发展是否公平或者能否增进公平，不仅仅要看教育效率，更重要的还要看教育制度的设计以及教育政策的执行情况。比如，上述章节中谈到的教育公平问题，即地区差距、校际差别、城乡差异等，不是简单地提高教育效率就能解决的。同时，影响教育效率的因素是繁多且复杂的。教育公平自然是其影响因素之一，但是，除此之外，还有很多其他的因素。比如，教育领域内缺乏相应的激励机制也会造成教育效率

---

[1] 钱志亮：《社会转型时期的教育公平问题——中国教育学会中青年教育理论工作者专业委员会第十次年会综述》，《教育理论与实践》2001年第2期。

的低下。因为，从经济学的角度来讲，一个部门讲求效率的前提条件就是给该部门一定的资本寻利空间，但是，教育部门因其社会公共服务的性质，不能像经济部门以利润最大化为直接目标；而且，教育成果投放社会之后的收益期限是相当漫长的，所以，在追求高效的经济社会发展背景下，教育部门缺乏自身发展的动力机制。由此看来，教育公平并不是单纯地提高教育效率就能解决的，教育效率的低下也不是仅仅由教育公平造成的，两者有着各自的关涉范围和发展领域，在一定的时空和具体问题上存在着不可兼得的矛盾和冲突。

其次，教育公平与教育效率相互联系、相互促进。如前所述，效率通过公平获得现实规定性和价值理性，教育效率亦是通过教育公平获得合法性，即教育公平能够促进教育效率的提升。一定程度的教育公平能够使教育参与者（教育者和受教育者）产生较高的积极性，教育教学中的主体因素是教育效率提高的关键，是最积极、最具创造性的因素。所以，最大限度的教育公平化是提高教育效率的重要手段。同时，教育效率是促进高质量教育公平的必经之路。教育效率的提高必然意味着社会教育资源的增加，教育资源的增加必然为推动教育公平的进程提供坚实的物质基础，尤其是优质教育资源的增加，是高质量教育公平所不可或缺的前提条件。没有教育效率的教育公平不是真正的公平，即便公平，也是低水平的教育公平，而不是教育发展的真正追求。缺乏教育公平价值规约的教育效率并不具有教育实践层面的合法性基础，不是真正意义上的教育效率，实则是一种教育资源的浪费和损失，是教育效率的降低和缺失。因此，教育公平与教育效率在良性的循环发展中相互转化、相互促进。面对教育资源，尤其是优质教育资源有限和稀缺的现实问题，教育的价值选择究竟是"效率优先，兼顾公平"，还是"公平优先，兼顾效率"，这不仅是教育活动参与主体价值态度的一种表明，更是教育活动参与主体依据现实的各种条件、教育活动的属性、功能和特点以及主体自身的需要所确立的价值取向。

作为始于人、为了人、培养人的社会活动，教育有着其内在的、固有的、客观的理想追求和价值目标。古往今来的圣者先贤对此均有明确的认识，比如孔子的"有教无类"①，柏拉图认为"教育应成为公共事业"②，夸美纽斯坚持"人人都可受教育"③，卢梭倡导"教育机会人人均等"④，等等。在先贤们的这些论述中可以获悉，作为一种关涉精神社会活动，教育在其客观属性和价值诉求上内蕴着教育公平的价值理想和本质属性。一方面，教育公平是教育本质属性和价值诉求的内在要求。教育的根本目的是促进人的自由生成与全面发展，将其培养成为适应时代需求和社会发展的合格公民、高素质人才。所以，教育面向所有的生命个体，每一生命个体通过接受教育完成自然人向社会人的转化与改造，实现由可能生产力向现实生产力的转变与发展。尤其在科学技术和人类文明程度高度发达的现代社会条件下，任何生命个体的生存与发展均离不开教育的参与和培养；所以，教育公平不仅是社会公平在教育领域的具体体现，更是每个生命个体获得自由生成和全面发展进而获得平等发展机会的前提与保障。任一生命个体不仅享有平等的教育权利，而且，理应平等地享用教育资源，更应该具有取得同等学业成就和就业前景的机会。

另一方面，教育公平是教育发挥其自身功能的先决条件。教育不仅具有培养人、促进人的自由全面发展的本真功能，还具有对经济、政治、文化、社会发展的巨大的推动作用。因此，教育能够合理有效地发挥其自身功能，实现自身的价值理性，就要以公平化的教育发展面向社会各个领域、面向最为广大的人民群众，最大限度地提升人民群众的文化素质和业务水平，使每一个生命个体的潜质和潜能得到充分挖掘，其积极性和创造性得到充分发挥，进而转化为现实的生产力，促进社会经济的增长与发展。美国实用主义哲学家杜威曾指出："坚持教育公平可以起到以下三种作用：一是将所有的青年人'整合'到社会及各种成人角色中去的'社会化'作用；二是促进所有个体心理和道德生长的

---

① 毛礼锐、沈灌群：《中国教育通史》第1卷，山东教育出版社1984年版，第211页。
② 单中惠：《西方教育思想通史》，中国人民大学出版社2017年版，第21页。
③ 张焕庭：《西方资产阶级教育论著选》，人民教育出版社1979年版，第42页。
④ 滕大春：《外国教育通史》第3卷，山东教育出版社1979年版，第111页。

'发展'作用；三是给所有人提供公平竞争、向上流动的机会，帮助弱势者摆脱他们出身的群体局限性，进而促使其改善生存状态、减少社会不公平的作用。"① 美国当代教育家鲍威尔·金蒂斯则认为："促进现代社会的教育公平，一方面，可以使教育在社会流动、社会分化中发挥'筛选器'的功能，另一方面，又可以发挥'稳定器'和'平衡器'的功能，而教育作为'稳定器'和'平衡器'功能的发挥被他视为是实现社会平等最伟大的工具。"② 由此得知，教育公平是缩小贫富差距、缓解社会矛盾冲突、促进社会阶层流动、维护社会稳定有序的"稳定器"和"平衡器"。

综上所述，教育公平与教育平等的差异关系、教育公平与教育效率辩证联系，现实地推动教育公平进程，首先就要促进和保障教育平等，因为，教育平等是教育公平的核心内容。任何国家在教育公平的现实推进过程中都会遇到这样或那样的困难，尤其是在教育资源极其有限的条件下，如何平衡教育平等与教育效率之间的关系是最大的选择难题。如前所述，"教育平等是指人们不受政治、经济、文化、职业及地理区域、种族类别、宗教信仰和性别差异等限制，在法律上都享有的同等受教育的权利。"③ 然而，在特定的社会条件下，法律层面的教育权利的平等并不必然意味着实践层面一定能够享有平等的教育权利。换言之，教育平等的真正实现不仅仅需要明确的法律规定和保障，更需要在实际执行和推行过程中采取种种有效措施切实地保障每个生命个体平等地接受教育。不仅如此，推动教育过程中的平等，以及实现教育结果上的平等，亦是如此。因此，没有教育平等无所谓教育公平。

同时，教育公平的推动与实现需要教育效率提供物质前提和基础条件。作为衡量教育事业发展的一个必要指标，教育效率为教育事业的发

---

① [美] S. 鲍尔斯、H. 金蒂斯：《美国：经济生活与教育改革》，王佩雄等译，上海教育出版社1990年版，第28页。

② [美] S. 鲍尔斯、H. 金蒂斯：《美国：经济生活与教育改革》，王佩雄等译，上海教育出版社1990年版，第28页。

③ 顾明远：《教育大辞典》第6卷，上海教育出版社1992年版，第100页。

展提供必备的物质资源,即扩充其数量、拓展其规模、提升其质量。如若达不到一定的数量和规模标准,就无从谈及广泛意义上的教育平等和更高层次上的教育公平。以高等教育为例,从1999年我国开始实行高校扩招,全日制大学生招生数由1998年的108万达至2006年的540万,增长5倍,实现了一个历史性的大跨越。"由于这5倍,我们的人力资源、人才资源发生了一个质变",初步实现了把沉重的人口压力转化为巨大的人力资源优势。所以,科学合理地提高教育效率不仅有利于教育资源的合理优化利用,加快教育事业的发展;更为教育公平的推进与实现创造物质基础和前提条件。所以,在教育活动的现实实践中,合理地把握好教育平等与教育效率之间的张力与限度,促使二者在既定的社会经济条件下实现并驾齐驱和相互促进,才能从根本上和整体上推动教育公平的进程。

第三节　教育中的规训与自由

一　规训化教育限制人的自由本性的生成

"最重要的是怎样才能教育人们去追求自由,去理解自由,去获得自由。""自由的理念是最宝贵的价值理想——它是人类社会生活中至高无上的法律。""自由对人类的心灵具有巨大的感染力。""人们给自由所下的定义多种多样——这表明:在对自由的认识上,无论是在热爱自由的人们当中,还是在厌恶自由的人们之中,持有相同理念的人微乎其微。"[1]

从词源学的角度考察"自由",其始源于拉丁文 libertas,意指从被束缚和控制中解放出来,与奴役、束缚、操控及无法按照自己的意志思考与行动相对立。之后,"自由"一词进入学术领域,成为众学科讨论和研究的核心概念之一。然而,正是众学科间情感价值取向的迥异和分歧导致对自由的不同学科、不同层次及不同角度的内涵阐释,就像思想

---

[1] [英]阿克顿:《自由与权力——阿克顿勋爵论说文集》,侯健等译,商务印书馆2001年版,第307页。

家孟德斯鸠在其著作《论法的精神》中说得一样："没有一个词比自由有更多的涵义，并在人们意识中留下更多不同的印象了。有些人认为，能够轻易地废黜他们曾赋予专制权力的人，就是自由；另一些人认为，选举他们应该服从的人的权利就是自由；另外一些人，把自由当作是携带武器和实施暴力的权利；还有些人把自由当作是受一个本民族的人统治的特权，或是按照自己的法律受统治的特权。"① 然而，作为人之为人的总原则，"自由是没有外在强制从而能够按照自己的意志进行的活动；不自由则是因为外在强制而不能按照自己的意志进行的活动"②。同时，对于人本身而言，自由的绝对性是毋庸置疑的。因为"人的自由先于人的本质并且使人的本质成为可能，人的存在的本质悬置在人的自由之中。……人并不是首先存在以便后来成为自由的，人的存在和他'是自由的'这两者之间没有区别"③。

自由的这种绝对性意味着自由是人存在与发展的根基和依据，当这种自由观投射到"成"人的教育活动中时，就有了存在主义哲学家和教育学家雅斯贝尔斯对教育如此的论述："教育正是借助于个人的存在将个体带入全体之中。个人进入世界而不是固守着自己的一隅之地，因此他狭小的存在被万物注入了新的生气。如果人与一个更明朗、更充实的世界合为一体的话，人就能够真正成为他自己。"④ 因此，他将自由视为人之为人且成为人的根本所在，换言之，人只有在体验到自由的时候才完全是他自己。人之初的未完成性决定人绝非"是其所是、不是其所不是"的一种定在，而是一种向着社会和世界打开的且具有无限可能性的"是其所不是、不是其所是"的一种动态性、生成性存在；而且，人之初的未完成性决定人在世界面前的盲目状态，具体体现在无

---

① [法]孟德斯鸠:《论法的精神》（上册），张雁深译，商务印书馆1959年版，第182页。
② 王海明:《新伦理学：优良道德的制定与实现之研究》，商务印书馆2001年版，第409页。
③ [法]萨特:《存在与虚无》，陈宜良等译，生活·读书·新知三联书店1997年版，第55页。
④ [德]雅斯贝尔斯:《什么是教育》，邹进译，生活·读书·新知三联书店1991年版，第54页。

第四章　教育异化现象的理论分析

知盲目的不自由，遭受强制干涉的不自由，不能按照自己的意志把握自由个性的类自由等。人要想实现真正的自由从而"成"人，唯有通过教育。所以，教育应该承认学生作为独立个体的自由本性，从而唤醒、启迪学生的自由意识，帮助与教会学生如何实现其自由的本性，成为自己想成为的人。唯有如此，方为"教育"。

人通过教育实现的第一种自由，是摆脱盲目与无知，实现认识论的自由。没有对世间万物或者人类文化必然之理的正确认识，人们在社会实践中势必受到盲目和冲动意志的左右与控制，从而无法顺利抵达"彼岸"，获知真理，无法在世界面前"从心所欲"而"不逾矩"。而且，人类社会实践的目的并非仅仅为了万事万物背后的"真"，而是在"真"的基础之上进行"善"的价值反思，从而实现人类与世界"美"的统一。求真即探索真理，在教育领域中表现为对人类世代积累的科学文化的批判性继承与传播，这是学生接受教育的首要目的，学生通过接受教育实现对世界万事万物必然性规律的认知与把握，从而实现在万事万物面前遵从理性的引领与制约，而非随心所欲地完成对世界的创造性认知与改造，这就是人在"求真"路上的自由。

"自由乃是贯穿于追求真理的生命活动的内在灵魂，追求真理乃是人的生命活动之自由本质的自我展现。"[①] 向善即学生在求真的过程中对自身的社会实践所进行的价值反思。因为，人不是一种孤立的存在，而是时刻处于关系之中。所以，人类的实践活动理应具有"向善"的维度；而且，随着人类生活领域的扩展与认识能力和水平的提高，这种关系不仅仅指涉人与人之间的社会关系，还有人与自然之间的关系。因此，学生实现其自由本性不仅需要获得真知，还应使其活动合乎德性，因为"人的生存目的就在于道德的日益自我完善，就在于把自己周围的一切弄得合乎感性；如果从社会方面来看人，人的生存目的还在于把人周围的一切弄得合乎道德，从而使人本身日益幸福"[②]。求真基础上

---

① 许苏民：《人文精神论》，湖北人民出版社2000年版，第556页。
② [德]费希特：《论学者的使命·人的使命》，梁志学、沈真译，商务印书馆1984年版，第12页。

对善的追求与实现就是"美",即真正自由的获得,也就是说,只有认识了科学客观的真理、遵循了合乎道德至善,才能在认识与改造客观世界中实现主体与客体完美和谐的统一,才能实现人在类本质活动中的自由本质。所以,作为"成"人的教育,应该促进学生自由意识的觉醒,帮助其实现对必然的正确认知与其活动至善的遵循,从而在主客体实践活动中完美地使其"成"为一个具有自由本性的人。

"每个人的人性世界不是某种隐藏于背后而有待于发现的东西,而是在具体的历史环境中通过这个人的社会实践活动不断生成的东西。"① 人之初的未完成性、不确定性、复杂性会直接使人在社会实践活动中面临或遭受强制干涉的不自由,较之前论及的把握必然、理念层面的认识论自由,这种自由当属实践领域,是一种社会关系之中的自由。实践自由是具体的、可体会的,意在如何实现社会关系中个体的具体的自由。当实践自由投放到教育领域时,自然就会出现在纷繁的教育关系中如何实现学生的自由的问题。因为,教育作为社会系统的一个子系统,具有独立的组织结构、组织原则等,是系统的、由学生、教师、行政人员及家长共同参与的一个场域活动,这个场域中的强制与控制体现在其制度、规定、纪律、惯例等一些"金科玉律"上;然而,教育又作为未"成"人的学生从自然人走向社会人所必经的过程,所以,教育场域中的实践自由即学生的自由是教育权力强制与规约下的自由。

涂尔干在论及学生自由与教育权力两者间的关系时曾指出:"这两个概念非但不互相排斥,而且互相联系。自由是恰当地加以理解的权威的女儿。因为,所谓不受束缚,这并不是意味着做他喜欢做的事,而是自制,以及善于有理智地行动和履行义务。教师的权威,恰恰就应该用来使学生有这种自制。"② 因此,教育场域中的实践自由绝非指学生的任意妄为、随心所欲,而是体现为在教育权力的规约下对内蕴于人类科学文化中的真善美的自觉和自主的追求;教育场域中的权力控制、规

---

① 韩震、孟鸣岐:《历史哲学》,云南人民出版社2001年版,第16页。
② 张人杰主编:《国外教育社会学基本文选》,华东师范大学出版社1989年版,第23页。

第四章　教育异化现象的理论分析

约、纪律等不是不要，而是要在促进学生自由"成"人的核心和宗旨下将其贯彻与执行，成为学生能够实现自由"成"人的一种保障力量。而且，作为人的本质性规定，自由是学生"成"人的首要前提和根本依据，作为人为、为人并指向成"人"的教育，应该是能够提高学生求真、求善、求美的自主自觉性，从而促进学生自由基础上的全面与和谐发展的实践活动，远非"去人化"的规训与操纵。同时，由于人是一种关系性存在，教育只有给予并帮助学生获得和实现教育关系中的实践自由，才能使之在其他社会关系中实现更多的自由，如经济自由、政治自由、思想自由、文化自由等。这是教育之为教育的根本性质使然。

教育视域中的第三种自由，也是马克思主义自由理论中的"类的自由"，"一个种的整体特性、种的类特性就在于生命活动的性质，而自由的有意识的活动恰恰就是人的类特性"[①]。类的自由是自由形式的最高层次，作为区别于动物的人的本质性特征，其内涵指向人的自由个性或自由全面发展的人；且与异化相对，与人们不能自由地支配自己的活动与结果相对，受自己的活动或结果的控制。人在实践活动中的自我丧失意味着异化的产生，异化产生的结果直接导致人的自由本性的丧失，从而被一种与人相对的异己力量所支配与控制。

教育，作为基于人的自由本性、启发人的自由意识、培养人的自由精神的实践活动，理应以自由"成"人为灵魂和目的，促进并指向人的自由本性的解放与全面和谐的身心发展。然而，反观当前教育规训化的一系列微观运作，其目的是规训一个个顺从且有用的肉体，从而使肉体因为顺从而变得更有用；其手段使得学生成为一个个机械化的、千篇一律的碎片化存在；加之层级与全景敞视的监视机制，这一切使得处于学习、活动中的学生丧失为人的自由特性，学习、活动及其所谓的结果——成绩却演变为支配与控制学生一切的他在或异己力量，使受教育者成为任学校规章制度摆布与操控的布偶或棋子。试想，处于不能支配自身学习与活动的教育场域，失去为人的自由特性，如何在学习和实践

---

① 《马克思恩格斯选集》第 1 卷，人民出版社 2012 年版，第 56 页。

中实现求真、求善、求美的认识论自由？没有至美的风向标，少了至善的道德护航，自然无法抵达至真的彼岸。

那么，在世界的"必然"面前，又何来"从心所欲"而"不逾矩"，何来自由呢？如果认识论自由尚不能实现，那么实践自由就只能是一句空谈。所以，不得不说，教育的规训化运作致使教育成为一种"去人化"的实践活动，与本真的教育相背离，成为一种异化的教育；未"成"人的学生通过接受教育非但没有占有和实现其自由的本性、成为想成为的人，反而成为他人意志的工具或傀儡。因此，重新反思自由作为人的类本质，并在此基础上承认并尊重人的自由本性，为学生提供充分自由的教育环境，激发学生的自由觉醒意识，提高学生的自由能力，培养学生的自由精神，方能不违背教育之为教育的初衷，促进人的自由全面发展。

二 自由是人之为人的本质与前提

马克思在其著作《1844年经济学哲学手稿》中批判资本主义经济条件下的劳动异化时提出人的"类本质"问题，并对其进行了系统的理论分析与阐释。作为马克思"类本质"思想的直接来源，费尔巴哈的人本学唯物主义及宗教批判理论不仅恢复了唯物主义的权威，指出人作为一种客观存在物的自然受动性；还证明"宗教是人跟自己的分裂：他放一个上帝在自己的对立面，当作与自己对立的存在者"[①]，即宗教的本质就是人的类本质的异化。在此基础上，马克思指出："宗教是人的本质在幻想中的实现，因为人的本质不具有真正的现实性。因此，反宗教的斗争间接地就是反对以宗教为精神抚慰的那个世界的斗争。"[②]之后，当"对天国的批判变成对尘世的批判，对宗教的批判变成对法的批判，对神学的批判变成对政治的批判"[③]时，费尔巴哈的宗教批判

---

① 王太庆：《费尔巴哈哲学著作选集》（下卷），荣震华、王太庆、刘磊译，生活·读书·新知三联书店1962年版，第60页。
② 《马克思恩格斯选集》第1卷，人民出版社2012年版，第2页。
③ 《马克思恩格斯选集》第1卷，人民出版社2012年版，第2页。

就再也无法给出合理的解释。

然而，恰在此时，以劳动价值论为基础的国民经济学和黑格尔的精神现象学从另一个更高的角度启发了马克思。"虽然从劳动是生产的真正灵魂这一点出发，但是它没有给劳动提供任何东西，而是给私有财产提供了一切。"①"劳动所生产的对象，即劳动的产品，作为一种异己的存在物，作为不依赖于生产者的力量，同劳动相对立。"②这足以表明，资产阶级国民经济中生产劳动作为人的类本质发生异化。如果国民经济学是对人的类本质异化的经济学批判，那么黑格尔的精神现象学就是对该问题的哲学批判。在《精神现象学》中，黑格尔哲学的合理内核——辩证法抓住劳动的本质，将人的自我产生看作一个过程，即劳动生产了人；然而，黑格尔却将人的本质的异化等同于自我意识的异化，即他将人的本质等同于自我意识，所以，"在黑格尔那里，否定的否定不是通过否定假本质来确证真本质，而是通过否定假本质来确证假本质或同自身相异化的本质。"③正是在这样的历史背景和思想资源的启发下，才有了马克思在《1844年经济学哲学手稿》中对人的类本质的探讨。

马克思认为，人首先是一种自然存在物。"无论是在人那里还是在动物那里，类生活从肉体方面来说就在于人（和动物一样）靠无机界生活，而人和动物相比越有普遍性，人赖以生活的无机界的范围就越广阔。"④这一论断不仅确证了人作为一种自然存在物具有如动植物般的自然受动性和受限制性；同时，还表明人有着动物所没有的普遍性。"从理论领域来说，植物、动物、石头、空气、光等等，一方面作为自然科学的对象，一方面作为艺术的对象，都是人的意识的一部分，是人的精神的无机界，是人必须事先进行加工以便享用和消化的精神食粮；同样，从实践领域来说，这些东西也是人的生活和人的活动的一部分。人在肉体上只有靠这些自然产品才能生活，不管这些产品是以食物、燃

---

① 《马克思恩格斯选集》第1卷，人民出版社2012年版，第60—61页。
② 《马克思恩格斯选集》第1卷，人民出版社2012年版，第51页。
③ 《马克思恩格斯文集》第1卷，人民出版社2009年版，第214页。
④ 《马克思恩格斯选集》第1卷，人民出版社2012年版，第55页。

料、衣着的形式还是以住房等等的形式表现出来。在实践上，人的普遍性正是表现为这样的普遍性，它把整个自然界——首先作为人的直接的生活资料，其次作为人的生命活动的对象（材料）和工具——变成人的无机的身体。"① 但是，动物却有着另一番模样，动物本身是什么样子，它的生命活动就是什么样，两者是直接同一的。所以，正是这种普遍性表明人与动物的本质区别不仅仅在于人有抽象的精神活动，更在于人的有意识的感性生命活动，与动物的本能生命活动相比，"人则使自己的生命活动本身变成自己意志的和自己意识的对象。他具有有意识的生命活动。这不是人与之直接融为一体的那种规定性"②。也恰恰是这种"将自己的类、自己的本质性当作对象的"意识使人区别于动物成为一种类存在物，也恰恰因为"人把自身当做现有的、有生命的类来对待，因为人把自身当做普遍的因而也是自由的存在物来对待"③。所以，在自然界面前，较之动物，人是一种自由的类存在物。

　　与黑格尔的《精神现象学》对自由意识的认识不同，马克思将人的自由意识置于人的感性的生命活动中来理解，并指出这种感性的生命活动就是人存在的根本，而且，人在感性生命活动中所表现出来的自由自觉性就是人的自由意识。"劳动这种生命活动、这种生产生活本身对人来说不过是满足一种需要即维持肉体生存的需要的一种手段。而生产生活就是类生活。这是产生生命的生活。一个种的整体特性、种的类特性就在于生命活动的性质，而自由的有意识的活动恰恰就是人的类特性。"④ 改造对象世界的生命活动即劳动使人确证自身的类特性或类本质，这种自由的类本质不仅体现在与动物相比人的广阔的普遍性，还体现在"动物只是按照它所属的那个种的尺度和需要来构造，而人却懂得按照任何一个种的尺度来进行生产，并且懂得处处都把固有的尺度运

---

① 《马克思恩格斯选集》第1卷，人民出版社2012年版，第55页。
② 《马克思恩格斯选集》第1卷，人民出版社2012年版，第56页。
③ 《马克思恩格斯选集》第1卷，人民出版社2012年版，第55页。
④ 《马克思恩格斯选集》第1卷，人民出版社2012年版，第56页。

用于对象"①。换言之，动物只生产自身，人则生产整个自然界，而且这种生产是在社会中完成的。"因为只有在社会中，自然界对人来说才是人与人联系的纽带，才是他为别人的存在和别人为他的存在，只有在社会中，自然界才是人自己的合乎人性的存在的基础，才是人的现实的生活要素。只有在社会中，人的自然的存在对他来说才是人的合乎人性的存在，并且自然界对他来说才成为人。因此，社会是人同自然界的完成了的本质的统一，是自然界的真正复活，是人的实现了的自然主义和自然界的实现了的人道主义。"② 这就说明，"自由作为人的类本质，在哲学意义上，是指人认识、利用、反制、解脱和超越各种限制与束缚的生存状态，或者说，自由是人的本质力量的发挥与实现，是主体对客体的正确认识与有效驾驭。也就是说，人的形成、活动及其发展，都是遵循其生命的内在原则的结果。这个内在原则就是自由。"③ 所以，在生产劳动中，人之为人的自由本质不仅获得确证，也成为人的存在和获得进一步发展的首要前提。

马克思在《1844年经济学哲学手稿》中对异化劳动的论述，再次从反面印证自由是人的类本质这个论题。在异化劳动的四个规定中，马克思首先阐释了劳动者即人不能自由地占有自己的劳动产品，反而被劳动产品所奴役，而且"物的世界的增值同人的世界的贬值成正比"④。其次，在劳动过程中，人并不是自由地发挥自己，因为"工人只有在劳动之外才感到自在，而在劳动中则感到不自在，他在不劳动时觉得舒畅，而在劳动时就觉得不舒畅"⑤。通过这两个规定可以看出："在这里，活动是受动；力量是无力；生殖是去势；工人自己的体力和智力，他个人的生命——因为，生命如果不是活动，又是什么呢？——是不依

---

① 《马克思恩格斯选集》第1卷，人民出版社2012年版，第57页。
② 《马克思恩格斯文集》第1卷，人民出版社2009年版，第187页。
③ 张三元：《论马克思自由观的三个核心范畴——马克思自由观研究之二》，《中南民族大学学报》（人文社会科学版）2013年第2期。
④ 《马克思恩格斯选集》第1卷，人民出版社2012年版，第51页。
⑤ 《马克思恩格斯选集》第1卷，人民出版社2012年版，第53—54页。

赖于他、不属于他、转过来反对他自身的活动。这是自我异化。"① 在异化劳动中，确证自身类本质的生命活动成为人维持自身生存的一种手段，人不能按照与遵循自己的意志自由地进行对象化活动，而且，"人的类本质，无论是自然界，还是人的精神的类能力，都变成了对人来说异己的本质，变成了维持他的个人生存的手段。"② 那么，这就意味着，人在异化劳动中不能实现作为主体对客体的正确认识与有效驾驭，没有使自身摆脱受制、束缚的生存状态，更没有实现人的自由本质的发挥，人丧失自我、丧失人的类特性、丧失人之为人的自由本质。

反观我国当前的教育教学，不仅在过度工具化的倾向中逐步走向单向度的片面化存在，而且，小到幼儿园的孩童，大到即将成人的高中生，无一不是在规定的时空区域中执行一系列指令的"玩偶人"。马克思认为人的自由就是"人以一种全面的方式，就是说，作为一个完整的人，占有自己的全面的本质"③，其占有方式通过主客体的对象化活动得以实现，这一点在上述类本质中已经谈到。人的自由作为一种关系范畴，不仅体现在人与自然的关系之中，还体现在人与人的社会关系上。人与人的社会关系为人的生存与发展提供条件和空间，然而，在一定程度上，这种条件与空间也是人生存与发展的限制和障碍，人的自由本性就是要挣脱和冲破这种限制与障碍，从而达到一种自由自觉的生命状态。也可以说，在人的自由本性基础上的对自由自觉生命状态的追求与对限制关系冲破的需要，是人作为类存在物的一种天然需要，这种天然需要的不断产生与满足恰恰是人的自由本质的不断体现与完成。

人是类的存在物，"人把自身当做现有的、有生命的类来对待。"④ 在马克思看来，人作为类的本质在于两个方面：一是生命活动的自由自觉性，尽管人同动物一样依赖于自然界，是一种受动的自然存在，但同时，人的生命活动的自由自觉性决定人还是一种能动的存在，而且，这

---

① 《马克思恩格斯选集》第1卷，人民出版社2012年版，第54—55页。
② 《马克思恩格斯选集》第1卷，人民出版社2012年版，第57页。
③ 《马克思恩格斯文集》第1卷，人民出版社2009年版，第189页。
④ 《马克思恩格斯选集》第1卷，人民出版社2012年版，第55页。

种"能动"为人在自然界面前争得主体的位置；二是生命活动的有意识性，人不仅能够把自然界当作对象来认识与改造，还能把自身当作对象来认识和反思。因为生命活动的这种有意识性，人的活动才不是像动物的本能活动一样，而是自由、自觉的活动。人"通过实践创造对象世界，改造无机界，人证明自己是有意识的类存在物"①，所以，"这种生产是人的能动的类生活。通过这种生产，自然界才表现为他的作品和他的现实"②。

人在认识和改造外在自然界的同时，不断地反思、审视自身，并时而发出人是什么、为何物的疑问。面对如此的追问，马克思第一次明确又清晰地作了回答：人是一种类存在物，将人从动物界中独立并区别开来的则是人的自由的、有意识的生命活动。然而，回答至此远不是人的本质的全部，而仅仅也是作了静态的考察。生命活动的自由自觉与有意识性主要表明人与动物在活动方式和手段上的不同，与动物相比，人以此类特性维系自身的生命存在，并在对象化活动中日复一日地确证作为类的本质与特性，动物却只能"本能"地在自然界中活着，自生至死。除此之外，这种根据活动方式和手段的区分并不蕴含更多的深刻寓意。人是这个自然世界中唯一具有智慧和灵性的动物，其存在的目标远不是像动物一样的"活着"，马克思曾经指出，"动物机能——吃、喝、生殖，至多还有居住、修饰等等"，这就是动物"最后的和惟一的终极目的"。③ 人类不仅要生存于世，而且要追求由低级至高级的发展，通过发展实现更"好"的生存与繁衍。如果人类的实践活动和生产活动没有这种高远的鸿鹄之志，人类也就无异于动物类，也就演变成人与自己的类本质相异化的结局。因此，从生存的目的与价值取向来区分人与动物成为一种势在必行，而且，这是深度地、动态地回答人是什么、为何物的问题，即人的发展的本质。

"我们已经承认劳动的异化、劳动的外化这个事实，并对这一事实

---

① 《马克思恩格斯选集》第1卷，人民出版社2012年版，第56页。
② 《马克思恩格斯选集》第1卷，人民出版社2012年版，第57页。
③ 《马克思恩格斯选集》第1卷，人民出版社2012年版，第54页。

进行了分析。现在要问,人是怎样使自己的劳动外化、异化的?这种异化又是怎样由人的发展的本质引起的?我们把私有财产的起源问题变为外化劳动对人类发展进程的关系问题,就已经为解决这一任务得到了许多东西。"① 这是马克思借助对异化劳动的探讨,首次提出人的发展的本质问题。在《1844年经济学哲学手稿》中,马克思通过对异化劳动的分析与阐释发现,私有财产并不是异化劳动的根源,"是外化劳动的后果,正像神原先不是人类理智迷误的原因,而是人类理智迷误的结果一样"②。那么,私有财产与异化劳动讲的是同一件事情,只不过一个是结果,另一个是过程,究其根源就是人的需要。人的需要对整个人类发展的进程起着决定性作用,人的需要产生劳动,在历史的发展中演变为异化劳动,之后便有了私有财产。在人类历史的发展进程中,人的需要包含两种:一是满足生命活动的需要;二是在满足生命需求的基础之上所产生的新的需要,新的需要的直接目的是提高生活质量,活得更美好、更幸福。这两种需要是人之为人的本性,是人的发展本质。所以,人谋求发展的本性使得人作为类的本质在更深层次上与动物区别开来。

人的需要作为人的发展的本质在《1844年经济学哲学手稿》之后的《德意志意识形态》中被马克思更加明确地提炼出来:"他们的需要即他们的本性。"③ 人所具有的需要本性是人之为人并作为人发展的本质、与生俱来的,当人实现了自由的类本质之后就会提升需要的层次,进而实现更高的生存目的:发展。同时,处于一定社会历史发展阶段上的人的需要将会对该历史阶段的社会生产提出发展要求,换言之,人的需要的本性或者发展的本质只有通过社会生产活动才能实现;而且,在生产活动中,每个生产者不仅生产自己需要的产品,还要生产能够满足其他人需要的产品,别人也会生产多余的产品来满足"我"的需求。如马克思所说:"直接体现他的个性的对象如何是他自己为别人的存

---

① 《马克思恩格斯选集》第1卷,人民出版社2012年版,第62页。
② 《马克思恩格斯选集》第1卷,人民出版社2012年版,第60页。
③ 《马克思恩格斯全集》第3卷,人民出版社1960年版,第514页。

在，同时是这个别人的存在，而且也是这个别人为他的存在。"① 不仅如此，当社会历史中的简单生产劳动，无论在质还是在量上都不能满足人的需要时，扩大再生产也就成为一种必须。第一个需要"是为了生活，首先就需要吃喝住穿以及其他一些东西。因此第一个历史活动就是生产满足这些需要的资料，即生产物质生活本身"②。"已经得到满足的第一个需要本身、满足需要的活动和已经获得的为满足需要而用的工具又引起新的需要，而这种新的需要的产生是第一个历史活动。"③ 所以，人的需要本性基于自由作为人的类本质的完成与实现，从而成为真正历史活动的前提与起点。

人类历史的不断进步与完善，是人的内在需要不断得到外化与实现的结果。对发展的需求使得每一个个体不安于现状，不断努力实现更高的追求。作为与人最接近的一个类，动物没有超出生命需求的其他需求，仅仅依靠自身的本能在自然环境中争取能够活着，否则就面临灭绝的厄运。然而，人的需要本性作为人区别于动物的发展本质，其基础就是要承认人之为人的自由类本质。因为，唯有人在生产活动中具有独立的主体地位和意识，才能对自身、对自然界、对社会历史提出更高层次的发展需求；如果人处于一种与类本质相异化的状态，如马克思所描述的异化劳动，人的生命活动沦落为维持生命存在的手段，那么，人的自由和有意识体现在哪里？人若不能独立地进行对象化劳动，又哪来的有意识、有着明确目的和计划性？自由的类本质尚且不能完全地实现，又何来人的更高层次的需要、更高层次的发展？反观教育教学中的规训化操作，学生作为个体尚且不能通过教育实现"成"人的目标，尚且不能通达自由的类本质，教育又如何实现对受教育者全面潜能发展与社会全面发展的促进作用呢？所以，人为、为人的教育应该以"人"为核心，不忘"成"人与促进人的自由全面发展的初心，在教育教学中践行教育之为教育的本真目的与终极价值。

---

① 《马克思恩格斯文集》第1卷，人民出版社2009年版，第187页。
② 《马克思恩格斯选集》第1卷，人民出版社2012年版，第158页。
③ 《马克思恩格斯选集》第1卷，人民出版社2012年版，第159页。

三 自由是人从物的依赖性走向自由个性的必经之路

众所周知，马克思将未来共产主义社会描述为自由人联合体的社会，所以，社会中的每一个生命个体生成自由个性是走向未来共产主义社会的先决条件。站在人的自由个性生成的角度，马克思的社会发展三形态理论（以人的依赖性为基础的社会、以物的依赖性为基础的人的独立性社会、自由个性的社会）恰恰说明了人的发展三阶段理论。

当前社会的主流社会形态是以物的依赖性为基础的人的独立性社会，针对这种社会形态，马克思是这样定义的："以物的依赖性为基础的人的独立性，是第二大形式，在这种形式下，才形成普遍的社会物质变换、全面的关系、多方面的需要以及全面的能力的体系。"① 由此可知，这种社会形态中的个体获得了全面的独立性，但这种独立性以物的依赖为基础，因此，不能称之为彻底的独立性；同时，"普遍的社会物质变换、全面的社会关系、多方面的需要以及全面的能力体系"表征了现代社会的主要特征。物质交换的普遍性意味着人与人之间全面的依赖关系，这种依赖关系是指每一个人的现实生存依赖于他人的生产，而每一个人的生产产品又成为其他人的消费资料，这是一个全面的相互依赖的体系。显然，相较于"人的依赖性社会"中的依赖，这种依赖体系不仅更为全面，其媒介也不再是氏族、部落等共同体，而是通过物质的交换。换言之，人与人之间的关系通过"物—交换价值—货币"来体现，即"每个个人行使支配别人的活动或支配社会财富的权力，就在于他是交换价值的或货币的所有者。他在衣袋里装着自己的社会权力和自己同社会的联系"②。所以，以物的依赖性为基础的社会形态是全面的物化社会，亦可以称为异化的社会，"人的社会关系转化为物的社会关系；人的能力转化为物的能力"③。

以物的依赖性为基础的人的独立性并不是彻底的独立性，从历史唯

---

① 《马克思恩格斯文集》第 8 卷，人民出版社 2009 年版，第 52 页。
② 《马克思恩格斯全集》第 30 卷，人民出版社 1995 年版，第 106 页。
③ 《马克思恩格斯全集》第 46 卷（上册），人民出版社 1979 年版，第 103—104 页。

物主义的视角出发，站在社会发展科学尺度的立场上，这种独立性有其存在和发展的历史必然性；然而，从人的发展的尺度来讲，这种独立性势必为更高级、全面的独立性所代替，为更高级的社会形态所代替，即"每个人的自由发展是一切人的自由发展的条件"[①]的社会。对此，马克思是这样界定的："建立在个人全面发展和他们共同的、社会的生产能力成为从属于他们的社会财富这一基础上的自由个性，是第三个阶段。"[②] 这就是说，自由个性以人的全面发展为基础，自由个性社会形态以物的依赖性为基础的社会形式为基础，自由个性社会是个人全面占有共同的、社会的生产能力，并从属于自己的社会财富。所以，所谓自由个性，是指人不仅摆脱人的依赖关系，而且摆脱物的依赖关系，实现全面而又彻底的独立，自由地存在和发展自身，并按照自己的个性特点自由地安排生活和社会活动。

那么，如何实现这种自由个性的社会形式呢？首先，马克思曾经指出："全面发展的个人——他们的社会关系作为他们自己的共同的关系，也是服从于他们自己的共同的控制的——不是自然的产物，而是历史的产物。要使这种个性成为可能，能力的发展就要达到一定的程度和全面性，这正是以建立在交换价值基础上的生产为前提的。这种生产才在产生出个人同自己和同别人相异化的普遍性的同时，也产生出个人关系和个人能力的普遍性和全面性"[③]，意即自由个性社会的首要前提是生产力的全面发展。所以，从这个意义上来说，物的依赖性为基础的社会形式具有极为重要的积极意义，这种积极意义体现在生产力的极大发展、社会物质产品的极大丰富，为第三阶段人们的自由自觉活动奠定坚实的物质基础。

其次，自由个性社会的实现意味着全面物化和异化的消解和扬弃。自由个性社会的到来不仅要求"物的依赖性为基础"第二阶段的社会形式为其奠基充分发展的生产力、极为丰富的物质产品，同时，还要求

[①] 《马克思恩格斯选集》第1卷，人民出版社2012年版，第422页。
[②] 《马克思恩格斯文集》第8卷，人民出版社2009年版，第52页。
[③] 《马克思恩格斯文集》第8卷，人民出版社2009年版，第56页。

在生产力充分发展的基础之上社会关系的全面改革,在社会关系的全面改革过程中逐步地消除和扬弃异化。因为,物的依赖性为基础社会形态中的社会关系"并未排除'依赖关系',它们只是使这些关系变成普遍的形式;不如说它们为人的依赖关系造成普遍的基础。个人在这里也只是作为一定的个人互相发生关系。这种与人的依赖关系相对立的物的依赖关系也表现出这样的情形(物的依赖关系无非是与外表上独立的个人相对立的独立的社会关系,也就是与这些个人本身相对立而独立化的、他们互相间的生产关系):个人现在受抽象统治,而他们以前是互相依赖的。但是,抽象或观念,无非是那些统治个人的物质关系的理论表现"①。所以,全面物化和异化的消除意味着统治人的物化关系的消除、社会关系的全面改革。这里的全面改革不仅仅指生产关系,还包括生产关系基础上的政治、文化、思想等其他领域的制度体制改革。

最后,社会关系全方位的改革意味着人获得全面的自由,不止政治上享有自由的权力,还获得存在意义上的彻底自由,即全面发展自己的各种潜能,全面占有自己的社会关系,实现自由自觉的社会活动,正如马克思描述的那般:"上午打猎,下午捕鱼,晚上从事批判",按照自己的愿望安排自身的生活和活动。那么,每个人实现自由个性,也就意味着实现了马克思的"自由王国","自由王国只是在必要性和外在目的规定要做的劳动终止的地方才开始;因而按照事物的本性来说,它存在于真正物质生产领域的彼岸。像野蛮人为了满足自己的需要,为了维持和再生产自己的生命,必须与自然搏斗一样,文明人也必须这样做;而且在一切社会形式中,在一切可能的生产方式中,他都必须这样做。这个自然必然性的王国会随着人的发展而扩大,因为需要会扩大;但是,满足这种需要的生产力同时也会扩大。这个领域内的自由只能是:社会化的人,联合起来的生产者,将合理地调节他们和自然之间的物质变换,把它置于他们的共同控制之下,而不让它作为一种盲目的力量来统治自己;靠消耗最小的力量,在最无愧于和最适合于他们的人类本性

---

① 《马克思恩格斯文集》第 8 卷,人民出版社 2009 年版,第 58—59 页。

的条件下来进行这种物质变换。但是，这个领域始终是一个必然王国。在这个必然王国的彼岸，作为目的本身的人类能力的发挥，真正的自由王国，就开始了，但是，这个自由王国只有建立在必然王国的基础上，才能繁荣起来。"① 因此，只有消除人的物化关系和异化状态，实现人的全面自由，以物的依赖性为基础的社会形式才会过渡到自由个性的社会形式，即从必然王国迈向自由王国。

---

① 《马克思恩格斯文集》第7卷，人民出版社2009年版，第928—929页。

第五章　消解教育异化现象的人学路径

教育是一种培养人的社会实践活动，人是这个社会实践活动的核心和终极目的，教育是属人的、为了人、以人为本的社会实践活动。从以上章节的论述中可以得知，无论是从宏观上的价值诉求层面审视教育活动，还是对教育实践进行微观操作层面的探究，均可以确认教育在其现实的发展过程中出现一系列的异化现象，即教育在其自身的发展过程中，失去了其在本义上作为人培育下一代并使之更好地创造自然与社会的目的和功能，反而成为一种影响，甚至限制人的发展的异己力量。马克思的异化理论是以历史唯物主义为理论范式，视异化的产生为社会历史发展的一个必经过程，是历史自身否定之否定的一个必经环节。反观教育场域中的异化现象，也是如此。那么，笔者认为，扬弃教育异化现象必须以一定历史时期的经济水平、政治文化环境等各种条件为基础，坚定教育的人学立场，坚守教育的人学信仰和实践维度，以人的自由而全面发展规约并引导教育的发展，具体而言，就是积极激发人的主体意识的觉醒，努力促进人的主体地位的确立，主动提升人的主体性。

第一节　消解教育异化现象是历史所趋

一般而言，从历史唯物主义的角度来讲，对异化的界定和解释是存在理论缺陷的。因为，异化是对于主体即人而言的，那么，其概念本身就内蕴着一种价值预设：主体的存在是合理的。那么，主体产生的对立面即客体反过来反对主体也就是不合理的，接下来扬弃这种不合理、实现向主体的复归便又是合理的事情了。探究任何异化理论均是为了探究如何扬弃主体所产生的异化，实现主体自身的价值，并非就异化谈异化。因此，对异化概念完整的理解应该内含复归主体的环节，是一个主客体之间不断运动、发展和扬弃的动态过程。

马克思在探讨现实的人的处境以及如何实现人的未来解放问题的基础上提出异化理论，没有主体就没有异化。所以，异化是相对于主体而言的，而且，这个主体是人，是现实的人，处在一定社会历史关系中的人，是"一切社会关系的总和"。那么，异化的客体呢？按常理解释，异化的客体指的是反对人的，主体的对立面，一种外在的异己力量。历史唯物主义理论视阈下的人是从事一定物质生产劳动的人，人活动的产物是没有生命、没有意识的纯粹的物，物是不具备反对人的能动力量的，所以，纯粹的物无法成为主体的对立面或者异己物。因此，异化只能在人的对象化活动过程之中产生，且这个对象化活动既不是抽象的活动，也不是某单个人的对象化活动，因为，没有哪个人愿意自己的活动反对自身；所以，能够成为反对人的，且是人活动的产物的异己力量，只能是一种能动的存在——不能够是纯粹的、受动性的物，因为，物不具备能够反对人的能动性——是人作为个体之外的他者。这个他者为什么会成为反对人的异己力量呢？是他自己决定的吗？不！是由一定历史时期和条件下的社会关系决定的。从这个意义上讲，异化的主体就个人而言，客体就是现实社会。但是，这里需要注意的一点是，就异化而言，无论主体还是客体都不是绝对的，是相对的，即相对主体与相对客体。因为，现实的人作为"一切社会关系的总和"不是一种静态的存在，相反时刻处于动态发展中，同时，现实社会也时刻处于一定的辩证运动过程之中。

如前所述，异化只能在人的对象化活动过程中产生，且不是在某单个人的对象化活动过程中。这里需要说明的是，异化产生于对象化活动，但，对象化活动并不必然导致异化的产生。因为，对象化活动表征人与物之间的关系，能够反对主体的异己力量只能是一种能动的存在，而不能是纯粹受动的物。但是，人在对象化活动中不仅形成了人与物之间的自然关系，还会生成人与人之间的社会关系，人与物之间的自然关系和人与人之间的社会关系共同构成人所处一定历史时期的生产关系的总和。该生产关系在形成之初是作为人们生产和生活的保障和基础条件而存在的，但是，伴随历史的发展，当生产关系不再促进生产力的发展，成为生产力发展的桎梏时，它就演变成了一种异己力量。由此得知，马克思认为，异化的产生并不是某单个人的自我异化的过程，它的产生和根源均在个体之外，而形式不得不通过个体表现出来。所以，单个人既不能成为异化产生的决定性因素，亦不能成为扬弃异化的决定性力量。

马克思认为，现实的人从来都不是一种孤立的存在，而是由所处社会关系的总和决定，这里的总和绝不是各种社会关系的简单相加，而是各种关系的有机结合与统一，构成一个决定人的本质的不可分割的整体。所以，撇开历史进程、社会关系孤立地考察人只会导致一种结果：人与感性世界相分离，要么"对对象、现实、感性，只是从客体的或者直观的形式去理解，而不是把它们当做感性的人的活动，当做实践去理解，不是从主体方面去理解"①；或者"和唯物主义相反，唯心主义却把能动的方面抽象地发展了，当然，唯心主义是不知道现实的、感性的活动本身的"②。而人与感性世界相分离的结果是人在对象化活动中作为主体与客体相分离，进而出现客体反对主体、感性世界与人两者相异化的结果。

根据马克思对异化劳动的论述可以得知，感性世界与人相分离、异化，人的对象化活动即实践劳动本身与人相异化。对异化持有这样的理解在黑格尔和费尔巴哈那里是不曾有过的，因为在黑格尔的思想里，绝对精神而不是现实的人才是实践活动的真实的主体，那么，实践活动也就无关乎现实的人，是人自身之外的东西；费尔巴哈则在早期就认为理

---

① 《马克思恩格斯文集》第1卷，人民出版社2009年版，第499页。
② 《马克思恩格斯文集》第1卷，人民出版社2009年版，第499页。

论活动才是人真正的实践活动,"而对于实践则只是从它的卑污的犹太人的表现形式去理解和确定"①。既不能简单地视现实的人为受动的物质性存在,也不能单纯地将其视为主体的能动性存在,应该辩证统一地看待现实的人:受动与能动的统一。而且,通过分析和论证,马克思认为,在人的本质问题上,费尔巴哈又重新陷入唯心主义,因此,也就无力给出任何合理的解释,只能将其诉诸抽象的思辨:用一种新的宗教代替旧的宗教,即爱的宗教。但是,这对于真正的问题——异化的消除——是无济于事的。费尔巴哈对宗教的本质的解释仅限于理论上的认识,因为,他是不了解实践的。但是,人类社会的历史性发展不是仅仅做到理论认识就够了,而要在实践的基础上认识事物并对其实现变革,这才是历史的真正发展。对此,费尔巴哈自然是做不到有什么真知灼见了。

马克思恩格斯第一次系统并详尽地论述历史唯物主义的基本思想是在其著作《德意志意识形态》中。首先,马克思认为,人的意识不仅是人与人之间的社会关系的意识、是人们社会交往的产物;而且,意识在任何时候都是客观存在——被意识到了的客观存在的——一种反映,所以,意识"没有历史,没有发展,而发展着自己的物质生产和物质交往的人们,在改变自己的这个现实的同时也改变着自己的思维和思维的产物"②。另外,马克思在书中系统地论述了生产力与生产关系、经济基础与上层建筑的矛盾运动;并揭示出唯物史观的基本规律。因此,马克思恩格斯论证阐述历史唯物主义思想的过程是批判意识形态、生产力、生产关系作为人的异在与人相异化的过程。

意识形态与人的历史性活动理应是统一的。然而,在历史唯心主义理论中,意识形态与现实的人却是相互背离、相互异化的。历史唯心主义者首先将"思想"与其条件分割开来,使思想成为无条件的、能够支配和决定其他一切的绝对的力量,进而将思想作为主体,对其进行自我规定、自我实现、自我运动的论证。如此一来,现实的历史就成为"思

---

① 《马克思恩格斯文集》第1卷,人民出版社2009年版,第499页。
② 《马克思恩格斯文集》第1卷,人民出版社2009年版,第525页。

想"自我运动的外在体现。社会历史中的"一切唯物主义的因素从历史上消除了"①，与社会现实割裂的意识形态与现实的人自然也就是割裂的、相异化的了。所以，对于现实的人来说，这种意识形态是一种异己的存在，这种异己性在阶级社会里会体现得更为明显。统治阶级实行阶级统治和压迫的最有力的工具和武器便是意识形态，对于被统治阶级而言，代表统治阶级利益的意识形态自然是与自己相对立、相异化的。

然而，这种异己性并不是阶级社会里与生俱来的现象，就像阶级并不是一开始就有一样。社会历史发展自然形成社会分工，只要存在社会分工，就必然存在人与人、人与社会之间的不平等或者矛盾。因为分工意味着分配，分配意味着存在数量上和质量上的不平等，这种不平等意味着一部分人的劳动必然被他人占有和支配，意味着一部分人必然被奴役和压迫。所以，私有制导致的社会分工反而更加促进了私有制的发展，使得人的活动成为一种反对人、压迫人的异己力量；人在异己力量面前，若要生存，唯有接受，别无选择。也就是说，"社会活动的这种固定化，我们本身的产物聚合为一种统治我们、不受我们控制、使我们的愿望不能实现并使我们的打算落空的物质力量。"② 这就是人的异化的集中表现。然而，造成这种异化现象的原因却不在于社会分工本身，在于决定社会分工的、一定历史时期内、一定生产条件下的生产关系。

生产关系与生产力是一个整体的两个方面，其中，更为根本的是生产力。生产力是标志人改造自然的物质力量的范畴，相对于生产关系而言，生产力比较活跃、处于不断变化发展的过程中。自然界作为"物"是一种受动的自然存在，不具有反对人的能动性；能够与人相敌对、相异化的只能是一种能动的存在；另外，一定时期的生产力是一定生产关系内的生产力，且这种社会生产力是个人所无法决定的。所以，生产力与人相异化只是问题的外在表现形式，生产关系与人相异化才是问题的根本所在。

---

① 《马克思恩格斯文集》第1卷，人民出版社2009年版，第554页。
② 《马克思恩格斯文集》第1卷，人民出版社2009年版，第537页。

生产关系在本质上是属人的，且并不与生俱来必然地与人发生异化。只是每一种生产关系的产生离不开所孕育它的物质活动和生产力，而且，一定时期的生产关系一经产生就会在相当长一段时间内保持不变，且扮演着适应并促进生产力发展的角色。但是，生产力的活跃和不断发展会使相对稳定的生产关系变得愈加落后，并使其逐渐成为生产力的发展的限制和阻碍力量；同时，令生产关系在一定时期内不能满足人们的发展需要，转而成为反对人、限制人的异己存在。自此，生产关系从个人自主活动的基础条件转变为个体实践活动的藩篱。变革已然成为桎梏和障碍的旧的生产关系以适应新的生产力的发展，从而扬弃不能满足人的新的自主活动的异己的生产关系。

在《德意志意识形态》中，马克思通过对实现共产主义的论述指明异化的消除途径。在共产主义社会中，联合起来的个人占有全部的生产力，私有制不复存在。试想，在这样的社会关系中，每个人的活动内容就成为"我有可能随自己的兴趣今天干这事，明天干那事，上午打猎，下午捕鱼，傍晚从事畜牧，晚饭后从事批判"①，远不像现在这般模样。人的实践活动是人维持生存的手段，轻易不敢有所更换。而且，共产主义社会的生产关系是内在于个体的生产和生活之中的、从属于联合起来的共同体中的每一个个人。因为，"只有在共同体中，个人才能获得全面发展其才能的手段，也就是说，只有在共同体中才可能有个人自由。"② 而且，共产主义不是应当确立的状况，不是现实应去适应的理想，而是一个在现实基础上的消除、扬弃异化的社会实践过程。也就是说，与其说共产主义是一种社会状态，不如说共产主义是一个实践过程。

"社会的物质生产力发展到一定阶段，便同它们一直在其中运动的现存生产关系或财产关系（这只是生产关系的法律用语）发生矛盾。于是，这些关系便由生产力的发展形式变成了生产力的桎梏。那时社会

---

① 《马克思恩格斯文集》第1卷，人民出版社2009年版，第537页。
② 《马克思恩格斯文集》第1卷，人民出版社2009年版，第571页。

革命的时代就到来了。随着经济基础的变更,全部庞大的上层建筑也或慢或快地发生变革。"① 所以,关键就在于生产关系与生产力的矛盾运动。那么,异化的扬弃与消解也应该到这个矛盾运动中去寻找。在大力发展生产力的同时,变革生产关系,使生产关系从一种反对、限制的异己力量转变为一种加速和促进生产力发展的有利因素和条件,从而真正实现人类自身的解放以及每一个个体的自由全面发展。异化是人未解放状态的一种表征,异化的消除与扬弃与人的自由与解放同为一个过程。因此,历史唯物主义理论视域中的异化理论是马克思以唯物史观的方法和视角来研究如何扬弃人的异化、实现人的自由与发展的理论。

综上所述,异化的发生与出现是历史发展的一种必然,是历史前进中进行自我否定的一个必经阶段,自然,异化的消除和扬弃也要在社会历史的发展中,在大力发展生产力、实现经济、政治、文化的巨大发展的同时逐步消解、扬弃异化现象。反观教育领域,也是如此。由于国家和社会发展的需要,教育在自身的发展过程中,其工具性价值或职能被过度地发挥和强化,教学实践中的过度规范化的操作,致使教育失去其自身的相对独立性,被迫沦为社会全面发展的一个工具,促进人的自由全面发展的本真目的被遗失和忘却,结果便是教育非但没有促进人的自由全面发展,反而在一定程度上成为一种异己之力,限制人的自由本性的解放与全面潜能的发挥。

伴随时代的进步,当人的发展成为社会发展的核心与重点,加之,教育成为促进人的发展的重要途径,所以,基于当下的现实历史条件,以马克思主义人学思想为理论范式反思、审视教育领域发生的异化现象成为一种必需的必然。当然,这也是教育寻求自身否定从而实现更好发展的一种需要和必然。根据马克思主义的观点,任何异化的消解与扬弃均要基于一定时期的历史客观条件,例如一定的经济水平、相应的政治制度、和谐的文化环境等。尽管我国已经开启新时代下的社会主义现代化建设,但是,当前的经济发展水平、政治文明建设程度以及相应的文

---

① 《马克思恩格斯文集》第 2 卷,人民出版社 2009 年版,第 591—592 页。

化观念还不足以完全消除教育异化现象。换言之，教育异化现象的消解就像其发生一样，是一个漫长的历史过程，现阶段只能做到有限的消解，即在现阶段的经济、政治等各种条件的基础上，最大程度地规避教育异化现象的发生，降低教育异化所产生的不利影响。

第二节　消解教育异化现象的价值旨归

消解教育异化现象的价值归宿就是复归教育的价值理性，回归教育本真的样子，以人为核心，以促进人的自由本性的生成和全面潜能的发展为目标。那么，一个自由而全面发展的人是怎样的呢？是一个全面发展潜能的人、一个能够拥有完整独立个性的人、一个能够持有丰富的社会关系的人。

一　人的自由而全面发展的具体内涵

"全部人类历史的第一个前提无疑是有生命的个人的存在。"[①] 人首先是一个自然存在，正如"我们生来是软弱的，所以我们需要力量；我们生来是一无所有的，所以需要帮助；我们生来是愚昧的，所以需要判断的能力。我们在出生的时候所没有的东西，我们在长大的时候所需要的东西，全都要由教育赐予我们"[②]。因此，作为人类的社会实践形式之一的教育活动，其基点和出发点都是人，而且"是以人为主体并指向'人'的实践活动，体现着具有本体意义的'属人性'"[③]。但是，对于"人"的发现与弘扬，整个教育的历史发展进程并不是从一而终的。如前所述，由于工具理性的牵引、教育制度环境的牵制、整体社会文化的影响等，当前的学校教育领域中不乏出现了与"人"相背离、相异化的行为。然而，人具有生而为"人"的需求和价值尊严，以人为基点和出发点的教育实践就"要以人的方式对待人，培育理性而自

---

① 《马克思恩格斯选集》第 1 卷，人民出版社 2012 年版，第 146 页。
② ［法］卢梭：《爱弥儿》（上卷），李平沤译，商务印书馆 1978 年版，第 7 页。
③ 陈仁、杨兆山：《教育的人性启蒙观念及其历史生成》，《广西社会科学》2015 年第 4 期。

由的主体,凡是那些把人降格为物、视人为工具、践踏人之尊贵性的教育是反教育的,是违背启蒙精神的"①。因此,教育的目的就是"成人",促进人从一种自然存在向社会存在的完美转化,即促进人的自由和全面发展。

人的自由和全面发展是人的"类本性",是一种与生俱来且不可让渡的固有权利,实现人的自由和全面发展就是实现人的"类本性"。正如法国思想家孟德斯鸠所言:"自由是所有名词中最能打动人心的词。"② 以及卢梭的"放弃自己的自由,就是放弃自己做人的资格,就是放弃人类的权利"③。马克思将未来理想社会描述成"自由人的联合体","人全面而自由的发展"是未来理想社会的基本特征。发展是人作为类的一种自觉、自主、自愿的需要,既体现个体的主观愿望,又根植于个体所处的现实条件。马克思恩格斯在其历史唯物主义理论的论述中多次提到"个人的全面发展""全面发展的个人""个人的独创的和自由的发展""个人向完整的个人的发展"等词句,他们认为,人的发展的理想状态就是自由而又全面的发展。"人以一种全面的方式,就是说,作为一个完整的人,占有自己的全面的本质。"④ 其具体内涵包括:人的各种潜能的全面发展,人的社会关系的全面生成,人的自由个性的全面实现。

首先,人的自由全面发展指的是人的各种潜能的全面发展。人的潜能是获得全面发展的基础和前提,也可以说外部条件,应该首先是人的实践活动的多样和丰富以及可变动性,每个人在多样的社会实践活动中锻炼不同的能力,如体力劳动中的身体锻炼,脑力劳动中的智力提升,从而使自身不仅具有从事体力劳动的能力,而且获得从事脑力劳动的资格与可能。实践活动的丰富多样与可变更性为每一个个体全面发展自身的潜能提供了机会与基础条件,使每一个个体不再为了谋生而迫不得已只能终身从事一种活动或职业,进而导致自身片面化的发展样态。其

---

① 胡金木:《捍卫人的尊严:教育启蒙的价值诉求》,《现代大学教育》2015年第4期。
② [法]孟德斯鸠:《论法的精神》(上册),张雁深译,商务印书馆1995年版,第153页。
③ [法]卢梭:《社会契约论》,何兆武译,商务印书馆1980年版,第12页。
④ 《马克思恩格斯文集》第1卷,人民出版社2009年版,第189页。

次，人的潜能能够获得全面发展的内部条件是人自身的条件，那就是人的需要的变化与发展。实践活动的丰富多样与可变动性促使人的各种需要的生成与发展，越是多样化的实践活动，人的需要形式就越是繁多，不仅种类繁多，而且层次不等。而且，需要作为人的本性，是人从事实践活动的目的，更是人实现潜能发展进而全面发展的内在动力。能力的每一次提升均在一定程度上满足了人作为主体的旧的需要，在满足旧的需要的基础上同时产生新的需要，进而促进人实现更深层次、更广阔空间上的潜能发展。

人的需要不仅彰显人与外部环境的实然关系以及未来指向，而且是人的类本性的一种确证。在诸多需要中最基本的是人的生存需要，能够满足人们衣食住行等生活资料的物质生产活动被确认为一切历史的前提。因此，生存需要的满足是人的全面发展的基础与前提。马克思在论述资本主义私有制条件下的人的需求特性时曾说过这样一段话："每个人都指望使别人产生某种新的需要，以便迫使他作出新的牺牲，以便使他处于一种新的依赖地位并且诱使他追求一种新的享受，从而陷入一种新的经济破产。每个人都力图创造出一种支配他人的、异己的本质力量，以便从这里面获得他自己的利己需要的满足。因此，随着对象的数量的增长，奴役人的异己存在物王国也在扩展，而每一种新产品都是产生相互欺骗和相互掠夺的新的潜在力量。人作为人更加贫穷，他为了夺取敌对的存在物，更加需要货币，而他的货币的力量恰恰同产品数量成反比，就是说，他的需求程度随着货币的力量的增加而日益增长。——因此，对货币的需要是国民经济学所产生的真正需要，并且是它所产生的唯一需要。"[①] 这段话足以说明，私有制条件下人的各种需要散发着浓浓的铜臭味。人的自我实现与发展的需要、精神需要却被满世界的物质需要所掩盖，然而，这些需要是人之为人的自由个性所不可分割的组成部分，因为，"人的需要的丰富性具有什么样的意义，从而某种新的生产方式和某种新的生产对象具有什么样的意义。人的本质力量得到新

---

① 《马克思恩格斯文集》第1卷，人民出版社2009年版，第223—224页。

的证明，人的本质得到新的充实。"① 丰富的需要结构才能培育出全面的能力体系。

其次，人的自由全面发展包括人的社会关系的全面生成。"个人的全面性不是想象的或设想的全面性，而是他的现实联系和观念联系的全面性。"② 这一论述包含两层含义：在《1844年经济学哲学手稿》中马克思通过批判资本主义私有制条件下的异化劳动得出人与人相异化的结论，人与人相异化就是人与人之间社会关系的相异化。因此，人的社会关系的全面发展首先指的是社会关系的合理化，意即扬弃异化的社会关系、从属于人的社会关系。唯有合理的、从属于人的社会关系才能为人丰富的、全面的社会关系的生成提供前提与条件。社会关系是劳动实践活动的展开，同时决定着人的发展程度。而且，社会关系的全面丰富意味着每一个个体不仅具有社会群体中某个成员的身份，更表征着个体是一种关系存在。

伴随人类历史的漫长发展，社会交往活动的日益频繁，人与人之间的社会关系发生了历史性的变化与革新。当人们的实践活动只限于本部落内，人与人之间的关系也就仅仅表现为本部落成员之间的关系，比如，物品交换关系、共同抵御外敌的关系、争夺劳动产品等一些简单的社会关系。生产力的发展促进社会分工的出现，进而使得人们之间的关系由原来的简单变得复杂，由片面变得全面，经济关系、政治关系、文化关系、法律关系、伦理关系、宗教关系等众多关系随着实践活动的发展日渐发生并丰富起来，这尤其体现在世界历史的形成过程中。其中，人与人之间的社会关系首先表现为物质生产交换关系，并在此基础上努力促使人与人之间的政治法律关系、思想文化关系与道德关系获得充分的丰富与发展。当人的各种社会关系日渐丰富与发展起来，这就意味着人的实践活动不仅在范围上得到极大的拓展，更是在层次上得到极大的丰富，这种拓展与丰富意味着人的各种潜能的全面发展，各种关系的全面丰富，进而促进人的自由个性的全面生成。

---

① 《马克思恩格斯文集》第1卷，人民出版社2009年版，第223页。
② 《马克思恩格斯文集》第8卷，人民出版社2009年版，第172页。

最后，人的自由全面发展中最为根本的是人的自由个性的全面实现。即个性和能力在社会交往活动中不再受到异化的限制与压抑，而是得到完全的展示，进而促进人的自由个性的实现与创造能力的不断提升。在批判资本主义私有制时，马克思越来越发现私有制条件下的人的个性是一种被扭曲的个性，他指出："私有财产不仅夺去人的个性，而且也夺去物的个性"①，"金钱是财产的最一般的形式，它与个人的独特性很少有共同点，它甚至还直接与个人的独特性相对立。"② 而且，"在资产阶级社会里，资本具有独立性和个性，活动着的个人却没有独立性和个性。"③ 通过对资本主义私有制的经济学与哲学批判，马克思指出实现人的自由个性的现实道路："无产者，为了实现自己的个性，就应当消灭它们迄今面临的生存条件，消灭这个同时也是整个迄今为止的社会的生存条件，即消灭劳动。因此，他们也就同社会的各个人迄今借以表现为一个整体的那种形式即同国家处于直接的对立中，他们应当推翻国家，使自己的个性得以实现。"④ 所以，在以人的社会关系为依据划分社会形态时，马克思视实现人的自由个性为未来理想社会的基本特征，并将其描述为"建立在个人全面发展和他们共同的、社会的生产能力成为从属于他们的社会财富这一基础上的自由个性"⑤。

在前述章节中就已提到，自由作为人的类本质，不仅如此，自由的个性还是人实现全面发展的基础。因为，人唯有实现自由的个性，才能参与丰富多样实践活动，或者在丰富多样的实践活动之间随意变动；唯有实现自由的个性，才能建构并形成全面且丰富的社会关系；人也才能真正谈得上是一种自由而全面发展的"完人"。马克思恩格斯在《德意志意识形态》中指出："孩子的发展能力取决于父母的发展，存在于现存社会关系中的一切缺陷是历史地产生的，同样也要通过历史的发展才能消

---

① 《马克思恩格斯全集》第3卷，人民出版社1960年版，第254页。
② 《马克思恩格斯全集》第3卷，人民出版社1960年版，第254页。
③ 《马克思恩格斯文集》第2卷，人民出版社2009年版，第46页。
④ 《马克思恩格斯文集》第1卷，人民出版社2009年版，第573页。
⑤ 《马克思恩格斯文集》第8卷，人民出版社2009年版，第52页。

除。甚至连那些桑乔根本没有谈到的天然产生的类的差别,如种族差别等等,也都能够而且必须通过历史的发展加以消除。"① 所以,无论是潜能的全面发展、全面社会关系的生成,还是自由个性的全面实现,均离不开人类的历史实践活动,在实践活动中现实地、历史地、逐步地实现人的自由而全面发展,而且是"每一个"个人的自由全面发展。

马克思恩格斯把"每个人的自由发展"作为人的发展的最终目的,他们曾这样谈道:"代替那存在着阶级和阶级对立的资产阶级旧社会的,将是这样一个联合体,在那里,每个人的自由发展是一切人的自由发展的条件。"② 这里包含三层意思:第一,人的发展指的是人之为人的自由本性能够真正地生成,人的潜能、社会关系能够全面地发展,而且,人的潜能、社会关系的全面发展要在人实现其自由本性的基础之上完成,也就是说,潜能与社会关系的全面发展不是被迫的(当然,在被迫、奴役的状态下也不可能存在全面的发展),是出于自由,出于以人全面占有自身的本质为起点和归宿。

第二,这里讲的自由发展是"每个人"的自由发展。即人作为类的发展要最终落实到每一个个人。那么,该发展就必然要以肯定每个人的个性差异性为前提,强调人的自由个性的实现和发展。

第三,这里的"每个人的自由发展"是互为前提的。因此,从这个角度讲,每一个人的发展都是另一个他者发展的前提与条件,是人类社会发展的最高阶段和最高追求。同时,个体自由本性的发展离不开集体与社会的发展,社会只有实现了全面的解放与发展,个人的自由本性才具备全面实现与发展的可能。个人的自由本性的实现与发展也要依赖于社会关系和社会制度的变革。在私有制条件下,社会关系尚处在与个人相对立、相异化的阶段,个人的自由发展只是少数剥削者的权利,而且,这种发展建立在大多数个人不自由的基础之上,这就意味着社会中的大多数成员是没有自由发展的空间和可能的。所以,只有消灭与个人相对

---

① 《马克思恩格斯全集》第3卷,人民出版社1960年版,第498页。
② 《马克思恩格斯选集》第1卷,人民出版社2012年版,第422页。

立、相异化的社会关系和社会制度，个人的自由和全面发展才不是一句空话。正是因为个人的自由本性和全面发展的前提是社会的彻底解放，马克思才把目光重点放在变革社会制度、解放社会关系上。社会制度变革和社会关系的解放的根源在于消灭私有制和阶级，唯有如此，社会和人类才能实现解放，每个人的自由本性和全面发展才具备实现的可能。

这里需要明确的是，"全面"涵指人的个人能力、社会关系与发展需要等方面的普遍性，侧重于从外围来表述人的发展；"自由"则内蕴着人的发展的核心与本质。所以，自由本性规约着全面发展，全面发展则建构了自由本性的逻辑前提。同时，"自由"与"全面"意即人的发展指向未来状态的一种可能或趋势，而且，"自由"与"全面"的完成与实现不可能一蹴而就。因此，从这个方面来讲，理应动态地看待人的自由与全面发展，并且，在人类存在的永无止境的过程中推动人的发展的"自由"与"全面"。

二 教育的使命：促进人的自由全面发展

20世纪后半期，提倡人的全面发展和教育的思想逐步在社会主义社会中实践开来，人的全面发展思想逐步成为国家制定教育目的的依据和教育改革的目标。因为，"教育是一种有目的、有意识地影响人的身心发展的社会活动，教育的根本性问题是关注人的发展，而有目的的培养人是教育的本质特点"[①]。瑟伦·克尔凯郭尔曾说过："教育是什么？我假设教育是一个人为了追赶自己而不得不经历的全部的课程，而没有通过课程的人，即使其生活在最文明的时代的事实对他也无济于事。"[②]而且，马克思认为，教育是培养和造就全面而自由的发展的个人的重要途径，"为改变一般人的本性，使它获得一定劳动部门的技能和技巧，成为发达的和专门的劳动力，就要有一定的教育或训练"[③]。

---

① 王道俊、郭文安：《教育学》，人民教育出版社2009年版，第16页。
② ［美］安东尼·克龙曼：《教育的终结：大学何以放弃了对人生意义的追求》，诸惠芳译，北京大学出版社2013年版，第1页。
③ 马克思：《资本论》第1卷，人民出版社2018年版，第200页。

教育作为培养人的社会活动，其根本出发点和最终归宿是培养自由的、完整的、全面发展的人。首先，教育要全面培养和发展人的各种潜能，并使其在认识世界、改造世界的对象化活动中得到充分的发挥与展示。人的潜能的全面发展意味着人全面地发展自己的一切能力，并且其全部的才能和力量均在实践活动中得到发挥和提升。马克思指出："在共产主义社会组织中，完全由分工造成的艺术家屈从于地方局限性和民族局限性的现象无论如何会消失掉，个人局限于某一艺术领域，仅仅当一个画家、雕刻家等等，因而只用他的活动的一种称呼就足以表明他的职业发展的局限性和他对分工的依赖这一现象，也会消失掉。在共产主义社会里，没有单纯的画家，只有把绘画作为自己多种活动中的一项活动的人们。"① 而且，人的能力的全面发展指的是："劳动组织者根本没有像桑乔所想象的那样认为每一个人应当完成拉斐尔的作品，他们只是认为，每一个有拉斐尔的才能的人都应当有不受阻碍地发展的可能。""即使在一定的社会关系里每一个人能成为出色的画家，但是这决不排斥每一个人也成为独创的画家的可能性。"② 真正的自由而全面的发展是以个人的天赋异禀为前提，因而是"人的创造天赋的绝对发挥"，是"人的内在本质"的"充分发挥"。

其次，教育要培养和塑造人的自由精神，促使人的自由意识的觉醒，进而促进人的自由本性的生成。因为，"惟有自由才能彰显精神的高贵与自觉，惟有精神自由才能赋予人（个体与类）真正'主人'的身份"③，也惟有这样，个体才能真正地获得解放与自由，成为一个"完人"，从而在社会中实现自由地、全面地交往与发展，形成"自由人的联合体"——真正的共同体。"在真正的共同体的条件下，各个人在自己的联合中并通过这种联合获得自己的自由"④，而且，"人终于成为自己的社会结合的主人，从而也就成为自然界的主人，成为自身的主

---

① 《马克思恩格斯全集》第3卷，人民出版社1960年版，第460页。
② 《马克思恩格斯全集》第3卷，人民出版社1960年版，第460页。
③ 王燕：《自由视域中的课程改革》，《当代教育科学》2007年第11期。
④ 《马克思恩格斯文集》第1卷，人民出版社2009年版，第571页。

人——自由的人"①。因此，教育通过培养和塑造人的自由精神，促使其自由意识的觉醒，进而促进人自由本性的生成。即在教育教学中引导并促使受教育者成为自己思想和精神的主人，不是任人摆布与利用的工具，在这样的基础之上持续不断地追求真理、坚持真理，从而实现人的全面、自由、充分的发展。

最后，教育要重点培养、促进人的主体性的确立与养成。人的主体性的确立与养成，首先就是个体主体性人格的养成，主体性是人实现其自由本性的真实根基。换言之，作为人的类本性的自由，只有在作为主体的个体中才能实现。曾被恩格斯称为"伟大的时代"时期的思想家都是主体意识很强的人。意大利文艺复兴时期的艺术始终抓住男人和女人人性的心理力量。许多艺术家的艺术作品所表现的就是人的形象，虽然形态各异，却用视觉形式传达了对人的尊严的信念。克拉克在《人文主义的艺术》一书中说："他们的题材是人，严肃而热情、全心全意和具有头脑的人。"② 由此，大写的"人"重新获得尊严与光辉。所以，有学者提出，教育作为培育人的社会实践活动，其本真目的是促进人的自由本性的生成和全面发展的实现，具体来讲，就是要促进与发展人的主体性，实行主体性教育。因此，教育要为受教育者从内在的、外在的种种束缚下获得解放提供条件和帮助，并在帮助的过程中，尊重受教育者客观的身心发展规律，弘扬受教育者作为个体的价值和意义，促进受教育者主体意识的觉醒，进而在受教育者自觉、自愿、自主的学习实践活动中发展、提升个人的能动性、创造性、自主性等主体性能力。

第三节 消解教育异化现象的逻辑基点

如前所述，教育出现异化现象并不是单纯某一个因素造成的结果，是一定时期的社会历史发展水平、政治决策、文化价值导向、教育制度

---

① 《马克思恩格斯文集》第3卷，人民出版社2009年版，第566页。
② [英]阿伦·布洛克：《西方人文主义传统》，董乐山译，生活·读书·新知三联书店1997年版，第54页。

以及人性等诸多复杂因素合力的结果。因此，规避、消解教育异化要基于一定历史时期的客观条件，例如经济发展水平、政治文明程度、文化环境以及人们的思想观念等现实因素。同时，通过对教育异化现象的论述亦可发现，教育异化现象的规避与消解，其最终目的是人的自由本性的解放和全面潜能的发展，促使教育相对独立的发展，从而使教育不再是受教育者个体发展的束缚或压制性力量。所以，教育异化现象的规避与消解是一个长期且艰难的过程，不仅要在宏观上以人的自由全面发展的目的与价值引导、规约教育的发展；而且，要在具体的教学活动中切实地做到尊重受教育者个体成长的自然规律、个性生成的丰富多样，从而启迪受教育者主体意识的觉醒、主体地位的确立、主体性能力的施展与发挥。

一 "现实的人"

"现实的人"思想是马克思面临欧洲最黑暗的国家——德国的历史背景，且在一定的思想基础之上提出并形成的。当时的德国正面临着在封建制度与资本主义的双重压迫下如何解放自己并成为"人"的问题，青年马克思试图通过康德、费希特、黑格尔、费尔巴哈的哲学思想找寻能够指导革命实践的理论武器，却均未获得满意的答案。同时，"资产阶级在它的不到一百年的阶级统治中所创造的生产力，比过去一切世代创造的全部生产力还要多，还要大。自然力的征服，机器的采用，化学在工业和农业中的应用，轮船的行驶，铁路的通行，电报的使用，整个整个大陆的开垦，河川的通航，仿佛用法术从地下呼唤出来的大量人口——过去哪一个世纪料想到在社会劳动里蕴藏有这样的生产力呢？"[①] 换言之，资产阶级工业革命的高潮发展、生产力的突飞猛进使得物质生产劳动及其所形成的生产关系在社会生活中所起的支配作用日益凸显。这样的历史背景与客观条件使得"现实的人"的思想具有前所未有的实践基础。

与此同时，西方哲学界，尤其是德国古典哲学对人的问题的探讨成

---

① 《马克思恩格斯选集》第 1 卷，人民出版社 2012 年版，第 405 页。

为马克思探讨人的问题，形成"现实的人"的思想圣地。马克思在黑格尔的"现实的人，亦即人的行为"①思想的基础上，汲取将人的存在视为一个发展的过程的合理辩证内核，去除黑格尔哲学思想中头足倒置的思辨成分，并在费尔巴哈哲学思想的启发下重新使"现实的人"的脚着地。之后，马克思进行了法学、哲学、历史学、经济学、人类学等不同领域的研究，"现实的人"思想随之逐渐成熟与丰富起来。"现实的人"的概念是马克思在1843年撰写《黑格尔法哲学批判》一书时，在批判黑格尔的市民社会与国家的关系中提出的。他认为，就其本质而言，现实的人不是"它的胡子、它的血液、它的抽象的肉体，而是它的社会特质"②，是"自然和精神、肉体和灵魂"③的统一体。继此之后，马克思又在《黑格尔法哲学批判导言》中进一步提出"人的世界"的观点，即"人不是抽象的蛰居于世界之外的存在物。人就是人的世界，就是国家，社会。"④。

1844年初至1846年，《1844年经济学哲学手稿》与《神圣家族》两部著作是马克思哲学思想从费尔巴哈的人本学向历史唯物主义转变的标志性著作，同时，也是其"现实的人"思想的形成时期。众所周知，《莱茵报》工作时期遇到的难事促使马克思开始经济学的研究，但是，与国民经济学家不同的是，马克思不仅仅是为了探究经济增长的内在规律，更多的是为了在研究经济发展规律的基础上寻找经济主体间即人与人之间的关系，从而在现实物质条件基础上发现科学的解放人的方法与途径，因此，他采用哲学的方法分析经济活动。在这个过程中，马克思认识到，劳动作为人的内在本质的外在表现形式理应成为研究分析人的现实存在的出发点；而且，人不仅在劳动过程中改造自然界，满足自身的物质生活和精神生活，同时，通过劳动，人创造了一个对象世界，并

---

① [德] 黑格尔：《精神现象学》（上卷），贺麟、王玖兴译，商务印书馆1981年版，第214页。
② 《马克思恩格斯全集》第3卷，人民出版社2002年版，第29页。
③ 《马克思恩格斯全集》第3卷，人民出版社2002年版，第131页。
④ 《马克思恩格斯选集》第1卷，人民出版社2012年版，第1页。

使人的力量对象化，从而在对象世界中直观自身。因此，人绝不是一种孤立的存在，而是作为类、作为整体的总体性存在物，这种总体性指的就是"人对世界的任何一种人的关系——视觉、听觉、嗅觉、味觉、触觉、思维、直观、情感、愿望、活动、爱，——总之，他的个体的一切器官，正像在形式上直接是社会的器官那些器官一样"①。

当马克思意识到人的存在方式是自由自觉的类活动即劳动时，"人"的问题就具有了现实的意义，不再是抽象的理性、精神或者爱，随之，现实的人的解放问题有了现实的解决方向和探讨思路。1844年9月至11月，马克思与恩格斯合著了《神圣家族》一书。在该书中，马克思、恩格斯写道，"黑格尔把人变成自我意识的人，而不是把自我意识变成人的自我意识，变成现实的人即生活在现实的实物世界中并受这一世界制约的人的自我意识。"②而且对此进行更为详尽的解释："实物是为人的存在，是人的实物存在，同时也就是人为他人的定在，是他对他人的人的关系，是人对人的社会关系。"③马克思利用实践、辩证发展、唯物总体以及社会历史的观点对人的问题进行分析和研究，换言之，将"现实的人"放到辩证与历史唯物主义的理论视域中；不过，该思想获得既全面又科学的阐述是在之后的《关于费尔巴哈的提纲》与《德意志意识形态》两本著作中。

随着对人的问题的研究的深入，马克思提出"人的存在即表现"的观点。他说："个人怎样表现自己的生命，他们自己就是怎样。因此，他们是什么样的，这同他们的生产是一致的——既和他们生产什么一致，又和他们怎样生产一致。"④也就是说，人们在自身的生产生活中表征人的本质和属性。在《德意志意识形态》中，马克思详细地论述了社会历史的发展规律，并在此基础上具体地描述人们的物质生产过程以及在生产中所形成的人与人之间的社会关系，正是这历史发展的物

---

① 《马克思恩格斯文集》第1卷，人民出版社2009年版，第189页。
② 《马克思恩格斯全集》第2卷，人民出版社1957年版，第245页。
③ 《马克思恩格斯全集》第2卷，人民出版社1957年版，第52页。
④ 《马克思恩格斯选集》第1卷，人民出版社2012年版，第147页。

质生产形式及其人与人之间的社会关系规定着人是一种历史的定在，是社会关系的总和。而且，在论述历史唯物主义发展的过程中，马克思发现了解放人类的现实途径，即共产主义革命运动。换言之，要想真正使人获得解放，实现自由与发展，就要变革现存的物质生产形式及其关系，使劳动生产真正成为属人的存在方式，使人的本性在劳动生产中得以复归。至此，马克思在人的问题上超越了以往的一切抽象人性论者，为"现实的人"的思想找到客观根据与前进的方向，为人的现实解放找到科学的路径。之后，该论点在马克思主义哲学思想的历史发展中得到了更深层次的丰富与延伸，主要体现在《哲学的贫困》《共产党宣言》《资本论》等著作中，其中《资本论》最为集中和重点地论述了该思想。

马克思在《资本论》中表达的思想是，经济存在是社会历史发展的根本，是社会总体性存在的根本，所以，人首先是一种经济存在，然后才有人的总体性存在。马克思通过人的主观存在与客观存在、主体存在与客体存在以及人与人之间的关系研究人的一般本质与其具体存在方式。他说："人双重地存在着：主观上作为他自身而存在着，客观上又存在于自己生存的这些自然无机条件之中。"[①] 作为自身的存在就是人的主观存在，在这种存在方式中，人是一种兼具多种需要与多种能力的主体性存在。人在满足自身需要的时候产生新的人之为人的需要，进而产生生产劳动；在劳动中运用其基本的劳动能力，并逐步实现人的本质力量，改造自身之外的自然界。在改造外在自然的过程中，人也改变自身的自然状态，使潜藏于自身的本质力量得到发挥，从而满足人的多种需要，发展人的多种能力。

另外，人在生产劳动中还将人的可能性存在即人作为主体或客体的存在方式变成现实，因为，只有在生产劳动中，客体才能成为一种活的力量，成为人的生命机体的延伸，人才能将自身作为主体的力量进行客体化，进而使客体主体化，完成一次人的发展的圆圈。据此，马克思还

---

① 《马克思恩格斯全集》第46卷（上册），人民出版社1979年版，第491页。

将人与人之间的关系划分为三种形态:"人的依赖关系","以物的依赖性为基础的人的独立性","建立在个人全面发展和他们共同的社会生产能力成为他们的社会财富这一基础上的自由个性"。① 这第一种关系指的是资本主义出现之前的几种社会形态中的人与人的依附关系,在这种关系中,劳动的强制性使人不能自主自为地存在与从事生产;在"以物的依赖性为基础的人的独立性"中,人除了可以自由、自主地并按照商品等价交换原则出卖自己的劳动力以外,没有任何自由可言,因此,这种关系中的人只能主观地存在着,不能自由而全面地发展自己的才能,相对独立平等的社会关系的表象下掩藏着深刻的对立与异化;当这种对立与异化被克服,生产力水平达到极高的程度,人们不仅能够主观地存在着,也能够客观地存在时,人与人的关系就成为一种普遍的世界性的历史关系,为人们自己所支配和控制,人也就实现了"建立在个人全面发展和他们共同的社会生产能力成为他们的社会财富这一基础上的自由个性"②。

马克思在论述人的存在的过程中科学地解释了人的个性与社会性的关系问题。他说,人"不仅是一种合群的动物,而且是只有在社会中才能独立的动物"③,越往前回溯历史,从事生产劳动中的个人就越表现得不够独立。如上所述,从最初的人身依附、依赖于较大的整体,到后来"市民社会"中人所表现出来的是表面的独立,这就是说,在生产的历史发展过程中,人的生产劳动越具有社会性,人就越具有独立性,越能实现人的自由个性。现实的人就是现实生活中的可以被经验、其生活过程可以被描述、不以某个人的意志为转移的一种物质性存在,可指某个体的单数存在,也可指群体或人类的复数存在;而且,这种存在是兼具自然存在与精神存在的总体性存在,还是一种从事社会实践活动的主体性存在,更是处于赫拉克利特河流的创生和丰富的历史性存在;所以,现实的人是现实与理想的辩证结合,是"现有"与"应有"

---

① 《马克思恩格斯全集》第46卷(上册),人民出版社1979年版,第104页。
② 《马克思恩格斯全集》第46卷(上册),人民出版社1979年版,第104页。
③ 《马克思恩格斯全集》第46卷(上册),人民出版社1979年版,第21页。

的对立统一。

马克思曾说："全部人类历史的第一个前提无疑是有生命的个人的存在。"① 人是构成社会的基本要素，社会是人的实践活动本身，因此，社会存在以人的存在为依据，提高和完善人的生活水平，挖掘和展现人的潜力，促使自由、自觉、自主的人的生成与发展。基于对人与社会如此的理解与洞察，教育领域里的人才会从曾经僭越为主体的、高高在上的社会实体中解放出来，成为在场者，成为主体性存在；作为承载促进人的发展与社会发展双向职能的社会实践活动，教育促进社会发展的作用需要通过培养现实的人才能实现。所以，人才是教育的基点。

二　消解教育异化现象的切入点：人的主体性

作为一种属人的社会实践，教育活动不仅始于活生生的生命个体，而且，在其现实过程中理应忠于并最终指向每一个活生生的人。马克思的"现实的人"思想为教育始于每一生命个体提供了思想导向和理论支撑。教育是人的教育，所以，教育中的人不是一种抽象的存在、不是符号、图像、逻辑的集合体，也不是"偏守一隅"的固定不变的存在物，更不是离群索居的独居者；相反，每个个体首先是一个个可感知的、拥有肉身生命的个体。另外，它是一个具有自觉、自主意识的能动性的类存在，再者是一个具有无限发展需求和空间的、指向未来的主体性存在。因此，教育活动的践行、教育事业的发展应以现实的人为原点。具体地说，是以现实的人的个体性与自主性为原点，引导和促进个体的社会化，实现个体的全面发展。

首先，人是一种现实的、具体的个性化存在，用马克思的话说，就是"个性化的个体"。人既是作为"类"的普遍化与整体性存在，更是区别于"类"的个性化存在，因为，世界上没有完全一样的两片树叶，同样，也没有完全相同的两个个体。而且，"人在任何时刻都不是同一个人。人们不能通过诸如分类这样的活动来发现个体性；个体性是某种

---

① 《马克思恩格斯选集》第1卷，人民出版社2012年版，第146页。

完全有生命的、具体的、肯定的东西，反之（每一种）图式都仅仅是否定的东西，就是说，是从个体性本身而来的一般抽象。"① 每个个体拥有自己独特的个性特征，相对于普遍化的整体性的"类"存在，每个个体负有一种任务，实现独特个性的任务。他们秉承着风格迥异的遗传素质，生活在千差万别的社会环境条件下，积淀下千姿百态的人生体验，持有风情万种的需求与梦想，也使自身潜藏各种各样的能力和发展的可能性。人与人之间的种种差异性意味着每个个体的相对独立性，这象征着每个人都持有不同程度上的普遍性，因为，每一个独特的个体不仅演绎着相对于类整体的"例外"，而且，确证作为"类"的普遍性与整体性。

个体间的差异性是一种不以主体意志为转移的客观存在，因此，属人的教育活动不是面向某些人，而是面向"每一个人"，面向"每一个人"的"现有"，在每一个丰富的个性基础之上，使其通过教育完满地实现其个性的自由本质与丰富发展。尊重个性意味着教育要立足于人的生理、心理、社会和精神等方面所具有的身体、禀赋、能力等先天的差异性，不用社会整体的理念与目标去完全替代或涵盖个体存在和追寻的生命意义，不在抽象化的整体价值的名义下舍弃个体生活的丰富性和多样性，要使每个个体所持有的个性化的发展需求得到确认与满足，要为每个个性的发挥与实现提供多种多样的价值领域与空间。恰如穆勒曾经警示的一般："人类在有过一段时间不习惯于看到歧异以后，很快就会变成连想也不能想到歧异了。"②

教育立足于个体间的差异性存在一个不容回避的问题，那就是该领域中长期存在的个人本位与社会本位的争论。社会不是一种无法感知的抽象，不是异在于个体之外的形而上学的实体，而是一个实实在在的、由于主体的沟通而不断生成的共同体。那么，从每一个个体出发理解与建构社会，才是真正地做到人是万物的尺度。对于教育而言，个人与社

---

① ［德］曼弗雷德·弗兰克：《个体的不可消逝性》，先刚译，华夏出版社2001年版，第152页。
② ［英］约翰·密尔：《论自由》，许宝骙译，商务印书馆1998年版，第88页。

会是一个辩证统一体，两者不是非此即彼的关系，教育促进社会全面的发展是通过每一个个体的发展来实现的。换言之，对个人有利的教育一定是有利于社会的，反之则不尽然。教育的功利化造就的工具人就是最好的例证。而且，唯有从"人"出发，教育才能真正实现促进社会发展的职能与作用。另外，教育尊重个体差异性有利于彰显教育平等的自由价值取向。著名的罗尔斯正义原则："每个人对与其他人所拥有的最广泛的基本自由体系相容的类似自由体系都应有一种平等的权利。""社会的和经济的不平等应这样安排，使它们被合理地期望适合于每一个人的利益；并且依系于地位和职务向所有人开放。"[①] 换言之，教育不仅要立足于个体间先天的诸种不平等，而且，要在兼顾先天不平等的基础之上提供受教育的平等条件与机会，维护每一个个体的受教育权利，保障每一个人追求进步与发展的权利。

其次，人是一种自由自觉的能动性存在，最能够表征人的能动性的是人的自主性。这种自主性植根于人作为类的生命活动之中，因为，与其他动物相比，人的生命活动不仅是出于自身有意识的需要，而且，整个生命活动受自身意识和意志的支配和控制，其活动的结果是以满足有意识的需要为目的。一言概之，"个人自主性概念的核心是一个人拥有自我意识的观念和思想反思的能力，以及'动机或意志力结构'的观念，简而言之，我们有意志，我们也有理性；我们有欲望驱使我们行动；我们就那些行动来进行推理和反思。"[②] 作为一种能动性存在，自由自主是存在的基本问题，是人之为人的首要问题。因为，自由自主首先意味着个体是独立的，且遵循一种客观的道德行为准则。另外，个人的自由自主是其所处社会关系和生活境况下的自由自主，社会生活为个体自由自主的生成与发展提供基础性条件，但同时，在一定程度上起到制约并影响的作用。因此，作为主体，个人之间进行独立自主的交往活动，进而在交往活动中展现独特的个性以及个人对社会客观规范的反

---

① [美] 罗尔斯：《正义论》，何怀宏等译，中国社会科学出版社1988年版，第60—61页。
② [英] 詹姆斯·D. 米歇尔：《米歇尔·福柯：个人自主与教育》，于伟等译，北京师范大学出版社2008年版，第96页。

映，通过话语民主、行为活动为个人自主提供条件、形式与内容，"个性、真实性以及审美的自我创造，这些都只是用不同的方式来指称自主性概念的内在张力，将那些概念重新定义为把一个人自己从内部的标准化解放出来的过程"①。

然而，人在社会生活中、在改造世界的生命活动中做到自由自主并不是一蹴而就的，而是要通过逐步引导与培养才能生成。其中，教育活动作为最为直接和高效的育人活动，第一，就是唤醒人的自主自由的主体意识，促使人清楚地明确自己的需求与目的，并且在社会化的实践活动中促进人的自由自主能力的提高与发展。同时，教育不仅要立足于人自由自主性的实然，对其作出确认与肯定；更为重要的是引导人对现有的生活作出意义的权衡与价值的评价，使人作出批判性的选择，从而在实践中提升自由自主的能力。教育尊重和发展个人的自由自主性意味着要视学生是一个主体，而不是客体，主体应该是遵从理性和自由的意志，而不是一种工具性存在。第二，学生个体唯有作为主体才能与他者平起平坐，占有平等的位置，拥有平等的权利，发生平等的关系等，如此才能有力彰显自由自主性。而且，人的自由自主性是一定的物质条件下和社会关系中的个体性与自由自主性。第三，当前制度化的教育需要清楚地划分学生的私人领域，明确教育自身的局限，保护学生作为主体的权利，为个人的自由自主提供保障与发展的条件和机会。但是，现实中的学生生活在高度精细化的时间网格里，教学活动按照标准答案来进行，日常言语与行为大均被模式化，一切个性化的言行均被视为另类。"主体教育""以人为本"中的主体与人成为一种高谈阔论的抽象，事实上，这些弘扬自主性的假象反而消解了人的自由自主性。

最后，人是一个充满发展需求、指向未来无限发展可能的社会化存在，然而，这种社会化并非与生俱来，是人在后期的成长过程中、通过教育逐步完成和实现的。在实践中，人不断摆脱孤独，丰富生活与生

---

① [英]詹姆斯·施密特：《启蒙运动与现代性——18世纪与20世纪的对话》，徐向东等译，上海人民出版社2005年版，第514页。

命，逐渐将自身置于繁杂的社会联系之中。在这个过程中，人通过改造身外身里的"自然"，充实现有的生命状态，同时，使自身具有无限的发展可能。而且，通过社会化，每个丰盈的生命状态不断发展、丰富着社会历史的形态与内涵。不仅如此，教育促使人理解与体验社会存在的价值和意义，帮助建构个体之间、个体与集体之间、个体与社会之间的和谐关系，即教育对社会全面发展的促进作用是通过促进个体的社会化发展来实现的。马克思认为，人的发展不是超社会的，也不是完全与社会同步的，而是个人通过社会化、逐步置身于社会之中、并与社会建构种种关联的过程，在这个过程中，逐步体现人性的完善与多样、独特且自主，日渐发挥人性各方面的综合能力和特性，追逐人性自由的内在价值和诉求等。这便是个人的自由而全面发展。

马克思在《关于费尔巴哈的提纲》中开篇说道："从前的一切唯物主义——包括费尔巴哈的唯物主义——的主要缺点是：对对象、现实、感性，只是从客体的或者直观的形式去理解，而不是把它们当做人的感性活动，当做实践去理解，不是从主体方面去理解。因此，结果竟是这样，和唯物主义相反，唯心主义却把能动的方面发展了，但只是抽象地发展了，因为唯心主义当然是不知道现实的、感性的活动本身的。"[①] 在这段阐述中，马克思既批判了唯心主义过度地强调和弘扬人在活动中的主体性，也批判了旧唯物主义看不到人作为实践活动主体的主体性。因为，两者都没有很好地在实践的基础上科学地解决主体与客体的关系，没有科学地解决人的主体性问题。马克思认为，人是活动的主体，自然界对人具有优先的地位，但人始终是主体。所以，人改造客观世界的活动不仅要从主体与客体的客观实在性方面去理解，也要从主体的主观方面去理解，从人的主观能动性方面去理解，这种主观能动性就是主体在现实活动中表现出的对客体的支配、控制、协调等。

马克思对人的本质的著名论断是在扬弃费尔巴哈的机械唯物主义与黑格尔的唯心辩证法后得出的结论。费尔巴哈将人从社会中孤立出来，

[①] 《马克思恩格斯选集》第1卷，人民出版社2012年版，第137页。

撇开社会历史的进程来谈论人的本质；但他忘记了人的本质不能从单个的、孤立的个体中获得规定，应该去变动不居的社会关系中寻找答案。一个人的本质取决于他所处的社会关系，而不是其他。同时，人始终不能离开社会而绝对孤立地存在，那么，对人的本质的认识和理解也就不能抛开社会的本质；而且，人就是他所处社会的一种表征。另外，对社会的理解也不能仅仅简单地将其视为众多单个人的总和，而应该将其理解为个人之间的诸多联系和关系的总和。所以，"一切社会关系的总和"与"人是人的最高本质"在回答"人是什么"的问题时可以说是殊途同归，均是给出了探讨"人是什么"的方法和思路，却没有直接回答人是什么。"而自由的有意识的活动恰恰就是人的类特性"① 向我们解答并阐释了这个问题。马克思认为，人之所以成为人，与其他动物相区别的根本原因乃在于人的劳动。恩格斯也曾说过，生产劳动是"使人从动物界上升到人类并构成人的其他一切活动的物质基础的历史活动"②，可以说"劳动创造了人本身"③。人既是劳动的产物，也是劳动的主体。因为，人与动物的本质区别在于："动物仅仅利用外部自然界，简单地通过自身的存在在自然界中引起变化；而人则通过他所作出的改变来使自然界为自己的目的服务，来支配自然界。"④ 即动物最多的是在搜集，人则是在从事生产。

"人不仅仅是自然存在物，而且是人的自然存在物，就是说，是自为地存在着的存在物，因而是类存在物。"⑤ 换言之，人并不是像动物一样被动地、消极地适应外在的自然界，而是通过改造自然界的实践活动，在自然界本来面目的基础上，将不能为我所用变革为能为我所用，以此保障自身的生存和发展。因此，在自然界面前，人不是一种被动性存在，相反，是一种能动性存在。恰恰是这种能动性，使人区别于动

---

① 《马克思恩格斯选集》第1卷，人民出版社2012年版，第56页。
② 《马克思恩格斯选集》第3卷，人民出版社2012年版，第860页。
③ 《马克思恩格斯选集》第3卷，人民出版社2012年版，第988页。
④ 《马克思恩格斯选集》第3卷，人民出版社2012年版，第997—998页。
⑤ 马克思：《1844年经济学哲学手稿》，人民出版社2014年版，第104页。

第五章 消解教育异化现象的人学路径

物,同样,也恰是这种能动性使人在动物界中获得社会主体的地位和能力,获得持久的发展与进步。劳动创造人,也创造人类意识,因此,人不仅是世界上独一无二的"能动的自然存在物",也是"有意识的存在物"。而且,正是这种能动的自觉意识使人将自己与自然界、与自身之外的他者区别开来,并且能够审视自身、认识自我,进而作为主体自由地控制与支配自己的活动对象,自由地从事实践活动。因此,马克思认为,对事物、现实与感性不仅仅要从单纯的直观形式、客观性角度去认识和理解,更要从主体也就是人的角度来理解。人在实践活动中确立主体地位,并在自由自觉的活动中创造主体、意识、社会历史、文化传统等;同时,决定着自由自觉活动作为类活动的本质属性。所以,主体性作为人的本质属性,不仅取决于实践劳动和社会关系,也在更深层次上体现人之为人的本质属性。

主体性既是人的本质属性,自然也就从根本上规约人的自由本性和全面发展。马克思在讨论人的自由和全面发展时是从两个角度展开的,一个角度是"从共产主义社会的理想目标来确定的,即每个人在劳动、社会关系和个体素质诸方面的全面、自由而充分的发展"[①];另一个角度是从当时的资本主义社会的分工导致的人的片面发展的历史现状出发,对人的自由和全面发展作了现实性规定。两者尽管角度不一,但却是一个问题的两个方面,即前者对人的发展状态的理想规定,后者则是现实反思。马克思曾谈道:"人们的社会历史始终只是他们个体发展的历史。"[②] 所以,人的发展是从现实状态过渡和转化到理想状态。这个过渡和转化的具体条件是生产力和生产关系的高度发展,资本主义私有制的消灭和共产主义制度的建立;而且,教育"不仅是提高社会生产的一种方法,而且是造就全面发展的人的唯一方法"[③]。

然而,这些只是人的全面发展的外部条件,且只是提供了发展的一种可能;而真正能够把这种可能转化为现实的却是人本身。正如马克思

---

① 袁贵仁:《马克思的人学思想》,北京师范大学出版社1996年版,第282页。
② 《马克思恩格斯全集》第27卷,人民出版社1972年版,第478页。
③ 《马克思恩格斯全集》第23卷,人民出版社1972年版,第530页。

指出的:"个人的全面发展,只有到了外部世界对个人才能的实际发展所起的推动作用为个人本身所驾驭的时候,才不再是理想、职责等等"①……这就说明,人实现自由和全面发展的最重要的条件是人自身的活动。只有当人把自然、社会和自身作为客观外部世界,作为自己作用的对象,自身作为主体自主地驾驭这些外部客体,主动自觉地去认识和改造自然和社会,并主动自觉地认识、改造自身和参与自身的全面发展的时候,人的自由全面发展才能由理想变为现实,或者是由现实状态达到理想状态。同时,人在其自由自觉的活动中体现的人的本质属性——主体性,其发展决定了人的活动的目的、方向、水平等,相应地决定人的自由和全面发展的程度和水平。所以,要实现促进人的自由和全面发展的终极目的,教育首先需要科学地解决人在教育中的主体性问题。因为,人的主体性是造就"完整的人""全面发展的人"的前提和基础;人的主体性一旦被教育削弱或压抑,"完整的人"和"全面发展的人"的可能性也就相应地遭到破坏。

马克思认为,人不仅是一种关系存在,更是一个整体性的存在。人以整体的、全面的方式展示其作为"人"的本质性存在,远不是作为抽象的、片面的、单向度的"碎片式"存在。这就意味着,人通过自由和全面的发展成为一个完整的"人"才是教育之为教育的根本目的所在,远不是视人为物、为工具一样的存在。教育不仅是如前文所述的那样的"属人",同样也"为人",即为了人的生成与发展,这正是教育质的规定性以及最为本真的价值理性。当人的生成与发展成为教育的价值理性,就势必涉及教育行为和实践中的"培养什么样的人"和"如何培养人"的实践命题。然而,实践命题的展开首先基于对人的理解,什么样的价值观念和人学立场势必直接或间接影响着教育的理性取向和价值追求。换言之,"人"的地位事实性地以人的整体价值存在方式得以呈现,"培养什么样的人"和"如何培养人"的问题就有了总体的价值引导和实践规定——始终围绕"人"而展开,

---

① 《马克思恩格斯全集》第3卷,人民出版社1960年版,第330页。

使其获得完整、自由和全面的发展,成为社会实践活动的主体。

"所谓教育,不过是人对人的主体间灵肉交流活动(尤其是老一代对年轻一代),包括知识内容的传授、生命内涵的领悟、意志行为的规范、并通过文化传递的功能,将文化遗产教给年轻一代,使他们自由地生成,并启迪其自由天性。"① 而"教育的原则是通过现存世界的全部文化导向人的灵魂觉醒之本源和根基,而不是导向由原初派生出来的东西和平庸的知识"②。因此,雅斯贝尔斯不仅认为教育是引导、使其顿悟;而"创建学校的目的,就是将历史上人类的精神内涵转化为当下生气勃勃的精神,并通过这一精神引导所有学生掌握知识和技术"③。然而,现实中,教育不是一个独立的领域,不能仅仅为其自身,它所处时代的现实经济条件、社会文化的变迁,每一个生命个体的成长等诸多因素在不同程度上、不同侧面或影响、或制约、或规定、或促进着教育的运作与发展。所以,教育的发展是一个极为复杂的有机系统。正因为这种复杂,教育在其发展的过程中不断出现各种问题,各种与其本真相背离的异化现象,进而在教学实践中导致受教育者的主体性无法顺利生成和实现。

然而,从个体的角度来看,每个个体的生命成长均是这个世界上独一无二的样式,蕴含着其自组织的演进历程,恰是这段独特历程中的无序、不确定性是其生命自主性的动力源泉。尊重生命成长的自然规律,"在教育运作中,通过观察个体发展过程中的行为方式的细微变化是否有不连续性、不一致的行为方式出现,可以了解其演化途径。……在事物发展变化的临界点和临界区,是教育可以有所作为的地方。引导个体自组织的演化在这里表现为教育的技巧:对于趋向有序方向的演化,可以施以恰当的扰动以诱导有利的突变发生;对于趋向崩溃和解体的演

---

① [德]雅斯贝尔斯:《什么是教育》,邹进译,生活·读书·新知三联书店1991年版,第3页。
② [德]雅斯贝尔斯:《什么是教育》,邹进译,生活·读书·新知三联书店1991年版,第3页。
③ [德]雅斯贝尔斯:《什么是教育》,邹进译,生活·读书·新知三联书店1991年版,第33页。

化，则施以相应的教育措施防患于未然"①。因此，尊重每个受教育者的客观条件的差异性、丰富多样性，在这个基础上给予他们相对独立的发展空间，使他们在生命成长的过程中、与他者互动中、与集体互动活动中意识到并深切地感悟到自身作为社会实践的主体的存在价值与意义，以及主体性的发展与提升。"当教育把视野转向培育生境而不是培养人的时候，在这个生态世界中成长的生命将会充满活力和创造性。教育……要使生境中的各种要素具有相互适应、相互生成的关联性和整体性，为个体对环境的协调和整合创设条件。"②

第四节 消解当前教育不公平问题的关键

一 追求有质量的教育公平

"有质量的教育公平"处于教育公平发展的高级阶段，是对教育的新诉求。有质量的教育公平以推进教育公平为基本价值取向，追求高质量的教育，重在提高学生学业成就。教育公平作为人类关于公平的理想在教育领域的投射和具体表现，其本身就是一种教育理想；在其漫长的历史发展过程中，教育公平实现了受教育权从"特权"向基本"人权"的跨越式发展，之后，逐渐地完成由教育权利的均等向教育机会均等的二次飞跃。中国特色社会主义拉开新时代的历史序幕，教育公平的具体内涵也相应有了新的调整，"在保障基本的'有学上'的教育公平的同时，还必须将提高质量、推进义务教育均衡发展纳入新的基础教育公平体系，并作为教育战略调整的方向和教育政策的关键点"③。换言之，初级阶段的教育公平已经基本实现，实现了"人人有学上"的教育起点公平。在此基础上，符合时代特征的、有质量的教育公平顺势

---

① 倪胜利：《大德曰生——教育世界的生命原理》，广西师范大学出版社2006年版，第40页。
② 倪胜利：《大德曰生——教育世界的生命原理》，广西师范大学出版社2006年版，第150—151页。
③ 谈松华、王建：《追求有质量的教育公平》，《人民教育》2011年第18期。

成为新时代社会主体对基础教育的目标追求。

20世纪90年代以后的美国，教育领域中的质量意识开始发酵升温。让每位学生获得接受高质量的教育机会，建立一个世界一流的教育体制，成为美国教育改革的总体目标。2015年，在联合国教科文组织举行的第38次教科文组织大会上，"教育2030行动框架"发布，教育的使命被扩大至全纳、公平和全民终身学习，给每个人公平的机会。作为2030年新的教育愿景，联合国教科文组织强调：我们致力于在所有情况下和各教育层次中提供有质量的全民终身学习机会，包括公平的和更多的获得有质量的职业技术教育与培训、高等教育与研究的机会，同时，保持对质量的充分重视。根据2016年全国教育工作会议上公布的数字，2015年我国学前教育三年毛入园率75%，达到中高收入国家平均水平；九年义务教育巩固率93%，普及程度超过高收入国家平均水平；高中阶段毛入学率达到87%；高等教育毛入学率达到40%。2015年全国人大代表在"两会"上提出："要把质量和公平放在同等位置，我们需要的是有质量的公平。"所以，正如政协委员孙惠玲的建议："我们要追求有质量的公平，让更多学校成为优质的教育资源。"①

党的十九大报告提出："建设教育强国是中华民族伟大复兴的基础工程，必须把教育事业放在优先位置，深化教育改革，加快教育现代化，办好人民满意的教育"，"指明了我国教育事业改革发展的总方向要从上规模、讲数量向强素质、提质量、促公平转变，满足人民群众在新时代对更好教育的强烈期盼"②，满足受教育者"上好学"的现实需求。"让人民满意的教育"、更好的教育、有质量的教育等等，究其实质是在教育事业现有的基础之上提升教育质量，即提升教育对主体需要的满足程度。"通常，人们常常将教育质量理解成：学生的学业成就水平和学生在学校中所获知识、技能及态度为其离开学校以后的生活

---

① 张婷：《追求有质量的公平——代表委员热议教育公平》，《中国教育报》2015年3月7日第1版。

② 教育部课题组：《深入学习习近平关于教育的重要论述》，人民出版社2019年版，第109—110页。

作准备的适切性；而且人们常常将在学生数量扩展同时的质量降低归因为学习条件的不理想。"[①] 不同国家、不同群体对教育质量的理解有所不同，其中具有代表性的理解有这样两种：一是，"教育质量是指教育所提供的成果或结果（即学生所获取的知识、技能和价值观）满足教育目标系统所规定标准的程度"[②]；二是"教育质量是学生获取的知识、技能及价值观与人类和环境的条件及需要所相关的程度"[③]。

具体而言，以受教育者为中心，从其外在显性与内含隐性面两个层面理解教育质量。首先，基于受教育者的德性以及德行习惯的培养，使受教育者在受教育的过程中发展与提升其认知能力、思辨能力、创新能力、解决处理问题等各方面的能力，进而使其能够适应和满足社会发展的需求和要求，这是受教育者外在显性层面的成长与发展。其次，以受教育者的理想目标与爱好特长为导向，教育者在教育过程中帮助受教育者找到适合自身的学习路径、思维模式、奋斗方向等，帮助其树立正确的情感基础与处世态度，形成正确的世界观、人生观、价值观、国家观、民族观、历史观等，进而促进其作为人的自由本质的生成与健康全面的发展。所以，无论是外在显性层面的培养，还是内含隐性层面助导，均是指基础教育的高质量发展，是基础教育从基本均衡到优质均衡、从机会均等到有质量的教育公平推进的必然结果。因为，无论是横向延伸教育公平的广度，还是纵向提升教育事业的质量，均是在强调为受教育者提供平等的教育机会，满足受教育者多样化的教育需求，培养受教育者的综合能力，促进受教育者的自由全面发展。

如前所述，作为教育事业发展、教育资源配置的基本目标和价值取向，教育公平与教育效率是促进基础教育从基本均衡到优质均衡、推进教育事业高质量发展的两个衡量指标，即促进有质量的教育公平实现的衡量指标。芬兰地处斯堪的纳维亚半岛，人口仅550万，却成为享誉世界的"教育大国"。早在独立之初，芬兰就将"公平"的原则作为国内

---

① 朱益明：《教育质量的概念分析》，《比较教育研究》1996年第5期。
② 朱益明：《教育质量的概念分析》，《比较教育研究》1996年第5期。
③ 朱益明：《教育质量的概念分析》，《比较教育研究》1996年第5期。

教育体系建构的首要和核心价值，具体表现为教育机会、教育过程和教育结果的公平。在实现教育机会公平的路径中，芬兰以法律的形式赋予每个人享有公平的受教育权利，并且在执行的过程中，芬兰教育坚持"不论民族、年龄、财富或居住地，所有的人都享有平等地接受高质量教育和培训的权利"①。不仅如此，在芬兰，教育公平的推进拥有来自政府坚持的财政支持和物质前提。"值得一提的是在20世纪90年代初，受苏联解体的影响，芬兰遭受了历史上最惨重的经济危机"，"当时，政府面临着严重的财政压力，很多政客建议高等教育进行改革，走市场化的道路，但是最终芬兰政府做出的决定是要坚持公办教育，并认为芬兰的唯一资源优势就是人才和科技"。"为此，政府卖掉了一些国有企业，并把这笔资金投入高等教育。这一决策为芬兰能够在20世纪90年代后期成功地向以诺基亚为标志的信息社会转型提供了重要保障。"②所以，在充足的财政经费的支持下，芬兰自学前教育至高等教育所有阶段的教育均是免费的。"尤其在学前教育和基础教育阶段，学生可享受政府提供的免费课本、学生餐食，家庭居住地距学校较远的学生的还可以享受免费的交通服务。"③另外，芬兰的公立学校是其教育平等价值原则的主要载体和社会良善生活的核心基础，因此得到芬兰政府的大力支持，并成为该国优质教育资源平等分配的重要平台。

芬兰教育实现过程公平的关键在于其相对完善和开放的教育体系。"芬兰教育体系由儿童早期教育与关心体系（ECEC：Early childhood education and care）、学前教育、9年基础教育、普通高中教育、职业教育与培训、多科技术教育、大学教育与成人教育组成。"④ 其综合性大学

---

① OKM-Education Policy in Finland，[2016 – 04 – 26]，http：//www. minedu. fi/OPM/Koulutuspolitiikka/index. html？.

② 蔡瑜琢：《从福利制度走向市场化——芬兰高等教育改革透视》，《比较教育研究》2012年第1期。

③ Lavonen, J. & Laaksonen, S., "Context of Teaching and Learning School Science in Finland: Reflections on PISA 2006 Results", *J. Res. Sci. Teach*, Vol. 46, No. 8, 2009, pp. 922 – 944.

④ OKM-Education System in Finland，[2016 – 04 – 27]，http：//www. minedu. fi/OPM/Koulutuspolitiikka/index. html？

与技术大学均含有相对完善的研究生培养系统。而且，芬兰在不同的历史时期相继实行各种教育改革，极大程度上使学生获得了相对自由的选择权利。比如，"20世纪70年代早期，芬兰引入综合学校的基础教育改革。这终止了双轨制教育体系"①；20世纪90年代，芬兰教育在新自由主义理念推动下进行了一项根本性结构变革，"废止了各层级教育以及普通教育和职业教育间转换的障碍或门槛"②。这些改革不仅为学生能够作出较为成熟的选择提供充足的时间和准备，而且打破不同教育系统之间的壁垒，使学生自由构建起以兴趣和发展为导向的学习成长机制，进而实现自由、全面的发展。

推动与实现教育结果的公平，芬兰的教育系统首先通过高素质教师人才为公民提供优质的教育资源。"芬兰的教师行业有严格的入职门槛，即使申请成为一名小学教师，申请者也必须已获得至少一个硕士学位。"③而且，在当地，教师拥有可以根据学生实际情况决定教学课程大纲的自主权利，同时，其教育教学中的评价机制多以肯定和鼓励为主，可以说，芬兰的教师与学生均没有来自外界评价的压力，均可以在轻松愉悦的情境下进行教学活动。正是这种轻松、无惧的学习心态，师生之间形成一种亲密的、相互信任的关系，加上仅仅以帮助教师学生解决实际困难和学习障碍的小测验，一生学习生涯中只有一次标准化的高风险测试——大学入学考试，这些使当地的学生能够在学习的过程中充分发挥创造力和想象力。同时，该地教师根据学生的兴趣特点量身制定合适的教育方案，积极鼓励学生按照自己的意愿和理想生活和成长，充分实现了个性化教育，为芬兰创新科技和独特设计奠定了坚实的人文基础。

另外，在芬兰，教育结果的公平还体现在对特殊教育的极度重视。例如，及时提供针对性的因材施教和专业扶持，以使所有的学生享有平

---

① Lea Kuusilehto-Awale、Tapio Lahtero：《公平与质量并行：实现卓越的全民教育——芬兰的经验》，胡森译，《比较教育研究》2012年第3期。

② Lea Kuusilehto-Awale、Tapio Lahtero：《公平与质量并行：实现卓越的全民教育——芬兰的经验》，胡森译，《比较教育研究》2012年第3期。

③ Niemi, H., Multisilta, J., Lipponen, L. & Vivitsou, M., *Finish Innovations and Technologies in Schools*, Rotterdam: Scese Publishers, 2014, pp. 12–13.

等的教育机会和完成学习的可能,以及通过个性化的教学安排实现教育结果的公平化。"在芬兰的教育系统中,特殊教育主要有两种实现途径:一种是'部分时制特殊教育',以小组的方式将特殊学生留在一般班级,由专门的老师所领导,并根据他们的个人能力制定相应的学习计划;另一种是'持续特殊教育',在学校内组成特殊群组,结合学校的课程与学生自身的成果期望制定学习计划。"①

新自由主义和全球化浪潮的兴起,尤其是新公共管理理论的推波助澜,实效、效率、市场化、竞争的理念逐渐盛行开来,芬兰福利制度庇护下的传统教育体系的弊端和劣势日益凸显。传统的福利制度需要雄厚的财政支持,然而,20世纪90年代的芬兰深受苏联解体的影响,遭遇了严重的经济危机,巨额的教育成本带来巨大的财政压力。同时,由于芬兰教育是免费的,其学生不仅缺乏应有的竞争意识,而且,在巨大的财政压力面前并没有足够的就业意识。因此造成芬兰高校在全球化进程中优秀竞争力的缺失。"为了应对传统福利制度下芬兰教育面临的困境,芬兰政府于20世纪90年代初期,开始施行一系列被称为'芬兰高等教育结构性发展'的改革措施。"② 芬兰教育系统引入市场机制,极大程度上减轻了政府财政的压力,同时,引入市场、个人和家庭对高等教育的投资,激发了教育的活力,提升了教育的质量和效率。另外,在新自由主义思想的影响下,教育服务地方经济的意识逐渐增强,促进了知识向生产力的转化;推动了芬兰一流大学的国际进程的创建,为优秀的国际科研人员和师生提供更具吸引力的工作环境和发展平台。

芬兰教育的成功在于其始终以"公平"作为教育发展的核心价值,通过"合作"的方式融合教育公平与教育效率,形成完善并独具创新性的教育体系,从而使芬兰成为国际上现代教育水平最高和最富竞争力

---

① [芬]帕思·萨尔伯格:《芬兰道路:世界可以从芬兰教育改革中学到什么》,林晓钦译,江苏凤凰科学技术出版社2015年版,第56—57页。
② Vlimaa, J., Aittola, H., & Ursin, J., "University Mergers in Finland: Mediating Global Competition", *New Directions For Higher Education*, No. 168, 2014, pp. 41-53.

的国家之一。"北欧福利国家建立于三种政治理念之上：农民解放后的自由化精神、资本主义精神以及社会主义的乌托邦精神。平等、效率和团结是这三种理念的原则与本质，它们形成共识，丰厚了彼此的内涵。这也是芬兰教育能成其所是的原因。"[①] 芬兰的教育体系提倡高度信任与合作，弱化竞争，芬兰教育的结果不是单纯的学校和教师负责，而是全社会集体参与，集体负责，因此，芬兰全社会形成了一种宽松、自由、平等、信任的教育氛围，培养了众参与者之间良好和谐的合作信任关系，共同为"关爱每一个学生，避免任何一个学生掉队"的教育目标而努力。

与此同时，"芬兰学校拥有高度的自治权，教师得到学校的充分信任，在没有外部监管的情况下，根据政府的教育政策和教育框架自行制定课程，运用教师的专业知识指导每一位学生的学业发展。"[②] 芬兰的家庭、社区与学校展开合作，积极参与非正式学习活动，利用国内丰富的图书和教育资源提升自身的文化知识水平和文明素养，从而为教育孩子创设良好的学习氛围。另外，还有非政府组织的合作与参与。所以，无论是传统福利制度下的芬兰教育，还是渐进改革时期的芬兰教育，全社会都以"尊崇教育"为价值目标，合作创设了芬兰有效且公平的高质量教育。芬兰教育体系的发展历史表明，芬兰教育通过全社会参与和合作的方式，以创造极大丰富的教育资源和公共价值，进而提升芬兰教育的质量和以国际竞争力为效率目标；以保证每一位受教育者可以平等地享用教育资源，从而实现自由、健康成长与发展的公平目标，实现了传统福利制度与市场机制相结合导向下的"教育公平"与"教育效率"的完美融合与协调。

事实证明，芬兰的教育践行教育作为公共价值活动的根本性质，践行以人的自由全面发展，保证每一个人享有满足和发展自己权利的机

---

① Sahlberg, P. & Hargreaves, A., *Finish Lessons*, New York: Teacher College Press, 2011, p. 35.

② Niemi, H., Toom, A. & Kallioniemi, A., *Miracle of Education*, Rotterdam: Sense Publishers, 2012, pp. 19 – 70.

会。这种教育的价值理性，展现了高质量教育公平的真实模样。以芬兰教育中"公平"与"效率"融合发展的模式为参照，回顾我国的教育发展历史，无论是"效率优先，兼顾公平"原则下的重点学校和重点班级，还是保障教育机会公平的均衡化发展战略，均没有平衡好教育公平与教育效率之间的关系，没有将两者很好地融合在教育事业的发展中；而且，两个阶段的发展历史表明，教育事业的发展均是从外部创造或寻求教育资源，平等地分配外部的教育资源，然而，有质量的教育公平、高质量的教育发展一定是在现有教育资源均衡分配的基础之上，因地制宜地挖掘学校的内生资源和特色资源，真正实现地区、区域、学校的特色化发展和内涵式提升，促进地区之间、区域之间、学校之间在特色化内涵上的相对均衡和公平。"学校特色化发展是以凸显学校特色为抓手的学校发展方式"①，是"学校根据对内部实际情况和外部环境变化的适应，对区域、学校资源进行挖掘或重组利用，使学校形成特定领域独特风格或优势的过程"②。

由此可以推断，特色化发展思路以现实的发展和问题为导向，促使教育事业发展的重心由外延式发展转向内涵式发展，借鉴芬兰教育系统中的学校和教师拥有高度自主权的经验，使学校和教师成为教育事业发展的主导单位和主体，进而使学生在享有平等教育机会的基础之上获得多样化、个性化的学习内容及其形式，满足多样的发展需求，实现多层次、全方位的自由发展。所以，从这个角度上讲，教育事业发展的向内转变意味着教育公平的内涵实现了纵深发展，是一种有质量的、深度的教育公平。具体到执行层面，通过挖掘学校的历史文化底蕴与地理优势，设立校本特色课程，提升学校办学质量和文化品质，打造学校特色品牌，以丰富多样化的教育资源吸引学生，并以兴趣特征为导向实现学生与学校之间的相互成就，进而带动周边区域的学校发展，实现区域教育事业发展的整体性推进。

---

① 石中英：《学校特色发展下一步怎么走》，《人民教育》2017年第17期。
② 范涌峰、宋乃庆：《学校特色发展：内涵、价值及观测要点》，《教育研究与实验》2017年第2期。

伴随改革开放对市场经济的推动和教育自主权的下放,同时,鉴于教育公平与教育效率的逐渐融合,义务教育特色化发展的思想早就通过不同的政策话语出现在教育事业发展的各种语境之中。1993年,作为20世纪末我国教育改革和发展的纲领性文件,《中国教育改革和发展纲要》首次提出中小学要办出各自的特色,尤其关注和培养有特长的学生。同年,《国家教育委员会关于减轻义务教育阶段学生过重课业负担、全面提高教育质量的指示》再次强调,义务教育要努力办出特色。之后,国家相继出台相关政策,鼓励学校办出特色、办出水平,尤其是21世纪第二个十年教育改革和发展的纲领性文件《国家中长期教育改革和发展规划纲要(2010—2020年)》的颁布与实施,促使学校特色化发展实现了由理论向实践的转化。因此,2011年之后,重庆、上海、江苏等多个省市专门出台了相关政策,推动区域范围内的学校特色发展,使一大批中小学走上特色发展之路。

环顾教育发达的国家,诸如英国和美国,早在20世纪80年代就已经开始中小学义务教育的多样化和特色化发展模式;而且,多样化和特色化发展探索不仅大大提升了教育的效率和质量,同时,也在极大程度上推动了教育公平的进程。以英国为例,《1988年教育改革法》的出台不仅以教育公平与教育效率的整合发展为价值导向,而且,标志着近30年的义务教育特色化发展战略的实施与推行。自特色化发展战略实施至2008年,英国境内90%的中学成为特色学校。"英国政府2007年发布的《儿童计划:创造更辉煌的未来》指出,自1997年以来学校教育质量不断提高,11岁、14岁、16岁学生的学业成绩达到历史新高,薄弱学校及失败学校数量大大减少。"[①] 美国的一些学校,比如特许学校、磁石学校等在中小学特色化发展方面取得显著的成就。

在这样的发展背景下,反观我国当前的特色化发展现状,显然是问题重重、相去甚远。尽管距离特色化发展思想的提出已经时日不短,但

---

① TS Office, *The Children's Plan: Building Brighter Futures*, London: TSO Shops, 2007, p. 5.

是，由于缺乏国家层面针对义务教育特色化发展思想的整体性政策和规划，区域、学校等执行层面对特色化发展思想缺乏深度和理性的认知与定位，以及社会和家庭层面对特色化发展思想缺乏正确的认识和应有的现实需求等等，以致特色化发展思想在现实执行中并未取得可观的进展，在有些学校甚至仅仅流于形式和表面，并未真正实现本质和内涵层面的特色化，自然也就无从发挥促进学生自由全面发展的价值功能。

二 追求实质性的教育公平

通过上述章节对教育的本质及其价值理性的论证与阐释可以获知，作为一种精神性的活动，教育的属人性决定教育公平的推进与实现离不开人这一主体性存在。关涉主体的教育事业，其公平的实现不是仅仅提供客观平等的教育机会，亦非简单地发展提升教育的质量和效率，"公平的实现不只是有一个抽象的公平原则就可以了，还需要公平的操作规则，只有操作的公平才能保障结果的公平"①。所以，现实的、具体的、表征教育本质的教育公平才是真实、真正的教育公平。《教育2030行动框架》指出："'公平'体现在准入、参与、保留、完成和学习结果方面消除所有形式的排斥、边缘化、不公正的差异性、脆弱性和不平等问题。"在理想的教育情境中，公平意味着每一个受教育者个体需要"具体对待"和"认真对待"，每一个生命个体均是独一无二的存在，真正的、实质性的教育活动就是要面对每一个特殊的生命形式，提供适合的教育活动和内容。当前教育领域中所努力推进的教育公平，不管是国家出台法律、政策，还是区域政府部门采取措施、办法，均在促进一种群体间的教育公平，或阶层、地区之间的教育公平，这种公平无疑是一种概率公平、教育外部的公平，而不是触及教育本质和实质的公平。教育关涉人，关涉人与人之间的关系、人与教育的关系，教育事业中所需要的爱、尊重、陪伴、宽容、认可等等情感性因素不会作为公共教育资源由外在的政府部门来分配，所以，真正的、实质性的教育公平不仅包括教育外部公共

---

① 徐梦秋：《公平的类别与公平中的比例》，《中国社会科学》2001年第1期。

资源的均衡配置，而且，更是对教育内部各种关系的一种合理架构。

首先，教育的"属人性"呼唤新时代的教育公平回归教育的本真，回归"人性"。因为，"教育的任何一种社会功能的实现都离不开教育者个体品质的形成与发展，若不研究教育与受教育者个体发展的关系，不按这种关系中存在的客观规律组织与开展教育活动，那么，再美好的教育设想也不能变为现实。"① 由此，回归教育只为教育的本原，进而发挥教育的功能和作用，以此为基础方可推进实质性的教育公平。教育之为教育，就是要释放人的天性，促进每一个个体获得自由而又全面的发展，进而推动社会文明的进步。人的自由全面发展不仅是"人性"的极大丰富，而且，包括人的综合素质的全面提高，那么，这就意味着人的自由全面发展不仅指向个体自身，还指向个体与其外部环境的交流互动，即指向人与外在环境的关系、人与其他生命个体的社会关系、人与其自身的关系。复归"现实的人"作为教育理论和实践的逻辑基点，复归教育的属人的价值理性，不仅有助于克服传统范式下对教育领域中个体缺位的忽视，也是马克思主义经典作家教育思想的核心要义。

其次，基于教育外部机会的均等、资源的均衡，实质性教育公平指向教育内部受教育者个体与教育的良性关系的建立。这就意味着客观上均衡的资源配置、平等的教育机会并不必然收获主观上教育公平的体悟和感受。一般而言，伴随教育规模的扩大、教育机会的增多，人们对教育的公平感会增强，但是，也会出现例外情况。有相关研究表明："在一个转型国家中，教育发展在以增长为主要特征的阶段往往并不会提高教育公平的水平，甚至会引起新的和更大的教育不公平。但是，随着经济社会和教育的进一步发展，特别是教育增长与教育机会分配改革的结合，教育公平的状况将逐渐得到改善和提高。因此，在教育公平的发展中，也会出现一个类似于经济领域中库兹涅茨倒 U 曲线的变化过程，这也是教育公平发展的一个规律。"② 由此可见，教育公平的真正实现

---

① 叶澜:《教育概论》，人民教育出版社 1999 年版，第 182 页。
② 谢维和:《中国教育公平的阶段性分析——兼谈教育公平的新假说》，《光明日报》2015 年 4 月 28 日第 14 版。

不仅需要教育外部各种条件的合力支撑，比如，经济社会发展为教育事业提供充足的物质基础和资源条件；而且，需要学校内部的教育改革和发展，以实现教育资源的优势整合，提升自身教育的质量；然其中最为关键的却是提供适合受教育者个体的教育活动和内容，促进每一个生命个体实现健康的成长与自由全面的发展。因为，教育公平不是简单地分配教育资源和学生生源，也不是通过高效的教学活动传授海量的知识内容，更不是提高受教育者的社会地位，而是伴随教育机会的饱和、教育质量的提高，实现人与教育关系的健康循环。

正如联合国教科文组织在《教育2030行动框架》中所指出的："教育的和通过教育实现的全纳与公平是具有变革意义的教育议程的基石，因此，我们致力于消除在入学、参与和学习成果中任何形式的排斥、边缘化、不一致和不平等。任何教育目标都应该满足所有人的需求。"实质教育公平的推进从宏观的教育形态转向微观的教育过程，比如，教育目标的设定与实施、课堂教学的设计与调整、科学知识的传授与检验、情感价值的培养与塑造等。在这些方面"深耕细作"，将国家和社会对教育的需求转变为学校教育者的教学方案，进而通过教学活动内化为受教育者知识和能力以及情感价值观，并实现其身心健康发展。这就是在"人—教育"的关系问题上切实地推进教育公平，推动人的自由全面发展。因此，教育的发展、教育公平的推进不仅要从社会发展的视角出发，更为重要和更为本原的是从受教育者个体发展的需求出发。

最后，实质性的教育公平深切关注每一个生命个体。《教育2030行动框架》明确指出："新的教育议程关注全纳与公平，即给予每一个人平等的机会，不让一个人掉队。"在这里，机会的平等不仅仅指的是公平地享有教育资源，还包括每一个生命个体通过接受教育可以实现个性化的成长与发展。受教育者个体能否公平地享有教育资源，体现了受教育者个体之间的一种社会差异，这种社会差异在一定程度上可以通过国家和社会对教育资源的调整得以实现。在这个基础上，通过接受教育，受教育者个体能否获得个性化的成长与发展就是其个体差异的一种表现了。"当作为整体的学生还原为一个个鲜活的生命体，纳入教育公平的视野时,必须将教育置于为学生个体发展服务的位置,让具有不同的性别角色、文化背景、认知能力的学生能个性化的成长,公平地从教育中获得成长资源。"① 如此,教育公平才能真正地触及受教育者的当下和未来,触及人与教育的内在关系,消解当前因其诸多教育不公平问题引发的教育异化现象,回归教育之为教育的本真状态。为此,一些专家学者在"因材施教"备受推崇的基础上提出"因需施教"概念。"'因需施教'是指施教的主体(此处包括教育行政部门、管理部门以及教育工作者等)结合自身条件,以受教育者及其相关利益者(包括家长、用人单位等)的合理需求为旨归,并为之提供相应的教育,使之获得最佳发展。"② 当然,这并不是说"因需施教"是"因材施教"的加强版或者替代者,而是,二者可以交互协调推动实质性教育公平的进程,以实现最佳效果。

目前,为了切实地推进公平有质量的教育的长足发展,一系列政策和举措相继出台。其一,强调义务教育从基本均衡向优质均衡发展。2005 年教育部印发的《关于进一步推进义务教育均衡发展的若干意见》虽然强调要"努力提高每一所学校的教育教学质量",但重点侧重于"学校办学条件""资金""经费支出结构""教育专项转移支付""薄弱学校投入"等。③ 2017 年教育部印发的《县域义务教育优质均衡发展督导评估办法》虽然仍强调资源配置,但突出了"质量"并设计了衡量"质量"④ 的 9 项具体指标。注重通过资源配置来实现教育的优质均衡发展是一种外延式的发展策略,以均衡为教育发展结果的强调"优质"教育质量确是一种内涵式发展思路,"而内涵发展主要是依靠

---

① 周波、黄培森:《关注个体差异:教育过程公平的路径选择》,《河北师范大学学报》(教育科学版)2017 年第 1 期。

② 贾万刚:《从"因材施教"到"因需施教"——关于"教育"一题的若干思考》,《现代教育科学》2010 年第 6 期。

③ 《关于进一步推进义务教育均衡发展的若干意见》(http://www.gov.cn/srcsite/A06/s3321/200505/t20050525_ 81809.html)。

④ 《关于进一步推进义务教育均衡发展的若干意见》(http://www.gov.cn/srcsite/A06/s3321/200505/t20050525_ 81809.html)。

充分挖掘内部潜力的方式来促进教育均衡",最终让全体受教育者获得相对均等的受教育机会和受教育权利。①。

其二,"质量"成为教育发展的时代诉求和衡量目标。"《中国教育现代化2035》提出要'着力提高教育质量,促进教育公平','推动各级教育高水平高质量普及'等;"《国家中长期教育改革和发展规划纲要(2010—2020年)》强调要'树立以提高质量为核心的教育发展观',注重教育内涵发展";"《关于深化新时代教育督导体制机制改革的意见》提出'要健全促进高等教育内涵发展的体制机制'等"②。

其三,提升教育质量的政策相继颁布和实施。比如,《关于深化考试招生制度改革的实施意见》(2014)、《关于全面深化新时代教师队伍建设改革的意见》(2018)、《中共中央国务院关于深化教育教学改革全面提高义务教育质量的意见》(2019)等,在与教育质量相关联的核心要素方面,诸如"教学""教师""课程""学生""考试"等均作出相应的制度安排。

马克思曾经说过:"一切所有制关系都经历了经常的历史更替、经常的历史变更。"③改革开放以后,教育公平从最初的"教育权利平等""教育机会平等"到"教育资源合理配置"的历史嬗变,反映出新的历史时期由教育领域存在的一系列不公平问题形成的教育异化现象成为当前亟须解决的问题。因此,党的十八大以来,追求公平而有质量的教育成为新时代最强呼声。笔者认为,追求公平而有质量的教育,推动实质性的教育公平进程需要做到以下几点。

首先,全面深化改革,推动社会经济高质量发展,努力实现共同富裕,为提供更多、更优质的教育资源奠定坚实的物质基础。马克思主义唯物史观认为,一定历史时期的生产力决定生产关系,经济基础决定其

---

① 范国睿、李树峰:《内涵发展:教育均衡发展的新趋向》,《上海教育科研》2007年第7期。

② 《关于深化新时代教育督导体制机制改革的意见》(http://www.gov.cn/zhengce/2020-02/19/content_5480977.htm)。

③ 《马克思恩格斯选集》第1卷,人民出版社2012年版,第414页。

上层建筑。教育资源，尤其是优质的教育资源过于贫乏，才会出现不同层面的不公平问题，才会有对教育公平的全民诉求，所以，从根本上解决这个问题，就应该"把生产发展到能够满足所有人的需要的规模，结束牺牲一些人的利益来满足另一些人的需要的状况；彻底消灭阶级和阶级对立；通过消除旧的分工，通过产业教育、变换工种、所有人共同享受大家创造出来的福利，通过城乡的融合，使社会全体成员的才能得到全面发展"[①]。进入新的历史时期，实现了全面建成小康社会，社会主要矛盾已经转化为"人民日益增长的美好生活需要和不平衡不充分的发展之间的矛盾"，但是，这依然没有改变我们仍将长期处于社会主义初级阶段的国情，与世界上发达国家在很多方面依然存在很大的差距。所以，在满足人民群众多元化、多层次、个性化的"因材施教"和"因需施教"方面还需要雄厚的经济基础来提供物质保障。

其次，在满足教育资源的基础之上合理调整和分配优质教育资源，关注社会中弱势群体的教育问题，争取实现教育领域的相对公平。当前，我国社会的主要矛盾转化为人民日益增长的美好生活需要和不平衡不充分的发展之间的矛盾，我国不仅存在中东西地区之间的发展落差，还存在多层面的城乡发展差距，甚至存在微观层面的校际差异。这些发展的差距相应地体现在教育资源的配置上，进而造成各地区教育发展的定势循环。20世纪末"重点学校"和"重点班级"的历史遗留问题，受传统的城乡二元分治影响的按照户籍"就近入学"制度，在一定程度上均加剧了教育的社会分层，恶化了教育生态环境。因此，这就要求公共教育资源的分配要遵循合理、公平的原则，适度地向农村地区、边远地区、少数民族地区等贫困地区和弱势群体身上倾斜，切实地缩小地区之间、城乡之间的教育差距。

最后，全面深化教育领域的改革，树立正确的教育公平观，助推新时代实质性教育公平进程。通过前述章节中对"教育公平"概念的论述可以得知，教育公平既包括客观角度上的教育资源的配置，同时，也

---

① 《马克思恩格斯选集》第1卷，人民出版社2012年版，第308—309页。

是社会主体对自己或他人获取和享有的教育资源，进而实现预期的身心发展水平的一种主观价值判断。换言之，"教育不公与教育公平相辅相成，教育不公总是客观存在着的。而教育公平总是设法越过教育不公的障碍，推动着我们的教育一步一步地去接近它的本质、它的理想。教育正是在教育不公和教育公平的纠缠中变得越来越完善、越来越人性的。"① 所以说，教育不公平问题的存在推动教育公平实践的展开。改革开放 40 余年，教育公平从最初的权利公平、机会公平到现在追求高质量的、实质性的教育公平，体现教育不公平问题的时代变迁，表征教育逐渐复归本真、回归人性的发展趋势。不论是宏观层面的教育工具化倾向，还是微观层次的教育规训化，消解诸多异化现象，落实到当前就是要坚持马克思辩证唯物主义和历史唯物主义观点，历史地看待，进而有效推动解决最为突出的教育不公平问题，实现教育的良序发展，促进人们追求公平而有质量的教育，助力每一个生命个体实现自由全面发展。

---

① 万俊人：《再谈教育公平问题》，《现代大学教育》2010 年第 1 期。

参考文献

一 著作类

《马克思恩格斯全集》第 2、3、23、27、30、46 卷（上册），人民出版社 1957、2002/1960、1972、1972、1995、1979 年版。

《马克思恩格斯文集》第 1、2、3、5、7、8 卷，人民出版社 2009 年版。

《马克思恩格斯选集》第 1—4 卷，人民出版社 2012 年版。

马克思：《1844 年经济学哲学手稿》，人民出版社 2014 年版。

马克思：《资本论》第 1 卷，人民出版社 2018 年版。

《毛泽东选集》第 1 卷，人民出版社 1991 年版。

《邓小平思想年谱（1975—1997）》，中央文献出版社 1998 年版。

《邓小平文选》第 2 卷，人民出版社 1994 年版。

本书编写组：《习近平总书记教育重要论述讲义》，高等教育出版社 2020 年版。

《深入学习习近平关于教育的重要论述》，人民出版社 2019 年版。

《习近平谈治国理政》第 2 卷，外文出版社 2017 年版。

习近平：《论党的青年工作》，中央文献出版社 2022 年版。

陈桂生：《教育学视界辨析》，华东师范大学出版社 1997 年版。

陈桂生：《教育原理》，华东师范大学出版社 1993 年版。

陈桂生：《马克思主义教育论著研究》，华东师范大学出版社 1993 年版。

陈新夏：《人学与人的发展》，社会科学文献出版社 2015 年版。

陈新夏：《唯物史观与人的发展理论》，江苏人民出版社 2013 年版。

陈志尚：《人学新论》，人民出版社 2015 年版。

冯建军：《生命与教育》，教育科学出版社 2004 年版。

冯建军：《中国教育哲学研究：回顾与展望》，北京师范大学出版社2015年版。

高清海：《人就是"人"》，辽宁人民出版社2001年版。

高伟：《教育哲学的基本问题》，山东教育出版社2008年版。

顾明远：《教育大辞典》第6卷，上海教育出版社1992年版。

韩庆祥：《马克思人学思想研究》，河南人民出版社1996年版。

韩庆祥、邹诗鹏：《人学：人的问题的当代阐释》，云南人民出版社2004年版。

韩震、孟鸣岐：《历史哲学》，云南人民出版社2001年版。

扈中平：《教育目的论》，湖北教育出版社1997年版。

华中师范大学教育系等：《教育学》，人民教育出版社1982年版。

黄克剑：《人蕴——一种对马克思的解读》，东方出版社1996年版。

金生鈜：《规训与教化》，教育科学出版社2004年版。

李国钧、王炳照：《中国教育制度通史》第8卷，山东教育出版社2000年版。

李小鲁：《教育作为人的生存方式》，广东教育出版社2007年版。

联合国教科文组织：《学会生存——教育世界的今天和明天》，教育科学出版社1996年版。

刘黎明：《教育学视阈中的人：基于马克思主义人学的思考》，科学出版社2010年版。

毛礼锐、沈灌群：《中国教育通史》第1卷，山东教育出版社1984年版。

苗力田：《亚里士多德全集》第8卷，中国人民大学出版社1994年版。

单中惠：《西方教育思想通史》，中国人民大学出版社2017年版。

沈亚生、袁中树：《人学思潮前沿问题探究》，社会科学文献出版社2010年版。

舒志定：《人的存在与教育——马克思教育思想的当代价值》，学林出版社2004年版。

谭培文、陈新夏、吕世荣：《马克思主义经典著作选编与导读》，人民出版社2005年版。

滕大春：《外国教育通史》第 3 卷，山东教育出版社 1979 年版。

王锐生、景天魁：《论马克思关于人的学说》，辽宁人民出版社 1984 年版。

王永昌：《走向人的世界》，中国工人出版社 1991 年版。

武天临：《实践生成论人学》，中国社会科学出版社 2005 年版。

熊川武等：《实践教育学》，上海教育出版社 2001 年版。

许苏民：《人文精神论》，湖北人民出版社 2000 年版。

杨东平：《艰难的日出——中国现代教育的 20 世纪》，文汇出版社 2003 年版。

杨国荣：《理性与价值》，上海三联书店 1998 年版。

杨建朝：《自由成"人"》，中央编译出版社 2013 年版。

杨金海：《人的存在论》，中华书局 2009 年版。

杨适：《人的解放——重读马克思》，四川人民出版社 1996 年版。

杨适等：《中西人论及其比较》，东方出版社 1992 年版。

叶澜：《教育概论》，人民教育出版社 1991 年版。

叶澜：《教育研究方法论初探》，上海教育出版社 1999 年版。

叶澜：《人性问题："生命·实践"教育学人学之基》，华东师范大学出版社 2015 年版。

叶启绩、钟明华：《马克思主义人学视阈中的现代人生问题》，人民出版社 2006 年版。

袁贵仁：《马克思的人学思想》，北京师范大学出版社 1996 年版。

张焕庭：《西方资产阶级教育论著选》，人民教育出版社 1979 年版。

张焕庭主编：《教育辞典》，江苏教育出版社 1989 年版。

张乐天：《教育法规导读》，华东师范大学出版社 2000 年版。

张人杰主编：《国外教育社会学基本文选》，华东师范大学出版社 2009 年版。

张同善：《马克思主义关于人的学说与教育》，教育科学出版社 1992 年版。

赵敦华：《西方人学观念史》，北京出版社 2005 年版。

钟道然：《我不原谅——一个 90 后对中国教育的批评与反思》，生活·读书·新知三联书店 2012 年版。

周国平：《让教育回归人性》，长江文艺出版社 2016 年版。

朱小蔓：《教育的问题与挑战》，南京师范大学出版社 2000 年版。

［德］O. F. 博尔诺夫：《教育人类学》，李其龙等译，华东师范大学出版社 1999 年版。

［德］恩斯特·卡西尔：《人论》，甘阳译，上海译文出版社 1985 年版。

［德］伽达默尔：《赞美理论——伽达默尔选集》，夏镇平译，生活·读书·新知三联书店 1988 年版。

［德］赫尔巴特：《普通教育学·教育学讲授纲要》，李其龙译，人民教育出版社 1989 年版。

［德］黑格尔：《精神现象学》（上卷），贺麟、王玖兴译，商务印书馆 1979 年版。

［德］黑格尔：《历史哲学》，王造时译，生活·读书·新知三联书店 1956 年版。

［德］鲁道夫·奥伊肯：《生活的意义与价值》，万以译，上海译文出版社 2005 年版。

［德］路德维希·费尔巴哈：《费尔巴哈哲学著作选集》（下卷），荣震华译，商务印书馆 1984 年版。

［德］马克斯·韦伯：《经济与社会》上卷，林荣远译，商务印书馆 1997 年版。

［德］马克斯·韦伯：《新教伦理与资本主义精神》，于晓、陈维纲译，生活·读书·新知三联书店 1987 年版。

［德］马克斯·韦伯：《学术与政治》，冯克利译，生活·读书·新知三联书店 1998 年版。

［德］曼弗雷德·弗兰克：《个体的不可消逝性》，先刚译，华夏出版社 2001 年版。

［德］雅斯贝尔斯：《什么是教育》，邹进译，生活·读书·新知三联书店 1991 年版。

［德］雅斯贝尔斯：《时代的精神处境》，黄藿译，华东大学出版社 2022 年版。

［德］雅斯贝尔斯：《现时代的人》，周晓亮、宋祖良译，社会科学文献出版社 1992 年版。

［德］伊曼努尔·康德：《论教育学》，赵鹏、何兆武译，上海人民出版社 2005 年版。

［德］尤尔根·哈贝马斯：《交往行为理论》，曹卫东译，上海人民出版社 2004 年版。

［法］福柯：《规训与惩罚》，刘北成、杨远婴译，生活·读书·新知三联书店 2016 年版。

［法］卢梭：《爱弥儿》（上卷），李平沤译，商务印书馆 1978 年版。

［法］卢梭：《论人类不平等的起源和基础》，李常山译，商务印书馆 1962 年版。

［法］卢梭：《社会契约论》，何兆武译，商务印书馆 1980 年版。

［法］孟德斯鸠：《论法的精神》（上册），张雁深译，商务印书馆 1959 年版。

［芬］帕思·萨尔伯格：《芬兰道路：世界可以从芬兰教育改革中学到什么》，林晓钦译，江苏凤凰科学技术出版社 2015 年版。

［美］L. J. 宾克莱：《理想的冲突》，马元德等译，商务印书馆 1983 年版。

［美］阿瑟·奥肯：《平等与效率》，王忠民等译，四川人民出版社 1988 年版。

［美］赫伯特·马克库塞：《单向度的人——发达工业社会意识形态研究》，张峰、吕世平译，重庆出版社 1988 年版。

［美］罗伯特·L. 西蒙：《社会政治哲学》，陈喜贵译，中国人民大学出版社 2008 年版。

［美］罗尔斯：《正义论》，何怀宏等译，中国社会科学出版社 1988 年版。

［美］迈克尔·W. 阿普尔：《教育与权力》，曲囡囡等译，华东师范大学出版社 2008 年版。

［美］约翰·杜威：《杜威教育论著选》，赵祥磷、王承绪编译，华东师范大学出版社 1981 年版。

［美］约翰·杜威：《民主主义与教育》，王承绪译，人民教育出版社 2004 年版。

［美］约翰·杜威：《人的问题》，傅统先译，上海人民出版社 1965 年版。

［美］约翰·杜威：《学校与社会·明日之学校》，赵祥麟等译，人民教育出版社 1994 年版。

［意］玛利亚·蒙台梭利：《童年的秘密》，单中惠译，长江文艺出版社 2021 年版。

［印度］克里希那穆提：《一生的学习》，张南星译，群言出版社 2004 年版。

［英］A. J. 汤因比、［日］池田大作：《展望 21 世纪——汤因比与池田大作对话录》，荀春生等译，国际文化出版公司 1985 年版。

［英］怀特海：《教育的目的》，徐汝舟译，生活·读书·新知三联书店 2002 年版。

［英］约翰·密尔：《论自由》，许宝骙译，商务印书馆 1959、1998 年版。

［英］詹姆斯·D. 米歇尔：《米歇尔·福柯：个人自主与教育》，于伟等译，北京师范大学出版社 2008 年版。

二　论文类

Lea Kuusilehto-Awale、Tapio Lahtero：《公平与质量并行：实现卓越的全民教育——芬兰的经验》，胡森译，《比较教育研究》2012 年第 3 期。

蔡瑜琢：《从福利制度走向市场化——芬兰高等教育改革透视》，《比较教育研究》2012 年第 1 期。

陈如平：《走向"有质量的教育公平"》，《山东教育》2007 年第 31 期。

程介明：《教育是在缩小还是扩大社会不公》，《探索与争鸣》2015 年第 5 期。

丁维莉、陆铭：《教育的公平与效率是鱼和熊掌吗——基础教育财政的一般均衡分析》，《中国社会科学》2005 年第 6 期。

杜瑞军：《规训的教育与人的自由》，《太原师范学院学报》（社会科学版）2004 年第 6 期。

顾明远：《从新民主主义教育到社会主义教育——纪念中国共产党成立90周年》，《教育研究》2011年第7期。

郭晓君：《人学中的一个异化问题》，《自然辩证法研究》2003年第12期。

韩立新：《〈巴黎手稿〉的文献学研究及其意义》，《马克思主义与现实》2007年第1期。

韩立新：《"巴黎手稿"：马克思思想从早期到成熟期的转折点》，《哲学动态》2014年第7期。

韩立新：《马克思的异化劳动理论究竟是不是循环论证》，《学术月刊》2012年第3期。

韩庆祥：《90年代人学研究述评》，《教学与研究》1996年第1期。

韩庆祥：《重新解读马克思的思想体系——〈马克思的人学思想〉等著评介》，《哲学动态》1998年第2期。

郝文武：《教育公平与社会公平相互促进的关系状态和基本意义》，《北京师范大学学报》（社会科学版）2011年第4期。

何雪峰：《试析优质教育资源的特征》，《基础教育研究》2010年第3期。

侯才：《有关"异化"概念的几点辨析》，《哲学研究》2001年第10期。

扈中平：《"人的全面发展"内涵新析》，《教育研究》2005年第5期。

蒋笃运：《当前教育异化现象辨析》，《教育研究与实验》2009年第5期。

金生鈜：《论教育自由》，《南京师大学报》（社会科学版）2004年第6期。

李春玲：《社会政治变迁与教育机会不平等——家庭背景及制度因素对教育获得的影响（1940—2001）》，《中国社会科学》2003年第3期。

林永柏：《20世纪80年代以来关于教育异化问题的探析》，《社会科学战线》2013年第9期。

刘晖、李晶：《认识论视域中的教育异化》，《教育发展研究》2011年第17期。

刘民权、俞建拖、李鹏飞：《学费上涨与高等教育机会公平问题分析——基于结构性和转型性的视角》，《北京大学教育评论》2006年第 2 期。

鲁洁:《教育的原点:育人》,《华东师范大学学报》(教育科学版) 2008 年第 4 期。

罗立祝:《缩小各阶层高等教育入学机会差异,促进教育公平——建国 60 年高校招生政策文本的视角》,《教育与考试》2010 年第 6 期。

石中英:《学校特色发展下一步怎么走》,《人民教育》2017 年第 17 期。

舒志定:《现实的人:教育的出发点——马克思教育思想当代价值的一个视角》,《教育史研究》2003 年。

苏红:《建国以来我国教育效率与公平的关系:演变路径及其局限》,《国家教育行政学院学报》2008 年第 2 期。

谈松华:《论我国现阶段的教育公平问题》,《教育研究》1994 年第 6 期。

谈松华、王建:《追求有质量的教育公平》,《人民教育》2011 年第 18 期。

万俊人:《再谈教育公平问题》,《现代大学教育》2010 年第 1 期。

田正平、李江源:《教育公平新论》,《清华大学教育研究》2002 年第 1 期。

王峰明:《异化劳动与私有财产——试解〈1844 年经济学哲学手稿〉的一个理论难点》,《马克思主义与现实》2013 年第 1 期。

王勤:《马克思人学思想的系统阐发——读韩庆祥〈马克思人学思想研究〉》,《求是学刊》1997 年第 3 期。

王守纪、杨兆山:《教育竞争异化现象透视》,《教学与管理》2002 年第 7 期。

吴愈晓:《教育分流体制与中国的教育分层(1978—2008)》,《社会学研究》2013 年第 4 期。

徐梦秋:《公平的类别与公平中的比例》,《中国社会科学》2001 年第 1 期。

项贤明:《教育与人的发展新论》,《教育研究》2005 年第 5 期。

姚顺良:《从"异化劳动"到"谋生劳动":青年马克思人本主义范式解构的开始》,《马克思主义研究》2010 年第 7 期。

叶澜:《时代精神与新教育理想的构建——关于我国基础教育改革的跨世纪思考》,《教育研究》1994 年第 10 期。

袁贵仁:《人的理论:马克思的回答》,《北京师范大学学报》(社会科学版)1996年第5期。

张家军:《论教育的异化与扬弃》,《教育理论与实践》2008年第28期。

张军:《近年来我国人学研究述要》,《哲学动态》1997年第5期。

张三元:《论马克思自由观的三个核心范畴——马克思自由观研究之二》,《中南民族大学学报》(人文社会科学版)2013年第2期。

三 报纸类

国务院:《关于进一步完善城乡义务教育经费保障机制的通知》2015年11月28日。

《教育部关于印发〈基础教育课程改革纲要(试行)〉的通知》,《教育部政报》2001年Z2。

教育部:《2019年全国教育事业发展统计公报——全国各级各类教育事业取得新进展》,《中国教育报》2020年5月21日。

《义务教育均衡发展的历史新征程——从基本均衡到优质均衡的推进之路》,《中国教育报》2019年12月19日。

谢维和:《中国教育公平的阶段性分析——兼谈教育公平的新假说》,《光明日报》2015年4月28日第14版。

袁振国:《教育公平的中国之路——庆祝中华人民共和国成立70周年专论》,《中国教育报》2019年9月20日第1版。

张烁、王晔:《习近平在全国教育大会上强调 坚持中国特色社会主义教育发展道路 培养德智体美劳全面发展的社会主义建设者和接班人》,《人民日报》2019年3月19日第1版。

张婷:《追求有质量的公平——代表委员热议教育公平》,《中国教育报》2015年3月7日第1版。

朱永新:《追寻公平而有质量的教育》,《中国教育报》2018年3月8日第7版。

四 外文文献

Beckham, B., "Strangers in a Strange Land: The Experience of Blacks on

White Campuses", *Ucational Record*, 68 (4), 69 (1), 1988.

Blackwell, J. E., "Faculty Issues: The Impact on Minorities", *Review of Higher Education*, Vol. 11, No. 8, 1988.

Jaramillo, M. L., "Institutional Responsibility in the Provision of Educational Experiences to the Hispanic American Female Student", In T. McKenna & F. I. Ortiz (eds.) *The Broken Web. Encino*, CA: Floricanto Press, 1988.

Lavonen, J. & Laaksonen, S., "Context of Teaching and Learning School Science in Finland: Reflections on PISA 2006 Results", *J. Res. Sci. Teach*, Vol. 46, No. 8, 2009.

McIntosh, "Curricular Revision: The New Knowledge for a New Age", In C. Pearson, D. Shavlik, & J. G. Touchton, *Educating the Majority*, New York: MacMillan, 1989.

Niemi, H., Multisilta, J., Lipponen, L. & Vivitsou, M., *Finish Innovations and Technologies in Schools*, Rotterdam: Scese Publishers, 2014.

Niemi, H., Toom, A. & Kallioniemi, A., *Miracle of Education*, Rotterdam: Sense Publishers, 2012.

OKM-Education Policy in Finland, 2016 – 04 – 26, http://www.minedu.fi/OPM/Koulutuspolitiikka/index.html?

OKM-Education System in Finland, 2016 – 04 – 27, http://www.minedu.fi/OPM/Koulutuspolitiikka/index.html?

Sahlberg, P. & Hargreaves, A., *Finish Lessons*, New York: Teacher College Press, 2011.

Smith, D. G., "The Challenge of Diversity: Alienation in the Academy and Its Implications for Faculty", *Journal On Excellence in College Teaching*, Vol. 2, 1991.

Vlimaa, J. Aittola, H., & Ursin, J., "University Mergers in Finland: Mediating Global Competition", *New Directions For Higher Education*, No. 168, 2014.

后　　记

　　本书由博士学位论文与博士后出站报告修改整合而来。

　　时光如箭，岁月如梭。备考博士研究生入学考试时对"异化"很是迷惑，但，恰是这份迷惑使我对它产生浓厚的兴趣，加之自己从出生至今均未离开过学校的人生经历，对教育中存在的问题也就有了更深刻的体会。所以，在博士学位论文选题时我将"异化"与"教育"相结合，对教育领域中的异化现象即本书所讲的"教育异化"进行马克思主义人学立场的反思和探索，试图通过人学视角的解读、分析和思考找寻到当前教育异化现象消解与扬弃的路径和方向。

　　论及博士学位论文和博士后出站报告，首先，要感谢我的导师，首都师范大学马克思主义学院陈新夏教授。我不仅感激导师 2015 年公正地接纳了我，使我拥有了能够改变人生轨迹的博士研究生求学机会；更要感谢导师在我读博与做博士后六年间对我学术上的悉心指导和为人处世的引导。导师严谨博学的治学态度、积极干练的工作作风、宽仁和蔼的为人风格、统筹细致的人格魅力都是我今后努力的榜样和方向。在博士学位论文以及博士后出站报告的写作上，导师帮我把握哲学视域的大方向，同时又给予我兴趣发挥的空间，可谓张弛有道；帮我把控论文的进度，同时又给予我宽松的写作条件，可谓松紧有度。

　　同时，我还要感谢我的硕士导师程广云教授，他在身体欠佳的状态下关注并指导我的论文写作，从论文报告的行文逻辑到学术写作的规范均给我提出具体又翔实的建议和意见。同时，杨生平教授不辞辛苦地为我指出论文存在的方法论等其他一些问题，从论文开题到答辩期间给予我很多新思路的启发和指导。还有丰子义教授、叶险明教授、范燕宁教授都在不同层面上帮助我、支持我，给予了我积极、中肯、建设性的意见和建议，使我以更广阔的视角更加深刻地认识和理解教育领域中的异化问题。感谢各位老师的谆谆教诲，这些将是我今后努力学习和工作的人生坐标。

另外，我还要非常感谢我的硕士同学黄志军教授。于我，黄志军教授具有三重角色，他是三年同窗、亦是同门师兄、更是学术导师。在论文的写作过程中，黄志军教授指点迷津，使我逐渐明晰论文写作的具体方向和思路；在茫茫的求职过程中，黄志军教授更是鼎力相助，助我寻到灯火阑珊处的栖身之所。

最后，感谢我的父母！多年的求学生涯，每每发生求学和顾家不能兼顾的冲突时，父母都义无反顾、义不容辞为我照顾好孩子和家庭，使我毫无后顾之忧，一路向前。父母之恩，点点滴滴！余生唯有感激……感谢我的爱人和孩子。我的爱人为我人生最后的求学之路提供了坚实的经济基础和精神支撑，使我能够恣意且任性地享受这段时光的美好；孩子则是治愈我求学生活中苦闷与焦虑最好的良药。可以说，这段时间是他们与我一起奋斗的最佳时光，是他们与我一起走过的最美六年！

感谢河北大学马克思主义学院的张秋山院长、王海院长、田海舰院长、王瑞书记、柴素芳老师、沙占华老师、赵冰清老师、张璐璐老师等在我初入单位时所给予的关心和支持，谢谢你们！

愿，小作的完成是下一程美好的开始……

刘新敏

2023 年 10 月 10 日